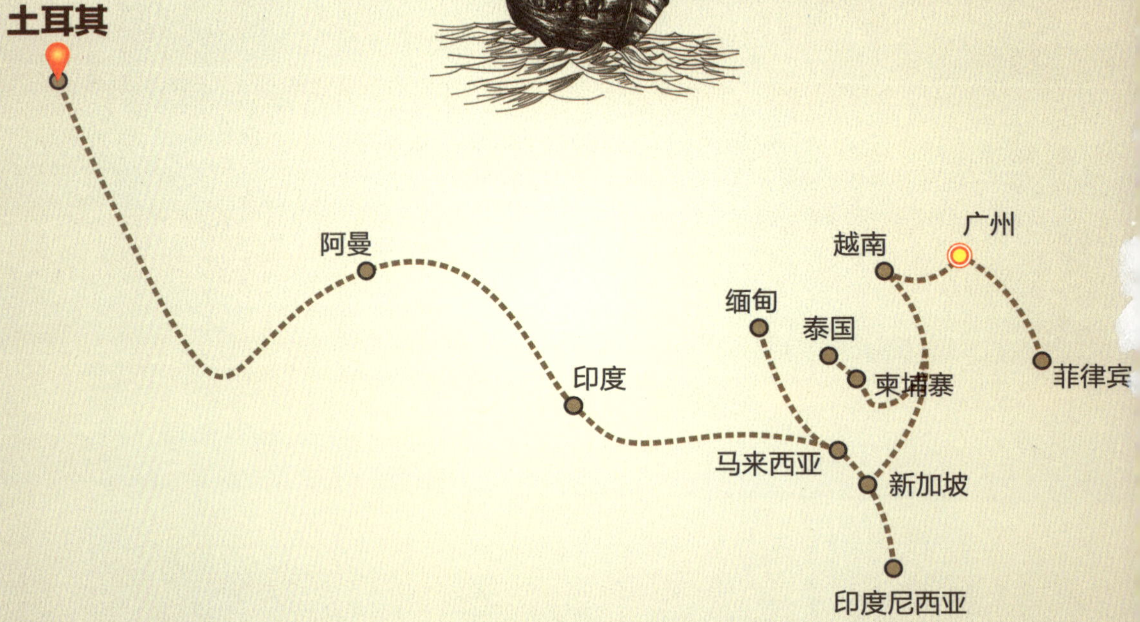
土耳其
阿曼
印度
缅甸
泰国
柬埔寨
越南
广州
菲律宾
马来西亚
新加坡
印度尼西亚

中山大学国际问题研究文库
广东与海上丝绸之路沿线国家丛书
主编：范若兰　王学东

新海丝路上的土耳其与中国

孟庆顺◎著

世界知识出版社

图书在版编目（CIP）数据

新海丝路上的土耳其与中国 / 孟庆顺著 .—北京：世界知识出版社，2017.3

（广东与海上丝绸之路沿线国家丛书 / 范若兰，王学东主编）

ISBN 978-7-5012-5432-3

Ⅰ. ①新… Ⅱ. ①孟… Ⅲ. ①中外关系—研究—土耳其 Ⅳ. ①D822.237.4

中国版本图书馆 CIP 数据核字（2017）第 051455 号

书　　名	新海丝路上的土耳其与中国 Xin Hai Silu shang de Tuerqi yu Zhongguo
作　　者	孟庆顺
责任编辑	柏　英
责任出版	王勇刚
责任校对	张　琨
出版发行	世界知识出版社
地址邮编	北京市东城区干面胡同 51 号（100010）
电　　话	010-65265923（发行）　010-85119023（邮购）
网　　址	www.ishizhi.cn
经　　销	新华书店
印　　刷	北京京科印刷有限公司
开本印张	787 × 1092 毫米　1 / 16　25½ 印张　6 插页
字　　数	254 千字
版次印次	2017 年 4 月第一版　2017 年 4 月第一次印刷
标准书号	ISBN 978-7-5012-5432-3
定　　价	58.80 元

丛书编委会

土耳其地图

资料来源：《世界地图册》，中国地图出版社 2016 年版。

博斯普鲁斯海峡

伊斯坦布尔蓝色清真寺

伊斯坦布尔圣索菲亚大教堂（范若兰摄）

安卡拉最大的库卡特皮清真寺

伊斯坦布尔托普卡帕王宫

伊斯坦布尔多玛巴赫切新王宫庭院

科尼亚的梅夫拉维清真寺

安卡拉古城堡远眺（范若兰摄）

贝尔加马古罗马遗迹（范若兰摄）

以弗所古罗马遗址

卡帕多西亚的神奇地貌

棉花堡（范若兰摄）

哈图撒城墙狮子门

为丝绸之路商队服务的萨夫兰博卢 Cinci Han 客栈

“广东与海上丝绸之路沿线国家丛书”总序

一、广东与古代海上丝绸之路

1981年7月11日，一艘名为“苏哈尔”号的阿曼仿古木帆船，在经历了223天的海上惊险航行之后，终于安全抵达中国广州。古代阿曼是海上丝绸之路的重要港口，阿拉伯商人活跃在印度洋和太平洋，“苏哈尔”号就是一艘仿照当年商船而建造的双桅木帆船，全长80英尺。这种船早在1000多年以前就来往于阿拉伯国家和中国之间，开展海上贸易活动。为了重现古代海上丝绸之路，阿曼苏丹赞助和支持“苏哈尔”号，该船于1980年11月23日从阿曼首都马斯喀特出发，历经阿拉伯海、印度、斯里兰卡、苏门答腊、马六甲海峡、南中国海，最后到达中国广州。

2006年7月18日，瑞典“哥德堡”号仿古船来到广州，重现18世纪瑞典与中国的海上贸易和交流盛况。“哥德堡”号属于1731年成立的瑞典贸易公司，曾于1739—1745年三次往来于瑞典和中国。但是，1745年9月12日当“哥德堡”号满载茶叶、瓷器、丝绸第三次从中国归来时，在距离哥德堡港口岸边只有900米的地方突然触礁沉没。1986年“哥德堡”号被打捞出来，1995年起，瑞典人历时10年，耗资3000万美元，按照18世纪的造船技术和原料重建了“哥德堡”号。2005年10月2日，新“哥德堡”号装载着从原船上打捞上来的中国瓷器、香料和丝绸，开始重走260多年前的“海上丝绸之路”。该船依靠风帆，经西班牙加的斯、巴西累西腓、南非开普敦、澳大利亚弗里曼特尔、印度尼西亚雅加达，最后到达广州，历时近10个月，重现了当年的海上丝绸之路。

“哥德堡”号仿古船（范若兰摄）

“苏哈尔”号和“哥德堡”号重走古代海上丝绸之路，都将广州定为终点，表明广东与海上丝绸之路的密切联系。实际上，广东确实是古代海上丝绸之路的重要起点和节点。

广东的徐闻县是有文字记载的最早的出海港口。据《汉书》所载：“自日南障塞、徐闻、合浦船行可五月，有都元国；又船行可四月，有邑卢没国；又船行可二十余日，有谌离国；步行可十余日，有夫甘卢国。自夫甘都卢国船行可二月余，有黄支国，民俗略与珠崖相类。”[①]其中所记路线指从徐闻、合浦起航，经现在的越南南部，到达泰国湾，步行穿过克拉地峡，再乘船，最终到达印度。

而广州是最重要的港口，据《新唐书》记载海上丝绸之路的航程：“广州东南海行，二百里至屯门山，乃帆风西行，二日至九州石。又南二日至象石。又西南三日行，至占不劳山，……又南二日行至陵山。又一日行，至门毒国。又一日行，至古笪国。又半日行，至奔陀浪洲。又两日行，到军突弄山。又五日行至海硖，蕃人谓之质，南北百里，北岸则罗越国，南岸则佛逝国。佛逝国东水行四五日，至诃陵国，南中洲之最大者。又西出硖，三日至葛葛僧祇国，……又从葛葛僧祇四五日行，至胜邓洲，在日里。又西五日行，至婆露国。又六日行，至婆国伽兰洲。”[②]也就是说，从广州乘船出发，沿越南海岸到马六甲海峡，穿过海峡到苏门答腊，到马来半岛西北海岸，最终到达

① ［东汉］班固：《汉书》卷二八下，《地理志》。

② ［北宋］欧阳修、宋祁：《新唐书》，卷四三下。

印度。

中国作为海上丝绸之路最重要的国家，有众多港口都参与这条航路，其中广州和泉州是最重要的港口，而广州位居第一。从公元后到北宋，广州的对外贸易最盛。到南宋时期，由于泉州距首都杭州更近，泉州港口地位上升，超越广州成为中国最重要的港口。但到明清时期，由于朝廷限制对外贸易，广州成为唯一的对外贸易口岸，广州在海外贸易中的地位更加重要，泉州则衰落。由此可见，广州比泉州在海上丝绸之路上的历史早得多，持续时间也长得多。可以说，广州是中国古代海上丝绸之路上最重要的港口。除广州外，广东还有黄埔港、潮州港、樟林港等众多港口，加上后来的澳门港和香港，广东无疑是中国古代海上丝绸之路上最重要的省份，也是古代海上丝绸之路上的起点和终点之一。

二、从区域贸易到全球连通

古代海上丝绸之路是伴随着经济发展和航海技术进步而不断扩展的，将各地区的海域内贸易连成跨洋贸易，到 17 世纪形成全球贸易。

古代海上丝绸之路的两端是中国和罗马，由西太平洋沿岸、南海、印度洋和红海的海上航线连接。在公元前后到 7 世纪，由于航海技术落后，贸易更多的是距离较近的海域内贸易，且沿着海岸进行。7—14 世纪，航海技术有所提高，区域内海上贸易越发频繁，形成多个贸易圈，如：包括中国和日本在内的太平洋沿岸贸易圈，包括中国和占婆的南中国海贸易圈，马来群岛的海岛贸易圈，印度洋贸易圈，印度洋似乎成了阿拉伯人、波斯人、印度人、东非人的内海，阿曼商人进出东非港口，波斯湾常见印度商船，阿拉伯商人来到印度港口，“组成一个完整的印度洋贸易网”。① 这一时期跨洋贸易有所发展，前引唐朝从广州出发的帆船，即是沿着印支半岛、马来半岛航行，穿过马六甲海峡，进入印度洋，到达印度，已经不再需要“蛮夷贾船，转送致之”。② 但因航海技术所限，很少航船能进行跨越大洋的远距离航行。位于古代海上丝绸之路中段的东南亚，地处东西海上交通的十字路口，扼守马六甲海峡，又因为季风气候，而成为国际贸易中转站，东南亚各港口能看到来自中国、印度、阿拉伯的商人。15—17 世纪被澳大利亚学者安东尼·瑞德称为“贸易时代”，是古代海上丝绸之路发展的顶峰。中国明朝的郑和舰队七下西洋，不仅进入东南亚和印度洋，足迹还踏上西亚和东非的土地。这些以宣示中国皇帝威德的远洋活动，极大地提升了古代中国在东南亚的政治影响力，但并没有带来经济收益。

① 何芳川主编：《太平洋贸易网 500 年》，河南人民出版社 1998 年版，第 5 页。
② [东汉] 班固：《汉书》卷二八下，《地理志》。

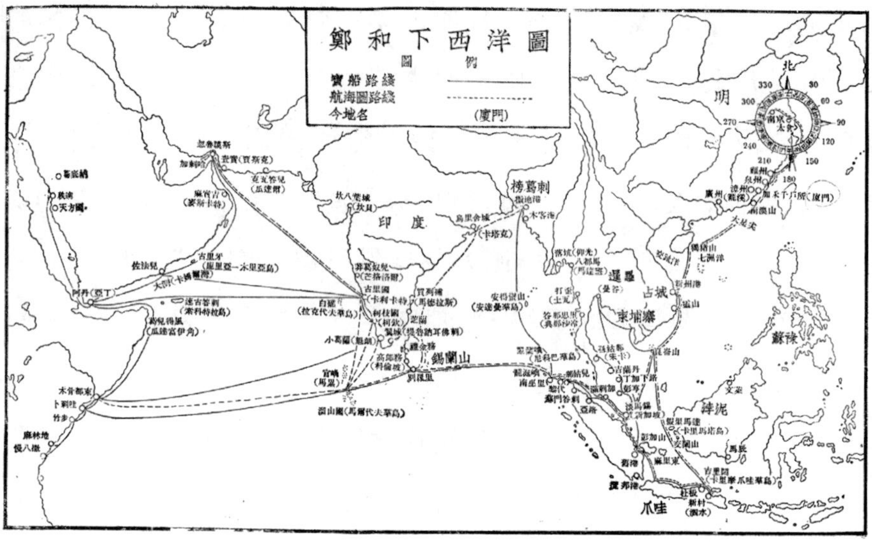

郑和下西洋图

资料来源：向达校注：《郑和下西洋图》，中华书局 1961 年版。

与此同时，欧洲人为了寻找通向东方的商路，进行了一系列远洋探索。伴随着地理大发现，大西洋与印度洋和太平洋的航路被打通，欧洲人直接进入印度、东南亚和中国，进行商业贸易和殖民。欧洲人与以往的东方商人完全不同：（1）欧洲人追求经济利益，谋求垄断贸易，需要长久地驻扎在港口，建构要塞。而东方商人大都是在此进行交易，等待季风到来时返航；（2）欧洲人组成联合公司，如荷兰东印度公司和英国东印度公司，以避免互相竞争导致收购价格上升和利润下降，这些公司并不是简单的贸易公司，而是集军事、经济、政治于一身的全能公司，有缔约权、宣战权、垄断权、行政权，甚至司法权。相比之下，东方各国商人从来没有这样的联合公司，他们要么是个人经营，要么是少数几人的合作，不脱个体经营范围，因此，不可能垄断贸易；（3）欧洲人背后是国家的大力支持，从地理大发现起，欧洲人的远洋贸易和探险都是在国家的大力支持下进行的，事实上，国家（国王）出资组建船队，给予特许权，公司和个人则代表国家与当地统治者签约，代表国家参与战争，为国家进行垄断贸易和拓展殖民地。在国家的大力支持下，欧洲人的贸易垄断和殖民征服可以强势推进。相比之下，东方国家商人大都是个人行为，很少得到国家的大力扶持。

欧洲人的直接参与，使原来局限于太平洋沿岸和印度洋的海上丝绸之路扩展到全球。前面提到的瑞典“哥德堡”号，就是这一时期从大西洋绕过好望角，经印度洋、马六甲海峡，来到广州。而通过马尼拉大帆船贸易，广州—澳门—马尼拉—拉丁美洲航线开通，中国与拉丁美洲有了直接贸易联系，中国的丝绸、瓷器等物品漂洋过海去到墨西哥和秘鲁。至此，古代海上丝绸之路真正联通了全球。需要指出的是，在18世纪中叶以前，古代海上丝绸之路一直由东方商人主导，世界经济的中心在东方，欧洲人进入这个贸易网，但尚未能占主导地位。

三、商品贸易与宗教之路

古代海上丝绸之路不仅是商品交易之路，也是沿线国家和地区借机发展之路，还是不同地区和国家人员流动之路，更是不同文明和宗教传播之路。通过古代海上丝绸之路的连接，世界各地从孤立的区域，逐渐跨越大洋，最终形成全球的密切联系。

古代海上丝绸之路促进了交易商品的发展。丝绸之路，顾名思义，是从中国出口的丝绸而来。实际上，丝绸之路的贸易商品多种多样，不同时期和不同地区，贸易产品有所变化。16世纪以前，古代中国作为东方大国，物产丰富，生产技术领先于同时代其他国家，中国出口商品以手工业制品和农产品为多，最著名的当属丝绸和瓷器，一直是中国出口的主打产品。海岛地区主要出口物品是黄金、胡椒、安息香、蜂蜜、黄蜡、稻米、肉豆蔻、檀香木等，马六甲出产黄速香、乌木、打麻儿香、花锡等。欧洲商品如染料、珊瑚、铀、水银、朱砂、玻璃器皿等通过开罗商人贩卖到东方，阿拉伯地区出口蔷薇水、苏合香水，印度古吉拉特出口多种布料、木香、仙药等。[①]

16世纪以后，随着古代海上丝绸之路的扩展，交易商品不再局限于本地土产，而是种植和引进世界市场需求大的物品，其生产规模深受国际市场的影响。欧洲对东方香料需求旺盛，这也是欧洲人地理大发现的动机之一。以胡椒贸易为例。欧洲对胡椒需求量大，价格长期居高不下，刺激了胡椒在东南亚的种植和出口。在16世纪以前，印度和东南亚是胡椒的主要产地，之后东南亚取代印度，成为胡椒的最大出口地。这一过程可以胡椒的种植传播过程为例。胡椒在1400年前后从印度南部移植到苏门答腊北部，1500年前传到马来半岛，1550年前后传到

① ［葡］多默·皮列士：《东方志：从红海到中国》，何高济译，中国人民大学出版社2012年版，第249页。

苏门答腊西海岸，1600年前传到苏门答腊的米南加保内陆地区、西爪哇和苏门答腊南部，1630年传到婆罗洲南部。欧洲对胡椒的需求推动了东南亚地区胡椒的种植。据安东尼·瑞德推算，1600年前后苏门答腊、马来半岛和西爪哇出产的胡椒有4500吨，1630年苏门答腊、马来半岛（包括吉打、彭亨、北大年、宋卡）和婆罗洲的马辰等地胡椒的年产量在6000吨左右，1670年胡椒产量达到顶峰，产量大约8000多吨，参与种植胡椒的家庭超过4万户，人数约为20万，这意味着在苏门答腊、马来半岛和婆罗洲有6%的人口靠为国际市场种植胡椒为生。[①]

17和18世纪国际贸易的主打商品仍是东方产品，欧洲人尽管进入古代海上丝绸之路交易网络，但欧洲市场需求的是东方商品，他们自己的产品几乎打不开东方市场，于是，欧洲人要么用白银来支付，要么靠贩卖东方商品来换取另外的东方商品。比如欧洲人贩卖印度棉布和鸦片到东南亚海岛地区，以交换锡和胡椒，再贩卖这些商品到中国市场，换取中国的茶、瓷器、丝绸，运到欧洲贩卖。随着欧洲工业革命的发展，古代海上丝绸之路上的交易商品出现变化，欧洲出口商品以机械制造业产品为主，纺织品、钟表、机械终于打开东方国家的市场。同时，东方地区的出口商品仍以资源型产品、农产品和手工制品为主，尤其是殖民地沦为欧洲国家的原料产地，如马来半岛的橡胶和锡成为主打出口品，东印度群岛则以种植香料为主。

① ［澳］安东尼·瑞德：《东南亚的贸易时代（1450—1680）（第二卷）》，孙来臣、李塔娜、吴小安译，商务印书馆2010年版，第9—10、36页。

古代海上丝绸之路促进了沿线国家和港口的发展。古代海上丝绸之路是由一个个港口连接，宛如串起的一颗颗珍珠，这些港口所在的国家如果能抓住机遇，吸引各国商人在此停留和交易，则有可能兴盛一时。事实上，古代海上丝绸之路带动了许多国家的兴起和强盛，如占城、渤泥、暹罗、马六甲、三佛齐、亚齐、巴塞、巨港、锡兰、孟加拉、白古、古吉拉特、萨特贡、果阿、德坎、坎贝、忽鲁模斯、亚丁等。这些国家都处于海上交通要道。如：占城在印支半岛南端，是往来中国的必经之地；渤泥在婆罗洲西岸，是南中国海东线的据点；马六甲扼守马六甲海峡，是东西交通的必经之路；亚齐和巴塞在苏门答腊的北部，是马六甲海峡的出口；锡兰位于南亚次大陆南端的印度洋上，是许多商船的留驻之地；孟加拉、白古、古吉拉特等位于印度东海岸；萨特贡、果阿、德坎位于印度西海岸；坎贝位于印度西北部；忽鲁模斯位于波斯湾口；亚丁位于红海南端；亚历山大位于地中海靠近苏伊士的地方。古代海上丝绸之路沿线国家因其地理位置以及拥有多个港口，再加上吸引外商的措施得力，而兴盛一时。如马六甲王国，因地处马六甲海峡，加上季风气候，又因为港口管理良好和税收政策合理，而成为各方客商云集的地方，也成为古代海上丝绸之路上最重要的中转站和货物集散地。

古代海上丝绸之路促进了沿线地区文明和宗教的传播。产生于南亚的婆罗门教和佛教最早传到斯里兰卡，再随着商人传播到东南亚地区，之后婆罗门僧侣进入宫廷，王公贵族纷纷信仰，使得这一地区在公元前后到14世纪以前经历了漫长的“印度化时代”，马来半岛的顿逊、盘盘、赤土等，爪哇的室利佛逝、麻若巴歇，苏门答腊的夏连特，中南半岛的扶南、真腊、吴哥、占婆、阿瑜陀耶、骠国、蒲甘等王国，都是印度化国家，信奉婆罗门教和佛教，并留下举世闻名的历史遗迹，如印度尼西亚的婆罗浮屠和普兰班南、柬埔寨的吴哥窟等。同时，佛教也传入中国，古代陆上丝绸之路是佛教传入中国的主要通道，海上丝绸之路也是重要通道，尤其在魏晋南北朝时期，东南亚的佛教大国扶南与中国往来频繁，印度的高僧也经海路到中国传教，最著名的是拘那罗陀（又名“真谛”），于546年抵达南海，在广州居住多年，译经和讲经，被誉为中国佛教史上的“四大译师”（罗什、真谛、玄奘、不空）之一。许多学者认为，中国南方的佛教可能由古代海上丝绸之路传入。①

7世纪，随着伊斯兰教的兴起并迅速向外扩张，西亚北非、南亚西北部地区率先成为伊斯兰国家或势力范围，随之印度也逐渐沦为伊斯兰统治。来自阿拉伯、波斯、印度的穆斯林商人成为印度洋贸易网络的主宰者，经古代海上丝绸之路来到东南亚和中国。7—13世纪，在北苏门答腊沿海地区已有阿拉伯商人、印度商人居住，将伊斯兰教带入他们经商的少数港口。13世纪以后，伊斯兰教在东南亚原住民中传播。13—15世纪是伊斯兰教在东南亚早期传播时期。伊斯兰教在马来半岛、苏门答腊、爪哇、加里曼丹的沿海地区站稳了脚跟，但尚未深入内地。

---

① 胡守为：《岭南古史》，广东人民出版社1999年版，第346页。

如果说伊斯兰教在西亚、北非、南亚地区的传播主要得益于军事征服，那么，其在东南亚的传播主要得益于贸易。沿海地区统治者的利益与海上贸易密切相关，如果皈依伊斯兰教，就可以吸引大批穆斯林商人到他们的港口经商，从而获取更多的商业利益。①伊斯兰教也从古代陆上和海上丝绸之路传到中国，中国的泉州和广州是伊斯兰教的登陆点。明人何乔远称，先知穆罕默德有门徒四人到中国，号称“四大贤人”，“一贤传教广州，二贤传教扬州，三贤、四贤传教泉州”。②

当欧洲人踏上古代海上丝绸之路，基督教也开启向东方传播的进程。葡萄牙人将基督教传入果阿、马六甲、马鲁古等地，西班牙人将其传入菲律宾。耶稣会士们循着古代海上丝绸之路来到澳门、广州，进而北上，传播基督教和科学知识。

古代海上丝绸之路通过一个个贸易港口和商船，连接起距离遥远的国家和地区，跨越大洋的阻隔，实现物品交流、人员流动、文明和宗教传播，并带动沿线国家的兴盛，极大地推动了社会发展和全球化进程。

四、“一带一路”战略与新海上丝绸之路展望

2013年9月和10月中国国家主席习近平在出访中亚和东

① 范若兰等：《伊斯兰教与东南亚现代化进程》，中国社会科学出版社2009年版，第57页。

② [明]何乔远：《闽书》卷七，《方域·灵山》。

南亚国家期间，先后提出共建"丝绸之路经济带"和"21世纪海上丝绸之路"的倡议，目标是加强陆上丝绸之路和海上丝绸之路沿线国家的政治、经济、文化交流，实现合作共赢。2015年3月，中国国家发展和改革委员会、外交部、商务部受国务院委托，联合发布了《推动共建丝绸之路经济带和21世纪海上丝绸之路的愿景与行动》白皮书，详细规划了"一带一路"的共建原则、框架思路、合作重点、合作机制等。白皮书指出："共建'一带一路'致力于亚欧非大陆及附近海洋的互联互通，建立和加强沿线各国互联互通伙伴关系，构建全方位、多层次、复合型的互联互通网络，实现沿线各国多元、自主、平衡、可持续的发展。'一带一路'的互联互通项目将推动沿线各国发展战略的对接与耦合，发掘区域内市场的潜力，促进投资和消费，创造需求和就业，增进沿线各国人民的人文交流与文明互鉴，让各国人民相逢相知、互信互敬，共享和谐、安宁、富裕的生活。"① 可以说，"一带一路"倡议借用了古代丝绸之路的概念，但因应当代世界发展的多极化、经济全球化、文化多样化、社会信息化的潮流，加入了全新内容，目的在于"维护全球自由贸易体系和开放型世界经济"，让古丝绸之路焕发新的生机活力。

---

① 中国国家发改委、外交部、商务部：《推动共建丝绸之路经济带和21世纪海上丝绸之路的愿景和行动》，人民网：http://world.people.com.cn/n/2015/0328/c1002-26764633.html.

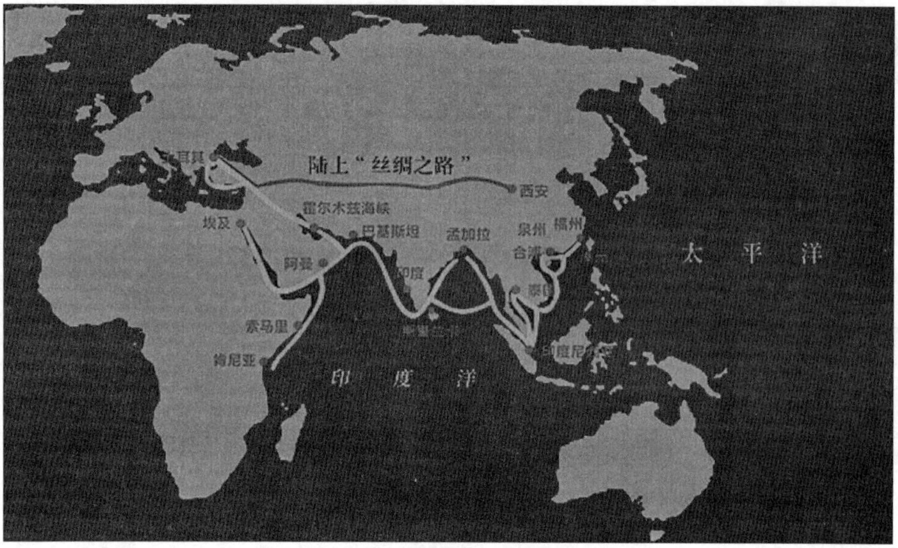

"一带一路"示意图

"一带一路"与古代丝绸之路相比，内容要广泛得多，以政策沟通、设施联通、贸易畅通、资金融通、民心相通为主要内容。重点包括以下领域：加强基础设施的互联互通；提升经贸合作水平，优化贸易结构，挖掘贸易新增长点，促进贸易平衡；加强产业投资，促进产业升级；加强能源基础设施互联互通合作，共同维护输油、输气管道等运输通道安全，推进跨境电力与输电通道建设，积极开展区域电网升级改造合作；深化金融领域的合作，推进亚洲货币稳定体系、投融资体系和信用体系建设；密切人文交流和合作，传承和弘扬古代丝绸之路友好合作精神，广泛开展文化交流、学术往来、人才交流合作、媒体合作、青年和妇女交往、志愿者服务等，为深化双多边合作奠定坚实的民意基础。

“一带一路”的原则和目标如能实现，对丝绸之路沿线国家的发展和合作有极大的促进作用。以海上丝绸之路沿线国家为例。由于近代以来的殖民统治及独立后发展路径的不同，这些国家经济发展水平差异极大，既有已进入发达国家的新加坡，也有还处于不发达状态的孟加拉、缅甸、也门，更多的是发展中国家（见下表），它们面临的问题不尽相同，但共同的追求是发展经济，提高国民生活水平。

新丝绸之路部分沿线国家人均国内生产总值

（单位：美元）

国　家	1996 年	2004 年	2015 年
中　国	707.0	1498.2	7924.7
越　南	337.1	606.9	2111.1
柬埔寨	328.1	407.1	1158.7
老　挝	377.3	418.2	1812.3
泰　国	3038.6	2466.8	5816.4
菲律宾	1159.7	1080.1	2899.4
马来西亚	4743.5	4924.6	9766.2
新加坡	26262.3	27404.6	52888.7
文　莱	16913.9	22131.9	36607.9
印度尼西亚	1137.3	1150.3	3346.5
缅　甸	–	–	1203.5
斯里兰卡	763.6	1074.7	2926.2
印　度	408.2	640.6	1581.6
巴基斯坦	503.7	652.0	1429.7
伊　朗	1964.0	2649.9	5442.9
沙特阿拉伯	8160.6	10756.0	20481.7
阿　曼	6882.6	10115.0	15645.1
土耳其	3052.5	5855.5	9130.1

资料来源：World Bank Statistics：http://data.worldbank.org.cn/indicator/NY.GDP.PCAP.CD.

“一带一路”倡议主张“坚持共商、共建、共享原则，积极推进沿线国家发展战略的相互对接”，如能得到沿线国家的积极响应并付诸实施，可能带来以下互利共赢的益处：

第一，有利于沿线国家的产业转移和产业升级。“一路”沿线国家经济发展水平不同，产业结构差异巨大。有些国家以现代服务业为主要经济增长动力，如新加坡；有些国家还是农业国，如缅甸、柬埔寨、老挝、巴基斯坦等国；有些国家经济结构单一，以石油工业为主，如沙特、阿曼等产油国；有些国家仍处于制造业发展的初级阶段，以劳动密集型产业为主，如印度、印度尼西亚、越南等国，还有些国家要从劳动密集型产业向技术密集型产业转移，突破“中等收入陷阱”，如马来西亚、中国等国（见下表）。“一路”沿线国家差异巨大的经济发展水平和产业结构，构成了互补性极强的产业梯度和分工，有利于不同国家经贸和投资的互补性，促进产业转移和产业升级。实际上，全球性的产业转移在20世纪60、70年代促成了亚洲“四小龙”的崛起，80、90年代促进了亚洲“四小虎”的发展，也促成了随后中国经济的快速发展。“一带一路”战略的实施是又一轮产业转移新机遇，已进入后工业化的国家需要产业升级，发展技术密集型产业和现代服务业，将劳动密集型企业转移到劳动力、土地低廉的国家，而经济落后的越南、柬埔寨、老挝、缅甸、巴基斯坦等国家如能抓住机遇，积极吸引外来投资，就有可能实现经济起飞。

新丝绸之路部分沿线国家产业结构的变化

（产值占 GDP 的比例：%）

国　家	农业		工业		服务业	
	2005	2014	2005	2014	2005	2014
中　国	11.7	9.2	46.9	42.7	41.4	48.1
文　莱	0.9	–	71.6	–	27.5	–
柬埔寨	32.4	30.4	26.4	27.0	40.1	42.6
印度尼西亚	13.1	13.3	46.5	41.9	40.3	42.3
老　挝	36.2	27.7	24.6	31.4	39.2	40.9
马来西亚	8.3	8.9	45.9	40.0	45.8	51.2
缅　甸	–	–	–	–	–	–
菲律宾	12.7	11.3	32.8	31.4	53.5	57.3
新加坡	0.1	0.0	32.4	24.9	67.6	75.0
泰　国	9.2	10.5	38.6	36.9	52.2	52.7
越　南	19.3	17.7	38.1	33.2	42.6	39.0
印　度	18.8	17.4	28.1	30.0	53.1	52.6
巴基斯坦	21.5	25.0	27.1	20.9	51.4	54.1
伊　朗	6.6	9.3	46.9	38.2	46.5	52.4
沙　特	3.2	1.9	62.1	57.4	34.7	40.7
阿　曼	1.6	1.3	63.5	65.3	34.8	40.7
土耳其	10.8	8.0	28.5	27.1	60.7	64.9

资料来源：World Bank Statistics，http://data.worldbank.org.cn/indicator/NV.SRV.TETC.ZS?end=2014&start=2005&view=chart.

第二，加强沿线国家的基础设施建设。基础设施建设是一国经济发展和吸引外来投资的关键因素之一。根据学者计算，在亚洲对基础设施每投资 1 美元，可以带动 3—4 美元的对其他部门的投资，对基础设施每投资 10 亿美元，可以创造 18000 个就业机会。[①]"一路"沿线国家基础设施水平不同，对其经济

① Makmun Syadullah, "Prospects of Asian Infrastructure Investment Bank", *Journal of Social and Development Sciences*, Vol.5, No.3, 2014, pp.155-167. 转引自赵洪：《"一带一路"与东盟经济共同体》，《南洋问题研究》2016 年第 4 期，第 17 页。

发展影响极大，新加坡、马来西亚、文莱、阿曼、沙特阿拉伯、土耳其等国基础设施很好或良好，但大部分国家基础设施状况不佳，尤其是缅甸、柬埔寨、菲律宾、印度尼西亚、越南、印度、巴基斯坦、伊朗等国（见下表），严重制约其经济发展。“一带一路”战略重点发展沿线国家的基础设施建设，并设立“亚洲基础设施投资银行”，这一方面有利于沿线国家加强基础设施建设，提升其竞争力，另一方面也促进了其他国家对其基础设施进行投资，加强双方的投资合作，实现互利共赢。

2013—2014年新丝绸之路部分沿线国家基础设施水平

国　家	基础设施总体水平	公路	铁路	港口	机场	供电设备
中　国	4.4	4.6	4.8	4.6	4.7	5.2
文　莱	–	–	–	–	–	–
柬埔寨	3.4	3.4	1.6	3.6	3.6	3.0
印度尼西亚	4.2	3.9	3.7	4.0	4.5	4.3
马来西亚	5.6	5.6	5.0	5.6	5.7	5.7
菲律宾	3.7	3.6	1.6	3.5	3.6	4.2
新加坡	6.3	6.1	–	6.7	6.8	6.7
泰　国	4.1	4.5	2.4	4.5	5.3	5.1
越　南	3.3	3.2	3.0	3.7	4.0	4.2
缅　甸	2.3	2.4	1.8	2.6	2.5	2.8
老　挝	4.3	4.0	–	2.6	4.1	5.0
斯里兰卡	5.0	5.1	3.7	4.2	4.8	4.8
印　度	3.7	3.8	4.2	4.0	4.3	3.4
巴基斯坦	3.3	3.8	2.5	4.4	3.9	2.1
伊　朗	3.9	4.1	3.4	4.0	3.2	5.1
沙　特	5.2	5.3	3.1	5.0	5.1	6.2
阿　曼	5.4	6.0	–	5.2	5.1	6.3
土耳其	5.1	4.9	3.1	4.4	5.4	4.8

注：得分：1= 不发达，7= 广泛和有效

资料来源：Klaus Schwab, *The Global Competitiveness Report 2014–2015*, World Economic Forum, 2015, pp.428-434.

第三，加强沿线国家的人文交流。“一路”沿线国家语言、文化、族群、宗教各异，在全球化和多元化的今天，这些差异构成了丰富多彩的世界。“一带一路”倡议旨在促进沿线国家的经贸合作，也促进人员交流和往来，更促进不同宗教的国家与地区的交流与合作。丝绸之路沿线国家几乎囊括了世界上所有宗教：基督教、伊斯兰教、佛教、印度教、儒教等，在共谋发展、互利共赢的愿景下，不同宗教国家和地区加强经济联系和人员交往，既能加强彼此的理解，也能开辟新的经济发展机会。如地处内陆的宁夏是回族自治区，借助“一带一路”，与西亚地区的伊斯兰国家建立密切的经贸合作，同时，与马来西亚进行清真食品认证合作，进而打入其他国家的清真产品市场。

第四，有利于沿线国家的海上合作。“一路”依托海洋，靠海路串连起沿线国家，各国有共同的海洋利益，海上航行安全、开发海洋资源、海上救援、治理海洋污染、减少海洋灾难、打击海盗等都需要沿线国家的合作。更重要的是，解决领海争端也需要国家间的合作和协商。如争议巨大的南海问题，引发越南与中国、菲律宾与中国关系的紧张，但武力和冲突不能解决南海问题，搁置争议、共同开发是解决这一问题的方法之一，而合作、协商、妥协才是解决这一问题的根本之道。

“一带一路”战略给广东带来新发展机遇，广东作为经济大省和华侨华人大省，在“一带一路”战略中具有极大的优势。广东在中国改革开放中先行一步，经济发展迅速，已进入后工业化阶段，急需产业升级，将劳动密集型企业转移出去，同时引入高技术产业，发展现代服务业，“一带一路”战略有助于广东的产业转移和升级；广东也有地缘优势，它在古代就是海上丝绸之路的起点，现在仍是新海上丝路的起点之一，能方便地与沿线国家海路相通；广东是华侨华人大省，拥有人缘优势，沿线国家华人众多，他们精通多国语言，熟悉当地法律法规，拥有较强的经济能力，能架起双方经贸投资的桥梁。

“一带一路”倡议以其“共商、共建、共享”的理念和“互利共赢”的前景，获得不少沿线国家的支持和参与，其中，新加坡、柬埔寨、马来西亚、泰国、老挝、巴基斯坦、阿曼、土耳其等国积极参与，还有一些国家愿意参与，但持谨慎态度，一些国家担心中国国力强大，进而通过“一带一路”战略控制它们，因而许多国家表示愿意参与“一带一路”的某些项目，以免丧失机遇，但又有所保留，不时泛起“中国威胁论”。同时，一些沿线国家存在激烈的冲突，投资环境恶劣，投资风险极大，这也是“一带一路”战略必须正视和解决的问题。

五、本丛书宗旨与特色

“一带一路”倡议不是中国一个国家的独唱，而是沿线国家的合唱，因为它是一个跨国战略，涉及沿线60多个国家，这些国家有自己的国情和发展战略，“一带一路”倡议追求的是中国与沿线国家的合作、互利、共赢。因此，我们需要充分了解沿线国家的基本国情，知晓其历史发展脉络，了解其政治、经济和社会发展现状，理解其民族、宗教和习俗差异。

“广东与海上丝绸之路沿线国家丛书”，因应“一带一路”战略，对海上丝绸之路沿线国家的基本国情进行详细介绍，涉及地理环境、人口族群构成、宗教构成、历史发展，重点探讨近期政治发展、经济发展水平与吸引投资政策，还以较多篇幅梳理中国与沿线国家关系的发展，尤其是广东与沿线国家的关系，目的在于增加中国读者对海上丝绸之路沿线国家政治、经济发展状况的了解，知道其基本投资领域和相关法律法规，了解其民族构成和宗教文化特色，并对中国与其经济、政治文化关系的特点有所把握。

本套丛书具有下述特点：

第一，专业性。本丛书各册作者都是从事相关国家研究数十年的学者，有多次到所在国从事考察和访学的经历，对研究对象比较熟悉。因此，对该国的历史、政治、经济、族群和宗教的分析和概括比较准确，力求使读者能大体掌握该国的国情，尤其是政治、经济、族群发展特点等。

第二，知识性。本丛书内容充实，资料丰富，不仅有大量文献资料，还有大量数据，包括人口、族群构成、经济发展数据，尤其是经济增长率、人均国内生产总值、产业结构、对外贸易额、投资额、主要贸易和投资伙伴国，还有该国与中国特别是广东的贸易额、投资额、旅游人数等数据，这些完整而新近的数据能帮助读者掌握该国最新经济发展动向及其与中国特别是广东的经贸往来。

第三，可读性。本丛书定位不是专业学术著作，而是介于专业与通俗之间的读物，作者力图用简明的语言进行描述、概括和分析，并配上大量图表，尽量做到图文并茂，以增加丛书的可读性。

本套丛书是习惯于学术研究的作者们第一次尝试写作面向大众的读物，希望能为更广大读者提供有益的知识和资讯，也希望读者不吝赐教。

范若兰

2017年1月于中山大学

Sino-Turkish Relations Abstract

The historical ties between China and Turkey can be dated back to the Roman Empire. In 119 B.C., when Zhang Qian (the great Chinese explorer) was sent as an imperial envoy to the Western Region for the second time, a transportation route between the Han Empire and the Western Region was established, which later developed into the ancient Silk Road, reaching as far as Da Qin (Chinese name for the Roman Empire). Merchants travelling between China and Rome had told tales about the Roman Empire, which were kept in the *Book of Latter Han – Records of Western Region*. At the beginning of the Tang Dynasty, exchanges between China and Byzantium increased, with records of visits by Byzantium envoys appearing multiple times in Chinese historical documents. As silk trade with China flourished, the technique of silkworm breeding and silk reeling were spread to the west.

The Sino-Turkish relations continued to develop during the rule of the Ottoman Empire. The Turks who founded the Ottoman Empire had had contact with China long before, when their ancestors migrated to Anatolia after the once powerful Eastern Turkic

Khaganate and Western Khaganate were conquered by the Sui and Tang Dynasties one after another. In 1419 (during the reign of Emperor Yongle of Ming Dynasty), the Ottoman Empire sent its first diplomatic mission to Beijing. Later, frequent visits by the Ottoman representatives during the reign of Emperor Jiajing demonstrated the close ties between the two countries. Even during the Qing Dynasty, which remained largely isolated from the outside world, there were records of official exchanges between China and Turkey.

After the First World War, Mustafa Kemal led a National Movement in Turkey, towards which Chinese people expressed great concern. Chinese revolutionary leader Sun Yat-sen mentioned the anti-imperialism struggle of the Turkish people in many of his speeches, speaking highly of the friendly relations between Turkey and the Soviet Union. A series of articles written by Hua Lu about Turkish revolution were published in *The Eastern Miscellany*, No. 19 in 1923. In the articles, he commended Kemal for leading the bloody fight for the rebirth of Turkey, believing that Kemal to Turkey was as George Washington to the United States.

Under the influence of the cold war, relations between the People's Republic of China and Turkey became hostile, as they were on different sides. On August 4th, 1971, formal diplomatic relations between them were established. Since then, the Sino-Turkish relations began to develop steadily. During the 1970s, the Sino-Turkish relations made progress on political, economic and cultural levels, with increasing mutual visits. In December 1982,

Turkish President Kenan Evren paid an official visit to China, the first visit by a Turkish state leader since the founding of the Republic of Turkey. In return, Chinese President Li Xiannian visited Turkey in March 1984. The frequent exchange of visits at the high level quickly improved the Sino-Turkish relations, resulting in a political consultation mechanism on an ad-hoc basis. The common interests shared by the two countries were the major factor in promoting the Sino-Turkish relations, especially when they were both under threat from the Soviet Union, which led to a strategic rapport of them to join hands in defense against the Soviet Union.

Entering the 21st century, political exchanges between China and Turkey became more frequent, with greater cooperation in areas of mutual benefits. From April 18th to 21st, 2000, at the invitation of Turkish President Suleyman Demirel, Chinese President Jiang Zemin paid a state visit to Turkey. Both sides reached consensus on building a new type of partnership in the new century, where they would enhance cooperation in political, economic and trade, travel, news and other areas. The healthy development of the Sino-Turkish relations created conditions for strengthening their bilateral relationship. In October, 2010, when Chinese Premier Wen Jiabao visited Turkey, both countries agreed in a joint statement to upgrade their bilateral relationship to a strategic partnership. Since then, the Sino-Turkish relations had entered a new phase of comprehensive and rapid development. In February 2012, Chinese Vice President Xi Jinping visited Turkey. In the same year, Turkish Prime Minister

Recap Tayyip Erdogan visited Xinjiang Province in China. On July 29th, 2015, President Erdogan paid an official state visit to China, and was warmly received by Chinese President Xi Jinping. Both leaders agreed to set the direction for bilateral relations, which are to consolidate the foundation for political mutual trust, to support each other on issues of core concerns, to achieve synergy in development strategies, and to expand and enrich strategic cooperation. This would open up greater opportunities for strategic cooperation between China and Turkey.

Improvements in political ties have promoted closer trade and economic relations between the two countries. Growing economic strengths of both countries and stronger trade and economic ties between them have led to steady increase in bilateral trade. By 1988, bilateral trade volume had reached 300 million US dollars, while pushing to 900 million by 1998. The Sino-Turkish trade had made 3 great leaps forward between 1998 and 2014. The first leap occurred in 2000, when mutual trade exceeded 1 billion US dollars. The second leap was in 2006, when bilateral trade surpassed 10 billion US dollars. From 2002 to 2006, Chinese export to Turkey had been growing at an annual rate of over 50%. As a result, mutual trade took a third leap forward in 2011, exceeding 20 billion US dollars. The Sino-Turkish trade reached 27.287 billion US dollars in 2015, making China the 18th largest export destination and the largest source of import for Turkey.

Due to the long distance between China and Turkey, little

knowledge about each other's foreign investment policies and the fact that both countries are destinations of capital, mutual investment remained modest for a long time after diplomatic relationship was established between China and Turkey. According to statistics, by June 2002, only 13 Chinese enterprises had invested in Turkey, with contractual investment capital of 19 million US dollars. Things have changed in recent years. By 2008, Chinese investment in Turkey had soared to 9.1 million US dollars, 5 times as much as the year before. In 2009, investment soared to nearly 300 million US dollars. By June 2016, accumulative direct investment in Turkey by China reached 1.076 billion US dollars. Chinese enterprises have invested in Turkey across sectors such as transportation, shipping, energy, communication, mining, motorcycle assembling, trade and travel. Turkey started to invest in China long ago. At the beginning of the 21st century, Turkish investment in China was smaller than the Chinese investment in Turkey and was not surpassed by it until 2009. According to the statistics from China's Ministry of Commerce, by the end of 2012, the number of Turkish enterprises in China had reached 244, with a registered investment capital of 56,921 US dollars. But the actual investment capital was smaller than the registered amount. The statistics also showed that by June 2016, the accumulative number of Turkish investment projects in China had reached 663, with actual investment capital of 232 million US dollars.

Located in East Asia, China was a far distance away from

Turkey located in Western Asia. As a result, there had been few two-way exchanges of people. On December 14th, 2001, China and Turkey signed *the Memorandum of Understanding between the National Tourism Administration of P.R.C and the Ministry of Tourism of Turkey on the Implementation Plan for Group Tours to Turkey of Chinese Citizens*. Since then, Turkey has gained popularity as a tourist destination for Chinese citizens. The number of Chinese tourists travelling to Turkey increased year by year. In 2008 alone, Chinese citizens made over 60,000 trips to Turkey. Turkey's electronic Visa scheme has been open to Chinese citizens since May 2013. In 2015, as the E-Visa requirements further loosened up, Chinese tourists can apply for Turkish visa online without a visa to OECD countries. Statistics showed that over 120,000 Chinese tourists travelled to Turkey in 2012, a 19% increase year on year, while the number of Turkish tourists to China maintained a sustained and steady growth. In 1998, only 7,438 Turkish tourists travelled to China. This number exceeded 50,000 in 2005 and surpassed 100,000 in 2013.

The best illustration of the depth and breadth of the Sino-Turkish cultural exchanges were the bilateral educational exchanges, and activities such as *the Chinese Culture Year* held in Turkey in 2012, and *the Turkish Culture Year* celebrated in China in 2013. The Culture Year activities have greatly expanded Chinese people's knowledge of Turkish culture and vice versa. Educational cooperation and exchanges between the two nations mainly include establishing Confucius Institutes and promoting Chinese language learning in Turkey. The first Confucius Institute in Turkey was inaugurated in 2008 in the Middle East Technical University. Later, Confucius Institute at Bogazici University, and Confucius Institute at Okan University were established respectively in 2008 and 2013. With China's rising global status and the increasingly close Sino-Turkish relations, more and more Turkish universities are opening their Chinese language programs. Currently, 5 Turkish universities have started their Chinese language programs.

After the reform and opening-up in China, governmental exchanges between Guangdong Province and Turkey have increased gradually. In June, 2001, Guangdong Province governor Lu Ruihua led a delegation to visit Turkey, during which a sister province agreement was signed between Guangdong Province and Istanbul. In July, 2012, sister city relationship was established between Guangzhou city and Istanbul, followed by the international partnership established between Huizhou city and Manisa, Guangzhou Yuexiu District and the Meram District in Konya of Turkey.

The friendly relations between Guangdong Province and Turkey have facilitated the development of trade and economic ties between them. By 2005, import and export trade between Guangdong and Turkey had reached 970 million US dollars, accounting for 19.9% of total trade between China and Turkey. The number reached 4 billion US dollars in 2015, taking up over 15% of the Sino-Turkish trade, and Turkish export to Guangdong accounted for 15% of its total export to China. These numbers have demonstrated the close trade and economic ties between Guangdong and Turkey.

Though mutual investments between Guangdong and Turkey lag behind their bilateral trade, some actual results have been achieved due to their strong desires for investment cooperation. Famous Guangdong enterprises such as Huawei and ZTE have entered the Turkish market and are expanding rapidly. Turkish enterprises started their investment in China relatively early, and have achieved rapid growth in recent years, though it only accounts for a small percentage of foreign investment in Guangdong. From 1979 to 2013, Guangdong Province had utilized 23.74 million US dollars of contractual capital from Turkey. The Turkish contractual investment capital in Guangdong from 1979 to 2000 was registered at 9.61 million US dollars in sum, which grew to over 10 million US dollars in 2012 and 2013 alone.

The Silk Road began at China in the east, and reached its end at Turkey in the west. Historically, there were two Silk Roads, the Continental Silk Road and Marine Silk Road, both reaching their ends at Constantinople. Turkey's historical standing has given it a unique advantage in China's One Belt One Road initiative (The Silk Road Economic Belt and the 21st-century Maritime Silk Road). Since Turkey straddles both Europe and Asia, the Silk Road Economic Belt will not be complete without it, and the Marine Silk Road could only extend to Europe smoothly with Turkey being a part of it.

Turkish government and intellectual community are positive about the One Belt One Road initiative, mainly because it fits in with the needs of Turkey. In line with the initiative, Turkey has set out a "Middle Corridor Plan". Currently, Turkey's energy and railroad sectors are in urgent need of development. And cooperation with China can boost its economic development and satisfy its various needs.

China and Turkey have expressed strong desires to strengthen cooperation around the OBOR initiative. Steady progresses are being made in political, economic and cultural cooperation between the two countries. In spite of the trade imbalances and Turkish involvement with the East Turkestan terrorists, as long as both countries can adhere to the principles of mutually beneficial cooperation, friendly coexistence and mutual noninterference in each other's internal affairs, the friendly relations between them will definitely grow stronger and broader while promoting the OBOR initiative.

In general, the OBOR initiative fits in with the realities of both countries and is consistent with their social and economic development strategies. Building on the historical foundation of the ancient Silk Road, as long as China and Turkey can join hands to push out the old and bring in the new, they will certainly write a brand new chapter for the New Silk Road that is suitable for the new century.

目录

第一章　欧亚陆桥：土耳其概览

第一节　地理环境……3

第二节　行政区划……7

第三节　人口与民族……11

第四节　宗教文化……15

　　一、伊斯兰教……15

　　二、基督教……23

第五节　名胜古迹……26

　　一、伊斯坦布尔老城区……27

　　二、迪夫里伊大清真寺和医院……28

　　三、格莱梅国家公园—卡帕多西亚岩石区……29

　　四、哈图撒遗址……30

　　五、内姆鲁特山……32

　　六、赫拉波利斯—帕慕克卡莱……33

　　七、桑索斯和莱顿遗址……34

八、萨夫兰博卢城……35
九、特洛伊遗址……36
十、塞利米耶清真寺……37
十一、朱马勒克兹克镇……37
十二、贝尔加马古城……38
十三、加泰土丘……39

第二章 帝国轮替：文明的交汇与碰撞

第一节 从赫梯帝国到塞尔柱帝国……43
一、赫梯帝国的兴衰……43
二、希腊与波斯影响下的小亚细亚……49
三、罗马帝国与拜占庭帝国……56
四、突厥帝国的崛起……63
第二节 奥斯曼帝国的兴盛与衰落……66
一、奥斯曼人的兴起……66
二、全盛时期的奥斯曼帝国……72
三、奥斯曼帝国的衰落与改革……79
第三节 凯末尔革命与现代土耳其的出现……84
一、凯末尔的早期经历……84
二、土耳其独立革命……87
三、土耳其的现代化改革运动……93
第四节 步履蹒跚的土耳其民主进程……108

一、从一党制向多党民主制的过渡……108
二、土耳其社会危机与军人干预……113
三、逐渐步入正轨的民主政治……119

第三章 发展之路：当代土耳其的艰难抉择

第一节 政治发展与政治制度……129
一、土耳其政治制度……129
二、政党政治与政治发展……134
三、土耳其民主政治的发展趋势……140
第二节 经济结构调整与发展……151
一、土耳其的经济结构调整……151
二、新世纪土耳其的经济发展……158
三、外资政策与投资环境……169
第三节 土耳其的“欧盟梦”……176
一、土耳其“入欧”的艰难历程……176
二、土耳其“入欧”的障碍……179
三、土耳其“入欧”的前景与影响……186
第四节 未遂军事政变及其对土耳其内政外交的影响……189
一、震惊世界的土耳其军事政变……189
二、埃尔多安与居兰：从盟友到政敌……195
三、政变对土耳其内政外交的影响……204

第四章　远邻近亲：日益密切的中土关系

第一节　源远流长的中土历史联系……217
一、罗马帝国时期中国与小亚细亚的文化、经济交流……217
二、奥斯曼帝国时期的中土关系……222
三、土耳其共和国时期的中土联系……229
第二节　从敌对关系到战略伙伴……234
一、从敌对到关系正常化（1949—1971 年）……234
二、中土关系的稳步发展（1972—1999 年）……236
三、中土战略伙伴关系（2000—）……239
第三节　经贸联系与合作……243
一、双边贸易……243
二、相互投资……249
三、工程承包……258
第四节　人员往来与文化交流……263
一、人员往来……263
二、文化交流……270

第五章　丝路新友：改革开放以来粤土友好往来

第一节　粤土官方往来……287
一、广东省与土耳其的交往……287

二、广东各市与土耳其的交往……291
三、伊斯坦布尔——广东的友好伙伴……294
四、粤土官方其他联系与合作……299
第二节 广东与土耳其的经贸关系……301
一、粤土双边贸易……301
二、粤土相互投资与其他经济合作……308
三、粤土推进经贸合作的主要方式……312
第三节 粤土民众往来与文化交流……318
一、民众往来……318
二、文化交流……323

结束语 土耳其在新丝绸之路上的角色

一、土耳其在“一带一路”中的地位……331
二、土耳其对“一带一路”的态度……332
三、中土携手并进 共谱丝路新曲……338
四、推进粤土合作 实现互利共赢……345

参考文献

第一章

欧亚陆桥：土耳其概览

土耳其共和国位于北纬 36°—42°、东经 26°—45°，是一个横跨欧亚两洲的国家。其 97% 的领土位于亚洲最西端的小亚细亚半岛上属于欧洲部分的只有地处巴尔干半岛的东色雷斯，仅占其国土面积的 3%。这种独特的地理位置赋予土耳其别具特色的历史文化属性，从古代起这里就是连接欧亚大陆的通道，也是不同文明相互碰撞、融合的中间地带。土耳其多民族的人口构成、丰富的历史文化遗产和宗教文化，都与其作为欧亚陆桥的地理位置有密切关系。

第一节　地理环境

土耳其位于亚洲、欧洲交会处，国土面积约为 80 万平方公里。[①]一位土耳其诗人用奔马的形象在诗篇中描绘了土耳其的地理形状："它像一匹烈马，从亚洲狂奔而来，一头撞进欧洲大陆。"马头部分就是东色雷斯，马身子则是土耳其的亚洲部分，即小亚细亚半岛上的安纳托利亚高原。安纳托利亚在希腊语中意为"上升、东方"，高原东西长 1000 公里，南北宽约 600 公里，面积 52.5 万平方公里。南缘是托罗斯山脉，北缘是克罗卢山和东卡德尼兹山，东侧是亚美尼亚高原，三面环山，一面敞开，地势自东向西逐渐降低。东色雷斯与小亚细亚被博斯普鲁斯海峡、达达尼尔海峡和马尔马拉海分开。东色雷斯只有 2 万多平方公里，却容纳了土耳其 10% 以上的人口，它赋予了土耳其跨洲国家的性质，使得它既是亚洲国家也是欧洲国家。

由于拥有洲际之间最短的通道，土耳其成为东西文明交汇之处。从古代起，这里就是欧亚不同文明交往、冲突的中介地。

---

① 根据世界银行和中国外交部的数据，土耳其国土面积为 783560 平方公里；而据土耳其驻华使馆的数据，土耳其国土面积为 814578 平方公里。

欧洲的希腊和罗马文化、亚洲的波斯文化和阿拉伯文化以及两河流域的古文明，都在土耳其历史上留下了深深的印记。而到现代，随着跨海峡交通的联通，土耳其这种洲际桥梁的作用更加突出。

图 1–1　博斯普鲁斯海峡大桥

注：本书中所有图片，如非特别指出，均为作者本人拍摄。

1973 年建成的长 1560 米、宽 33 米的博斯普鲁斯海峡大吊桥，将欧亚大陆连为一体。1988 年后土耳其又在海峡上建起三座大桥，使得欧亚大陆的往来交通更加便利。2013 年 10 月，历时 9 年施工时间、耗资 30 亿欧元、连通亚洲和欧洲的马尔马雷海底隧道正式通车。隧道全长 13.6 公里，其中跨越博斯普鲁斯海峡部分为 1.4 公里。隧道位于海床下 4.6 米处，深度为海平面以下 60 米，为世界之最。隧道地铁速度快捷，只需 4 分钟就可跨过亚欧大陆，每天有 120 万名乘客可乘坐地铁往返于两大洲，因此，该隧道被誉为“世纪工程”和“现代丝绸之路”。[①]这些大桥和往来海峡两岸的轮渡、隧道成为亚欧铁路、公路的接合点，土耳其因此又有“欧亚陆桥”之称。

从地缘政治来说，土耳其的地理位置具有非常重要的战略意义。它三面临海：北临黑海，南临地中海，西临爱琴海。北部与罗马尼亚、乌克兰、俄罗斯隔海相望；南部陆地与伊拉克和叙利亚为邻，隔地中海与塞浦路斯、黎巴嫩、以色列、埃及、利比亚遥遥相对；东面与格鲁吉亚、亚美尼亚、阿塞拜疆、伊朗等多国相邻，西部与希腊、保加利亚接壤。由于三面临海，土耳其海岸线漫长，陆地边界线只有 2875 公里，海洋边界线则有 8333 公里。尤其是连接黑海与地中海的博斯普鲁斯海峡、马尔马拉海和达达尼尔海峡，既是欧亚两大洲的分界线，也是贯通地球南北的咽喉要道，乌克兰、罗马尼亚、保加利亚等黑海国家只有黑海海峡这一条对外海上通道，北方势力要南下地中海必须经过黑海海峡，南部势力要北上同样要经过土耳其的领土，土耳其也因此被称为“地球的十字路口”，自古就是兵家必争之地。

不论是国土面积还是人口数量，土耳其在欧洲国家中和周边国家中都名列前茅。土耳其国土面积约与中国广东、广西、湖南、江西四省面积之和相等，在欧洲国家中仅次于俄罗斯而居第二位，与英、法两国国土面积之和近似；人口超过 7000 万，

① 《土耳其概况》，新华网：http://news.xinhuanet.com/ziliao/2002-04/05/content_348653.htm.

在欧洲国家中仅次于俄罗斯和德国。

受地中海、黑海及安纳托利亚高原的影响，土耳其的气候表现出鲜明的地区特征。地中海、爱琴海地区与马尔马拉地区南部属于地中海式气候，夏季炎热干燥，冬季温和多雨。黑海地区属于海洋性气候，气候温和，雨量丰富，夏季凉爽，冬季温度适中。安纳托利亚中部地区是典型的草原气候，夏季炎热干燥，冬季寒冷。多山地的东安纳托利亚冬季严寒多雪，夏季凉爽，是炎夏时节的避暑胜地。东南安纳托利亚夏季炎热干旱，冬季温和多雨。各地区不同的气候条件使土耳其不同的季节呈现出美丽多样的自然景观，这里既可以看到碧波荡漾的地中海风光，也可欣赏温柔安详的黑海风光；幼发拉底河的源头——非腊特河从安纳托利亚的崇山峻岭中飞流而下，阿勒山的峰顶终年白雪皑皑，山腰间的冰川在阳光照射下发出耀眼的光芒；在辽阔的安纳托利亚高原上，从浩瀚无边的雪松林到一望无际的大草原，从漫无边际的沿海平原到绿意盎然的山区草场，从烟波浩渺的湖泊到宽广奔腾的河流，各种景色在土耳其应有尽有。土耳其年均气温 14℃—20℃，总体来说气候温和，凉爽宜人。

土耳其自然资源十分丰富。在矿产资源方面，据土耳其国家计划署的资料，土耳其是世界上为数不多能够满足自身原材料供应需求的国家之一。在全球市场上贸易的 90 种矿产中，土耳其拥有 77 种，其中的 50 种达到丰富或极为丰富的程度。土耳其的矿产总产量居全球第 28 位，而矿产多样性则跻身全球第 10 位。硼、天然碱、斑脱土、大理石、长石、石灰岩、浮石、珍珠岩、锶和方解石等矿产资源储量丰富，其中硼占全球储量的72%，长石占全球储量的23%，斑脱土占全球储量的20%。贝帕扎里天然碱矿区拥有全球第二大的纯碱储量，区内设立的加工厂每年生产100万吨纯碱以及10万吨碳酸钠，满足了2.5%的全球需求。土耳其还有约3500种已知金属以及近2000种工业原料矿床，另有600多处温泉以及140多处地热田已被探明。①在植物方面，地处亚欧交界点的地理位置和特殊的地理构造使得土耳其植物种类异常丰富，成为全世界最富生物多样性的温带国家之一。花卉种类超过9000种，其中1/3属于当地特有的物种。克伊杰伊兹附近生长着大片乳香木，几千年前埃及人曾用该树的树脂制作木乃伊，而土耳其是唯一一个保留该种树木的国家。而在地中海西南沿海的海滩上生长着一种独特的达特恰棕榈树，这种树木只生长在土耳其的土地上。

第二节　行政区划

从行政区划来说，土耳其共有81个省份。按自然地理划分，

① 《土耳其矿产及自然资源概述》，T号外非常土耳其网：http://www.tuerqi.info/i/1222.html 2012-07-17.

这些省份分布在七个大区中，即马尔马拉海地区、爱琴海地区、黑海地区、地中海地区、中安纳托利亚地区、东安纳托利亚地区和东南安纳托利亚地区。

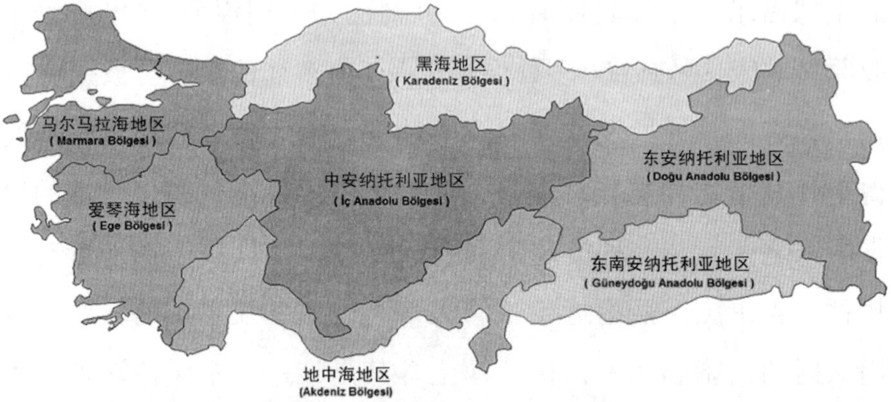

图 1-2　土耳其地理分区

马尔马拉海地区即环绕马尔马拉海的周边地区，也就是土耳其的欧洲部分和安纳托利亚的西北部，包括巴勒克埃西尔、比莱吉克、布尔萨、恰纳卡莱、埃迪尔内、柯克拉雷利、科贾埃利、萨卡里亚、泰基尔达、亚罗法 10 省，虽然占地面积（72680 平方公里）不到全国土地面积的 1/10，人口却占全国的近 30%，伊斯坦布尔、尼西亚、布尔萨、特洛伊等历史名城就在这一地区，是土耳其人口最稠密、经济最发达的地区。

爱琴海地区包括爱琴海沿岸和西安纳托利亚，西临爱琴海，北接马尔马拉海，西部、西南部与地中海地区相连，东边连接着中安纳托利亚。包括阿菲永、艾登、代尼兹利、伊兹密尔、屈塔希亚、马尼萨、穆拉、乌萨克8省，工业发达程度仅次于马尔马拉海地区，是土耳其第二大工业区。伊兹密尔的纺织业、食品业、汽车工业、石油业、工程行业和零件生产都很发达，伊兹密尔湾的加马夫特有土耳其全国最大的产盐设施，艾瓦勒克和艾德罗密特出产大量的石油，代尼兹利市则是爱琴海地区最重要的纺织业中心。爱琴海地区还拥有产量丰富的经济作物，盛产烟草、棉花、葡萄和橄榄，为国家贡献了大部分农业产值。

黑海地区指北部黑海沿岸地区，包括阿马西亚、阿尔特温、巴尔腾、巴伊布尔特、博卢、乔鲁姆、迪兹杰、吉雷松、居米什哈内、卡拉比克、卡斯塔莫努、奥尔杜、里泽、萨姆松、锡诺普、托卡特、特拉布宗、宗古尔达克等18省，约占全国面积的1/6。此区多山，山势陡峭，森林茂密，由克罗卢山和东卡德尼兹山组成的本都山脉自西向东形成一堵近乎完整的墙，将海边与安纳托利亚内陆地区分隔开来。黑海地区崎岖不平，山坡上长满茂密的森林，约占全国森林面积的1/4。由于雨量充沛，气候温和，非常适合农牧业的发展，庄稼长势旺盛，青草如茵的牧场上牛羊成群，巴夫拉、萨姆松和特拉布宗的上等烟草世界知名，当地榛子园生产的榛子占世界供应量的一半，里泽茶园中心生产的红茶是土耳其人至爱的饮品。

地中海地区包括阿达纳、安塔利亚、布尔杜尔、哈塔伊、梅尔辛、伊斯帕尔塔、卡赫拉曼马拉什和奥斯曼尼菲8省。在安纳托利亚南部，海拔2000—4000米的托罗斯山脉在此拔地而起，将地中海地区狭窄的沿岸平原跟安纳托利亚高原分隔开来，山麓以南形成了肥沃的低谷，温暖的气候、相对充分的水分非常适合种植柑橘、葡萄、无花果、香蕉以及各种蔬菜、大麦、小麦等农作物，在有灌溉便利的地方也适于种植稻米和棉花，这一地区成为著名的农业区。

中安纳托利亚地区包括阿克萨赖、安卡拉、昌克勒、埃斯基谢希尔、卡拉曼、开塞利、克勒克卡莱、克尔谢希尔、科尼亚、内夫谢希尔、尼代、锡瓦斯、约兹加特等 13 省。这里是土耳其安纳托利亚地区的心脏地带，首都安卡拉是全国第二大城市，是全国的政治、经济和贸易中心。这一地区海拔 100—1200 米，地势起伏不平，夹有陷落盆地和平原。卡帕多西亚地区以多种多样的火山地貌以及火山灰、火山熔岩经风雨侵蚀形成的河谷、岩洞及尖塔等独特地理景观而知名。中安纳托利亚地区是安卡拉羊和绵羊的主产区，当地可口的葡萄酒也名闻遐迩。

东安纳托利亚地区包括阿勒、阿尔达罕、宾格尔、比特利斯、埃拉泽、埃尔津詹、埃尔祖鲁姆、哈卡里、伊迪尔、卡尔斯、马拉蒂亚、穆什、通杰利、凡省 14 省。该地区约占全国土地面积的近 1/5，地域广阔，人烟稀少。本都山脉和托罗斯山脉在这里汇合，平均海拔在 1500—2000 米，山脉高峰平均海拔超过 3000 米，大阿勒山高达 5165 米，是土耳其的最高点。土耳其最大的淡水湖凡湖坐落在海拔 1546 米的高山上。这一地区气候恶劣，山脉地区的气温可以低至 -30℃—-40℃，一年中有多达 120 天地面可能被冰雪覆盖。这一地区主产小麦和大麦。

东南安纳托利亚地区包括阿德亚曼、巴特曼、迪亚巴克尔、加济安泰普、基利斯、马尔丁、尚利乌尔法、锡尔特、锡尔纳克9省。该地与伊拉克、叙利亚接壤，多为荒地，水资源丰富，幼发拉底河和底格里斯河即发源于这一地区，耕作主要靠引水灌溉。自然资源较为丰富，是土耳其主要的产油区。东南安纳托利亚综合水利项目（GAP）就在此地，土耳其最大的水坝阿塔图尔克大坝也坐落于此。

第三节　人口与民族

土耳其是西亚经济实力较强的人口大国。据世界银行的数据，2013年土耳其全国人口数量约为7493万，居西亚各国之首；国内生产总值（GDP）约为8232亿美元，在世界经济体中排名第16位，人均GDP约10800美元，以购买力平价计算约为18975美元，在世界银行的人均GDP排名榜上名列第59位。

作为一个迅速现代化的国家，土耳其约有75%的人口集中在城市地区。据2009年居民居住地统计结果，人口最多的省是占全国人口17.8%的伊斯坦布尔，其次是安卡拉（6.4%）、伊兹密尔（5.3%）和布尔萨（3.5%），人口最少的是仅占全国人口 0.1% 的巴伊布尔特省。2014 年，2892 万余人住在人口超过 100 万的大城市中，占全部人口的 38.1%。2013 年土耳其的人口密度为每平方公里 97.4 人，在全世界处于中等水平。

土耳其人口年龄结构较为年轻。2013 年，在全部人口中，14 岁以下的青少年人口占 26.178%；15—64 岁的工作年龄人口占 67.547%，而 65 岁以上的老龄人口只占 7.274%。

土耳其是一个多民族国家，土耳其人占 80% 以上，库尔德人约占 15%，其余为拉兹人、含姆辛人、亚美尼亚人、希腊人、阿拉伯人和犹太人。

土耳其人是中亚的突厥部塞尔柱人、乌古斯人及匈奴人等多个游牧部落的后裔。突厥人最初的起源地在准噶尔盆地以北，约在今叶尼塞河上游，后迁至阿尔泰山一带。11 世纪时西迁小亚细亚，与阿拉伯人接触后皈依了伊斯兰教。12 世纪，塞尔柱突厥人在小亚细亚建立了鲁姆素丹国。13 世纪 30 年代，奥斯曼突厥部落首领奥斯曼宣布建立自己的独立王国。一个世纪前，一位土耳其哲学家形象地描绘了土耳其人从东方不断西迁的过程："我们，就好像是坐在往东边走的船上的、不停往西边跑的人一样。"①

土耳其语是土耳其的国语。该语言与中东地区的其他主要语言有重大区别，阿拉伯语和希伯来语属于闪米特语系，波斯语、库尔德语属于印欧语系，而土耳其语属于阿尔泰语系突厥

① 张璐诗：《李凡纳利：传统与现代夹缝中的土耳其》，《新京报》2010 年 6 月 23 日。

语族，从大西洋到太平洋、从北极冰海到波斯湾的广大区域内，约有 2.2 亿人操突厥语，是世界的第五大语言。土耳其语与阿塞拜疆语和土库曼语相通，与塔塔尔语、乌兹别克语、哈萨克语以及中国新疆维吾尔族的语言等有亲缘关系。可以说，土耳其语的影响力超越了土耳其国界。

库尔德人是土耳其人口最多的少数民族，约占全国人口的 15%，总数在 1500 万左右。其中一半生活在东部和东南部地广人稀的高原与山地，一半生活在土耳其其他地区，已经融入土耳其主流社会。安纳托利亚东南部的居民主要是库尔德人，他们多数说土耳其语，但在偏远地方人们讲两种库尔德方言——库尔曼茨语（Kurmanci）和扎扎基语（Zazaki），操这两种方言的人相互之间无法听懂对方的话。库尔德人基本上是穆斯林，与土耳其族在宗教信仰上没有差别，差别主要体现在语言以及文化习惯上。库尔德人是一个跨界民族，除土耳其东南部外，他们还分布在伊朗西部、伊拉克北部和叙利亚东北部以及高加索部分地区，全球库尔德人总数约为 3500 万，以土耳其库尔德人为最多。20 世纪 80—90 年代，库尔德工人党曾掀起要求从土耳其分离出去的骚乱，导致数万人死亡。近十余年来，土耳其的库尔德问题趋于缓和。

拉兹人（Laz）主要居住在土耳其东北部黑海沿岸特拉布宗和里泽之间的河谷，总人口约有 25 万。拉兹人在种族上属于高加索民族，他们生活的区域与格鲁吉亚邻近，其语言也与格鲁吉亚语有亲缘关系。他们历史上曾经信奉基督教，现在多为穆斯林。拉兹人长于经商，不少人从事建筑业和运输业。

含姆辛人（Hemshin）人口总数超过50万，可能是从亚美尼亚来到土耳其。最初定居在土耳其东部的黑海沿岸地区，现在仍居住在此地区的仅约数万人，很多含姆辛人早就迁入了土耳其各地的城市。现在大部分含姆辛人使用土耳其语，但仍有部分人使用含姆辛语（Homshetsi）。同拉兹人一样，含姆辛人最早信仰基督教，后来才改信伊斯兰教，在外表上没有明显的穆斯林特征。

亚美尼亚人主要分布在伊斯坦布尔、凡湖附近和安塔基亚，人数七八万，全部信仰基督教。他们最早于1197定居伊斯坦布尔，奥斯曼人攻占君士坦丁堡后，逐渐向安纳托利亚高原内陆迁移。在奥斯曼帝国的最后几年，亚美尼亚人与奥斯曼政府的关系非常紧张，结果导致1915年大量亚美尼亚人被赶进叙利亚的沙漠。有关奥斯曼帝国是否对上百万亚美尼亚人进行“集体大屠杀”一事，迄今仍是亚美尼亚与土耳其两国争论的问题。土耳其的亚美尼亚人至今保留内部通婚的传统，他们中的很多人从事珠宝匠和铜匠的工作。

犹太人很早就来到土耳其的土地上。公元前4世纪，土耳其的爱琴海地区已经出现犹太人定居点。安纳托利亚地区还曾发现公元前220年犹太教会堂的废墟。奥斯曼帝国建立后，承认犹太教徒是具有宗教信仰的民族，允许其实行法律自治。这种宽容的政策使许多犹太人从受迫害的西欧逃到奥斯曼帝国。土耳其共和国成立后，土耳其政府允许包括犹太人在内的三个主要非穆斯林宗教群体享有少数民族权利，允许它们继续开办自己的学校、社会机构和基金会。1965 年，土耳其拥有 3.8 万犹太人。由于犹太人不断向以色列移民，土耳其境内今天尚有大约 2.6 万犹太人，绝大多数居住在伊斯坦布尔，在伊兹密尔有一个 2500 人的犹太人社团。①

土耳其境内的希腊人是拜占庭时期希腊人的后裔，历史上人数众多，但在土耳其共和国成立后希腊、土耳其两国进行了人口互换，安纳托利亚地区说希腊语的人纷纷乘船前往希腊，而希腊的穆斯林居民大量迁往土耳其。现在土耳其的希腊人不到 25000 人，多数信仰东正教。

第四节 宗教文化

一、伊斯兰教

土耳其 99% 的居民信奉伊斯兰教，其中大多数属逊尼派，20% 为信奉伊斯兰教什叶派的支派阿拉维派（Alevi）。伊斯坦布尔、伊兹密尔和沿海地区有少量的基督教教徒和犹太教徒。

① 黄陵渝：《土耳其犹太人与犹太教》，《西亚非洲》2004 年第 4 期，第 75 页。

伊斯兰教在土耳其的宗教文化中扮演着核心角色，基督教则在土耳其历史上留下了不容忽视的印记。

虽然穆斯林在人口中占绝对多数，但土耳其是一个奉行世俗主义的多元文化国家，坚持政教分离的原则，没有官方规定的国教。在政府与民间的活动中，特别注重通过各种不同形式强化土耳其人的国家意识和爱国主义精神，土耳其共和国的创始人——阿塔图尔克·凯末尔受到广泛的尊重，每个城市都在中心地带建有凯末尔的塑像，政府或企业的办公室挂着凯末尔的画像，每年的 11 月 10 日即凯末尔去世的日子全国民众要静默两分钟，包括交通在内的所有活动要停顿，以此向国父表达敬意。凯末尔的陵墓也成为土耳其的圣地。土耳其共和国成立纪念日 10 月 29 日也成为国家性节日，土耳其政府和民众在这一天会举行隆重的纪念活动。

作为一个世俗的现代化国家，土耳其人对待伊斯兰教的态度与其他伊斯兰国家有明显不同，很多土耳其人在对待宗教义务和宗教实践方面态度十分宽松。

给人印象最深的是在土耳其的欧洲部分以及中西部的大城市里，土耳其人的服饰几乎与世界上其他国家的大都市情况没有太大差别，袒胸露背的女士比比皆是，海边及温泉中穿比基尼的女士非常普遍，包头巾的女士倒非常罕见。但在东部地区及乡村地区，传统观念比较浓厚，穿着传统服饰的土耳其人占较大比例，人们对待宗教的态度也更为虔诚。女士的服饰主要依个人的宗教态度、生活态度而定，比较保守的妇女穿黑袍戴头巾，而开放的城市妇女则更喜欢能显示自己优美身材的紧身衣服。

多数伊斯兰国家严格禁酒，外国人喝酒也会受到惩处，土耳其人对喝酒抱比较宽容的态度，土耳其全国各地到处都有酒吧、酒馆（meyhanes），他们时不时也喜欢喝上一两杯。

土耳其妇女的社会地位比其他伊斯兰国家的妇女地位高。土耳其法律规定，男女平等享有工作、受教育、选举和被选举等权利，在婚姻中享有结婚、选择婚礼形式、离婚和儿童监护等权利。妇女大多出门工作，土耳其约有 1/3 的律师和学者是女性。由于传统因素的影响，妇女的实际地位仍有待提高。有资料显示，土耳其妇女比同工种男子的工资平均少 40%，近一半的男子认为打老婆是男子天经地义的权利。土耳其法律规定婚姻必须非宗教化，但实际上世俗性的婚礼只有 40%，宗教仪式的婚礼占 10%，多达 50% 的婚礼是宗教与非宗教的混合式。法律废除了一夫多妻制，但在偏远的农村地区一夫多妻现象仍然存在。

土耳其在伊斯兰教发展史上占有独特的地位，奥斯曼帝国曾经统治中东地区数百年，奥斯曼素丹作为伊斯兰世界的哈里发（先知穆罕默德的代理者、继任人）得到多数穆斯林的认可，土耳其拥有众多在穆斯林心目中堪称神圣的清真寺，7 世纪后期阿拉伯人进攻君士坦丁堡留下的阿尤布·安萨里（Ayub Ansari，先知穆罕默德的朋友和忠诚支持者）墓成为伊斯兰世界著名圣地之一。伊斯兰教是土耳其最重要的传统精神资源，对土耳其人有着广泛而深远的影响。土耳其实行宗教信仰自由的政策，人们可能对宗教在当代社会的作用看法不一，绝大多数人赞成国家与宗教分离，有人赞同妇女在政府机构和学校工作时不得戴头巾，但也有越来越多的人认为戴不戴头巾是个人的权利。不论如何，在非政治领域伊斯兰教仍规范着土耳其人生活的方方面面。

伊斯兰教是绝大多数土耳其人的基本宗教信仰。土耳其人相信世界以及世界上的万事万物都是由安拉（中国穆斯林一般称作“真主”）创造的，安拉通过穆罕默德把他最终的神谕传递给世人，安拉对穆罕默德的神谕则记载在《古兰经》里。因此，伊斯兰教不是人为创立的宗教，而是天启的宗教。伊斯兰教崇拜的安拉也就是犹太教和基督教崇拜的上帝，亚当、诺亚、亚伯拉罕、摩西和耶稣在伊斯兰教中同样是先知，只是在诸先知中穆罕默德是最后的先知，也是最伟大的先知。

伊斯兰教伴随着土耳其人从小到老的生命历程。土耳其男孩子 7 岁左右要举行割礼，割礼意味着他们走上了由儿童变为成人的第一步。割礼要举行庄严的仪式，割礼的主角要穿上漂亮的礼服。割礼之后则身穿白袍、头戴皇冠、手握权杖，亲朋好友送上红包，祝贺他完成了一生中一个重要的宗教传统仪式。穆斯林去世后，由男性（最好是其亲人）将遗体洗涤干净，用白布从头到脚包裹严实，然后举行葬礼。葬礼完成即进行土葬，不得举行火葬。逝者头朝麦加方向，否则不能升入天国。

清真寺是穆斯林定期举行礼拜的地方，也是出色的建筑和艺术作品。土耳其有很多富丽堂皇、建筑精美的清真寺，反映了穆斯林建筑艺术的文明、发达。清真寺通常欢迎游客参观，但作为穆斯林的宗教圣地，参观者应仪态庄重、保持肃静，以示对伊斯兰教及对当地穆斯林的尊重。不论男女都应着装整齐，不宜穿短裤或无袖上衣；女性应戴头巾，如无头巾可用清真寺提供的布料作为替代品；如所穿裙子过短、未过膝盖，也应用清真寺提供的布料将腿部覆盖；进入清真寺内庭时应脱掉鞋子，以免弄脏清真寺的内部环境；在寺内参观时，不能打扰正在祷告的人，不能大声喧哗和嬉戏，以保持神圣场所的安静。

图 1–3　来清真寺做礼拜的土耳其妇女（范若兰摄）

伊斯兰教包含不同的教派，主要是逊尼派和什叶派。土耳其人中逊尼派占了绝对多数，也有不少人属于什叶派的阿拉维派和神秘主义的苏菲派，他们对丰富土耳其的宗教文化也发挥了重要作用。

阿拉维派为伊斯兰教什叶派的伊斯玛仪派分支派别之一。该派的教义与逊尼派明显不同，除与逊尼派一样推崇先知穆罕默德外，他们认为先知的堂弟及女婿阿里、先知的女儿法蒂玛及其两个孩子哈桑和侯赛因具有超凡入圣的地位。阿拉维派入教仪式非常严格，要先宣誓保证不泄露教派的秘密，并接受导师宣讲秘密教义，灵魂受到启迪后才能参加宗教活动。土耳其阿拉维人的信仰受13世纪伊斯兰教神秘主义者哈吉·贝克塔什·韦利（Hacı Bektaş Veli）影响较大，韦利死后就葬在卡帕多西亚的哈吉贝克塔什。他们的教义吸收了许多安纳托利亚的民间文化，有较多人道主义的观念，宗教禁忌较少，男女可以一起聚集在集会堂（cemevi），而不像逊尼派在清真寺内要将男女隔离开来。

苏菲派是伊斯兰教的神秘主义派别，产生于7世纪末至8世纪初，早期的苏菲派主张以苦行禁欲为特征的修行方式，直接认识安拉并与之结合。12世纪起，苏菲派在世界各地先后建立了互不隶属的教团组织，通过游方传教师将其教义传播于世界各地。土耳其影响最大的苏菲派领袖是创建旋转舞托钵僧团的莫拉维·贾拉鲁丁·鲁米（Molana Jalaluddin Rumi）。鲁米1207年生于巴尔赫（今阿富汗境内），1228年到土耳其的科尼亚，并在那里成长为鲁姆素丹国最伟大的神秘主义哲学家。他用当时通行的语言波斯文写下了大量反映其神秘主义哲学的诗篇，其中最突出的是他用12年时间完成的包含25700多组对句的杰作《神圣的玛斯纳维》。鲁米的诗作充满了象征性，从平凡中显示出真主的大慈大悲，并且用人间情爱来比拟亲近真主的苏菲神秘经验。鲁米的诗作体现了他的宗教宽容精神，比如他在诗中写道：

来吧，不管你是谁，
就算你可能是
一个无信仰的人、一个异教徒或一个拜火教教徒，
来吧！
我们不会让人失望。
即使你已经违背
你忏悔一百次的誓言，来吧！①

而在另外一首题为《经由爱》的诗篇中，鲁米歌颂了爱情的伟大意义：

经由爱，所有苦楚都会变得甜蜜，
经由爱，所有青铜都会变成黄金，
经由爱，所有伤痛都会变成良药，
经由爱，死去的一切都会复活，
经由爱，国王将会变为奴隶！②

① [澳大利亚] Lonely Planet 公司编著：《土耳其》，三联书店 2007 年版，第 432 页。

② DNA 译：《鲁米（Rumi）诗选 10 首》，2015 年 11 月 13 日，http://blog.sina.com.cn/s/blog_b1ee3f600102vugp.html.

他的信徒被称为“梅夫拉维”（Mevlevi），即旋转托钵僧。

鲁米的宗教思想对后世产生了重要影响，成为土耳其宗教文化的重要遗产。鲁米去世后的几个世纪中，奥斯曼帝国全境建立了超过 100 个托钵僧团体。托钵僧用一种特殊的舞蹈与神沟通，舞者身穿白袍、头戴高帽，在不断的旋转中完成与真主的神秘结合。1957 年，科尼亚的托钵僧聚会场所列入土耳其保护历史传统的“文化协会”计划之中，每年到这里朝圣的人多达 150 多万。2005 年，土耳其托钵僧旋转舞被联合国教科文组织列入人类非物质文化遗产名录，并成为外国游客赴土耳其旅游时的必看节目之一。

图 1–4　梅夫拉维的旋转舞

鲁米的诗作影响更大，已经变成全世界人类精神财富的一部分。他的作品在19世纪被介绍到西方国家，追求热情与狂喜及天人合一的神秘主义特色受到众多读者的喜爱。一些文学评论家将鲁米视为人类历史上影响力最大的诗人兼哲学家，认为其影响力甚至超过了但丁和莎士比亚。他的代表作的英译本销量高达50万册。在鲁米逝世八百周年之际，联合国教科文组织宣布将2007年定为“鲁米年”，以纪念他对人类文化的贡献。

二、基督教

土耳其虽然是一个基本由穆斯林组成的国家，但基督教曾经在这块土地上发挥过重要作用，土耳其的基督教文化遗迹也构成土耳其历史文化盛景的一部分。

爱琴海边的城市塞尔丘克是基督徒的朝圣之地，不少基督教历史上的重要人物曾在这里活动。据说使徒约翰（St. John）曾经两度在这里生活，第一次是在37—48年与圣母玛利亚一同前来，第二次是在他人生中的最后一年来到此地，并在艾亚素鲁克山上写下《福音书》第四卷。6世纪时，查士丁尼大帝在圣约翰的墓地上建起了圣约翰教堂，埋葬圣约翰的墓室位于教堂的中殿，中殿尽头的墙上画着圣约翰的画像。教堂因地震及风化成为瓦砾废墟，现在的教堂为一个世纪前的修复品。塞尔丘克周围也留下了使徒保罗和圣母玛利亚的足迹。45—58年，使徒保罗（St. Paul）走遍安纳托利亚，向人们传播基督教。在圣约翰的照顾下，圣母玛利亚在附近的以弗所安度晚年，她在那里可能生活了八年（37—45 年）之久。1890 年，在发掘以弗所古城遗址的过程中发现了圣母玛利亚之屋，一座由灰白色石头砌成的方形小屋。1967 年，罗马教皇保罗六世（Paul Ⅵ）来到这里，他认为这座房屋就是圣母玛利亚住过的地方。每年的 8 月 15 日，在这个现已改为小礼拜堂的地方都要举行纪念圣母玛利亚升天的仪式。现在，每年有 100 万游客和朝圣者到这里访问。

图 1–5　圣索菲亚大教堂内的基督教宗教画

土耳其基督教教堂集中之地就是安纳托利亚中部的卡帕多西亚地区。早期的基督徒利用卡帕多西亚的独特地形，隐身在河谷的岩洞中，以躲避外来的迫害。《圣经》中曾提到这个地方。

在当地山丘和地下洞穴中，基督徒建立了数十座洞穴教堂，其中以黑暗教堂、布鲁克教堂或托卡勒教堂保存最为完整。他们凿穴而居，洞穴相连，生活设施齐全，在隐秘的地下世界维护着自己的宗教信仰。此外，在土耳其境内黑海沿岸的特拉布松、地中海边的梅尔辛等地也保留着许多基督教遗址。

图 1–6　卡帕多西亚的岩洞教堂

土耳其还有一些与宗教相关的传说，最著名的是圣诞老人和诺亚方舟的传说。帕塔拉（Patara）是古代利西亚的主要港口，据希腊神话传说，阿波罗就降生在这里。这里也是圣诞老人的原型圣尼古拉斯的诞生地。圣尼古拉斯是 4 世纪时利西亚的一位东正教主教，喜欢以匿名的方式赠送给当地穷人各种礼物，因而受到人们的爱戴。他去世后被当地人尊称为“圣人”，其生前事迹被逐渐演绎成今天的圣诞老人传说。另据《圣经》记载，大洪水后诺亚方舟停于亚拉腊山上。有人认为，这座山就是土耳其东部海拔 5000 多米的阿勒山。美国弗吉尼亚州里士满大学继续教育学院副教授鲍彻—泰勒对此追踪研究长达 13 年，试图揭开阿勒山诺亚方舟之谜。他根据飞机航拍、侦察卫星以及商业用遥感飞行器拍摄的照片，发现阿勒山山腰有一处“不规则区域”。他认为这一区域的长宽比例和诺亚方舟的长宽比例一样，有可能是诺亚方舟的所在地。[①]

第五节　名胜古迹

作为一个不同文明交汇之处，土耳其国土上布满历史上不同时代、不同民族留下的各种人文景观，仅被联合国教科文组织评为世界遗产的景点就有 13 处。20 世纪 80 年代入选《世界遗产名录》的名胜古迹总共有 7 处，包括伊斯坦布尔老城区（Historic Areas of Istanbul）、迪夫里伊（Divrigi）大清真寺和医院、格莱梅国家公园—卡帕多西亚岩石区（Goreme National Park

① 自游乌托邦：《诺亚方舟是传说还是真实？科学家为你揭开神秘面纱》，2016 年 10 月 7 日，https://baijiahao.baidu.com/s?id=1547376269796509&wfr=spider&for=pc.

and the Rock Sites of Cappadocia）、哈图撒遗址（Hattuša）、内姆鲁特山（Nemrut Dağı）、赫拉波利斯—帕慕克卡莱（Hierapolis-Pamukkale）、桑索斯和莱顿遗址（Xanthos-Letoon）。20 世纪 90 年代后又有 6 处古迹入选《世界遗产名录》，它们是：萨夫兰博卢城（Safranbolu）、特洛伊遗址（Archaeological Site of Troy）、塞利米耶清真寺（Selimiye Mosque）、朱马勒克兹克镇（Cumalikizik）、贝尔加马古城（Bergama）、加泰土丘（Çatalhöyük）。

一、伊斯坦布尔老城区

伊斯坦布尔是土耳其最大城市及港口，也是土耳其的文化、经济和金融中心。它位于土耳其西北部，地跨博斯普鲁斯海峡的两岸，西岸的色雷斯属于欧洲，东岸为安纳托利亚的一部分，属于亚洲，伊斯坦布尔因此成为世界上唯一地跨两个大洲的大都市。伊斯坦布尔人口众多，拥有 1280 万人口，为全球第五大城市、欧洲第一大城市。伊斯坦布尔历史悠久，始建于公元前 667 年，后来成为罗马帝国、拜占庭帝国和奥斯曼帝国的首都，历史上称之为拜占庭和君士坦丁堡，作为土耳其贸易、政治、宗教、艺术中心达两千年之久，直到土耳其共和国成立才将首都从伊斯坦布尔迁往安卡拉。伊斯坦布尔历史城区有众多文化古迹与历史遗存，如君士坦丁大帝时期的古代跑马场、6 世纪的圣索菲亚大教堂、奥斯曼帝国的托普卡帕王宫、奥斯曼时期的建筑杰作素丹艾哈迈德清真寺（蓝色清真寺）以及苏莱曼清真寺、大巴扎、金角湾、独立大街、柯拉教堂等。伊斯坦布尔当选“2010 年欧洲文化之都”和“2012 年欧洲体育之都”。该市的历史区在 1985 年被联合国教科文组织列为世界遗产。

图 1–7　伊斯坦布尔老城区一角（范若兰摄）

二、迪夫里伊大清真寺和医院

迪夫里伊位于安纳托利亚东部地区锡瓦斯省东南 177 公里处，海拔高度 1250 米。该城早在赫梯帝国时代就已为人所知，1229 年突厥人的素丹艾哈迈德 · 沙赫下令在当地建起一座大清真寺乌卢清真寺（Ulu Camil）和一座医院达吕希法（Darüşşifa）。清真寺和医院高大的大门上刻着精细的浮雕，图案包括了各种几何样式、星星、花纹效果、植物图案和形式多样的阿拉伯书法。清真寺内部装饰简洁，16 根柱子和石墙几乎没有装饰，墙上有一些壁画的碎片和一个简单的壁龛。但清真寺优美的的拱顶造型、刻有精致棱纹的祭坛圆顶屋以及清真寺内部绘画作品中表现出的精湛技艺，使得迪夫里伊大清真寺和医院成为伊斯兰建筑史上的杰作。1985 年迪夫里伊被列入《世界遗产名录》。

三、格莱梅国家公园—卡帕多西亚岩石区

卡帕多西亚位于土耳其首都安卡拉东南约 220 公里处，是由远古时代火山喷发的熔岩经长期侵蚀演变成的火山岩高原，面积近 4000 平方公里。灼热的岩浆及层层积淀的火山灰在风化及雨水的冲刷下，形成了形形色色、奇形怪状、巧夺天工的地质风貌。坚硬的玄武岩及石灰岩或突兀地拔地而起，或形成山谷，或磨出平滑洁白的石头波浪，或形成传奇的仙人烟囱（fairy chimney）。格莱梅是卡帕多西亚地区的一个城市，约有 2500 人口。自古罗马时期该地就成为基督教修道士聚居之处，他们利用当地的特殊地形修建了成百上千座古老的岩穴教堂和不计其数的洞穴式住房。在格莱梅山谷，几乎每一座小尖岩都被挖空，里面都含有一所教堂。教堂形状各异，装饰着美不胜收的壁画。而在地下，当地发现了几十处如同迷宫一般的地下城镇，有的地下城向下有八层之多，借助梯子上下，住宅、教堂、厨房、水井、食品贮藏室、通风管道、墓地及供逃跑用的地道，应有

尽有，足可容纳数万人生活。1985年，联合国教科文组织将其作为文化与自然遗产，列入《世界遗产名录》。

图 1-8　卡帕多西亚鸟瞰

四、哈图撒遗址

哈图撒遗址地处安卡拉以东200公里的博噶兹卡莱（Bogazkale）附近，公元前1375—前1200年曾是赫梯帝国的首都。哈图撒面积为1.8平方公里，受内外两道城墙的保护，内城建有宏伟的宫殿和庙宇。规模最大的建筑群遗址是大神庙建筑群，有供奉风暴之神塔沙布和太阳女神赫帕图的神庙主殿遗址，主殿周围有很多储藏室，1905年在这里发现了巨大的黏土储藏罐和大量楔形泥板，泥板中有契约、法律、预言等历史档案，最重要的发现是公元前 1283 年赫梯帝国和埃及法老拉美西斯二世签订的和平条约。哈图撒城堡外墙的几个大门依然留存至今，包括面向西南方以保护城市免受邪恶侵害的狮子门、原来有四座狮身人面像守卫的大地门（也叫“斯芬克斯门”）以及大门左侧的巨石上刻着精美人像浮雕的国王门。距哈图撒约 3 公里是赫梯人的宗教圣地雅兹勒卡亚（Yazilikaya），保存完好的岩石长廊、宏大的铭文巨石和在时光流逝中日渐消磨的精美浮雕，既展示了赫梯人在艺术上的光辉成就，也反映了赫梯人的宗教观念与社会生活方式。1986 年，哈图撒遗址被联合国教科文组织评为世界文化遗产。

图 1–9　哈图撒遗址一角

赫梯帝国成为刺激文学家创作的源泉。日本漫画家筱原千绘以古代安纳托利亚高原的古国希塔托帝国为历史背景创作了少女漫画《天是红河岸》，少女夕梨原本是个平凡的女学生，意外穿越到历史上的希塔托帝国，发生了一系列错综复杂的故事。这个古国就是赫梯帝国。

五、内姆鲁特山

内姆鲁特山位于土耳其东部阿德亚曼省，海拔 2134 米，以矗立在山顶的人头巨像著称。此山是公元前 1 世纪科马吉尼（Commagene）王国的国王安条克一世（Antiochus I）为自己修造的陵墓和圣殿遗址。遗址中间用碎石堆成的小山丘就是安条克一世的坟墓，坟墓东、西、北三侧各有一座神殿，分别摆放着安条克一世、命运女神提基、众神之王宙斯、太阳神阿波罗、大力神赫拉克勒斯及老鹰、狮子的巨石像。神像高 7 米，头部用整块巨石雕成，高达 2 米，身体用石块垒筑，因受地震影响现已倒塌，散落在地。科马吉尼是介于西方的罗马帝国和东方的帕提亚帝国之间的一个小国，最初与两国都保持良好关系。安条克一世作为波斯人与希腊人的后代，他的王国在与罗马、叙利亚及波斯的贸易中大为受益。因神话中诸神都将山顶作为其传统的居住地，安条克将内姆鲁特山作为诸神之家，他自己的雕像也与诸神雕像同居一处。科马吉尼王国后因与帕提亚帝国结成联盟被罗马帝国所灭。1881 年，德国工程师卡尔·塞斯特受雇勘测交通线路时发现了山上的雕像，内姆鲁特山才引起关注。1987 年，此地被联合国教科文组织列为世界遗产。

六、赫拉波利斯—帕慕克卡莱

帕慕克卡莱在土耳其语中意为“棉花堡”，因像一座雪白的棉花城堡而得名。棉花堡高 160 米，长 2700 米。从石灰岩层顶端 320 米处以及沉积 60—70 米深处涌出的泉水，流淌在碳酸钙沉积钙化而成的白色石灰岩上，形成了由石林、石瀑布、一系列梯形盆地和蓝色温泉组成的绝妙景观。其景观之奇特，与中国四川黄龙的景色类似。帕慕克卡莱以温泉浴而闻名，这里是土耳其的自然温泉浴中心，至少有 17 处温度在 36℃—100℃的温泉。

图 1–10　赫拉波利斯遗址

早在公元前2世纪末，阿塔利德斯王朝的帕加马国王们就在此地建立了赫拉波利斯温泉疗养城，用温泉的独特疗效来疗养和治病。大浴池用巨大的石块建造，浴室内部有图书馆、体育馆等封闭的或开放的空间。这个拱顶式建筑群现在是一个考古博物馆。此外，赫拉波利斯遗址还包括拜占庭教堂遗址、阿波罗神庙的地基以及剧院、许多陵墓等。美国国家地理频道曾把棉花堡评为“一生不得不去的50个全球奇景之一”。1988年，棉花堡和其顶上的赫拉波利斯古城共同被列为世界遗产。

七、桑索斯和莱顿遗址

桑索斯位于土耳其西南，距离费特希耶46公里。公元前2世纪，这里是利西亚（Lycian）王国的首都和最繁华的商业中心。虽然利西亚王国的建筑大多毁于战火，但从迄今保留的精致的罗马剧场、刻有利西亚语题刻的圆柱及石棺可以看出利西亚文明的发达程度。莱顿距离桑索斯4公里，是利西亚人的宗教中心，建有勒托（Leto）神庙、阿波罗（Apollo）神庙和阿耳忒弥斯（Artemis）神庙。据传说，宙斯背着妻子赫拉（Hera）与勒托相爱，生下阿波罗和阿耳忒弥斯。天后赫拉为此惩罚勒托，她终生只能从一个地方流浪到另一个地方。勒托在利西亚度过了一生的大部分时间，因而成为利西亚的神灵。利西亚人为他们母子三人修建了神庙，并在附近建造了一个规模很大的希腊风格的剧场。桑索斯和莱顿遗址反映了利西亚传统与希腊文化的相互影响与交融，在世界历史上有独特的价值，1988 年被列入《世界遗产名录》。

八、萨夫兰博卢城

萨夫兰博卢位于土耳其安纳托利亚中北部，离首都安卡拉约 200 公里。因该城在 17 世纪时是番红花（土耳其语称为“萨夫兰”）的贸易及种植中心，又被称为“番红花城”。

图 1–11　萨夫兰博卢城街景

萨夫兰博卢城是一座只有两万人的小城，周围群山环绕，占地面积约 1000 平方公里，海拔 485 米。它最大的特点就是完整保留了奥斯曼帝国时期的房屋和建筑，包括私人博物馆、清真寺、墓园、喷泉、土耳其浴浴室、钟塔、日晷以及房屋、街道等。13—19 世纪，该城一直是东西方贸易线上的重要驿站，是丝绸之路必经之地。14—17 世纪是它最为繁荣的时期，当时是一座以制作马鞍和皮鞋为中心的商业城市。20 世纪初，随着铁路和新型商业机构的出现，萨夫兰博卢结束了长期繁荣的时代。1994 年，萨夫兰博卢城被列入联合国教科文组织的《世界遗产名录》。

九、特洛伊遗址

特洛伊是世界上最著名的考古遗址之一，土耳其语称之为“特鲁瓦”（Truva）。公元前 2500 年到前 2000 年，这里是爱琴海海岸贸易的中心。公元前 1200 年左右，由于受特洛伊战争的影响开始走向没落。希腊神话《伊利亚特》形象描绘了特洛伊战争的过程，但是特洛伊是真有其事还是纯属虚构一直是仁者见仁智者见智。1871 年，迷恋《荷马史诗》故事的德国商人海因里希·谢里曼（Heinrich Schliemann）在达达尼尔海峡南部发现了特洛伊遗址，为特洛伊国家的存在提供了确凿的证据。[①] 特洛伊遗址共分为九层，显示了从公元前 3000 年到公元 500 年前后三千多年中不同时代的社会发展状况。铜器时代、特洛伊战争时期、希腊时期、罗马帝国时期的物质遗存在遗址中都有体现。现存的地面建筑主要是罗马帝国时期的遗迹。1998 年，特

① 谢里曼早在少年时期就决定，一旦他有了足够收入就投身于考古研究。他在俄国石油业中积攒了一大笔钱后决定放弃商业，把时间和钱财都花在考古发掘上。1870 年，他开始在特洛伊发掘。几年之内，他局部地发掘了九个城市，其中第二座城他认为就是《伊利亚特》中所说的特洛伊，不过后来证明特洛伊是第七座城。

洛伊遗址被列入《世界遗产目录》。

十、塞利米耶清真寺

塞利米耶清真寺地处土耳其西部边陲城市埃迪尔内，是奥斯曼历史上最杰出的建筑大师希南（Sinan）的杰作。希南在80岁时为当时奥斯曼帝国的首都设计了这座建筑。清真寺于1569—1575年动工建成，中央是一个巨型的圆顶，四座高达71米的宣礼塔环绕四周。清真寺的配套建筑有图书馆、学校、旅馆、浴场、施粥场、市场、医院及墓地等。作为奥斯曼帝国时代最经典的建筑，塞利米耶清真寺最突出的特点是，中央圆顶仅由八根柱子和拱门、扶壁支撑，内部空间非常宽阔。圣龛被移至一个壁龛内，三面由窗户透入充足的光线，墙身低处的瓷砖将天然的光线反射回去。在自然光与一串串人工灯光的照射下，清真寺内装饰华丽的穹顶及圆拱顶显得美轮美奂。大殿内形成一个八边形，不论身处何处，在清真寺内的任何位置都可看到圣龛。塞利米耶清真寺的图案被印在1982—1995年发行的10000元土耳其里拉的纸币上。在2011年6月举行的第35届世界遗产大会上，塞利米耶清真寺被列入《世界遗产名录》。

十一、朱马勒克兹克镇

布尔萨距伊斯坦布尔约260多公里，是一座风景美丽的城市。这里是奥斯曼帝国的发源地，1326 年奥斯曼人从塞尔柱人手中夺取了布尔萨，并将其作为奥斯曼帝国的首都。该市也是丝绸之路上的重要贸易节点，养蚕、制丝业以及纺织业都非常发达。布尔萨全城有 120 多个清真寺，3000 多个土耳其浴室。早期的奥斯曼帝国皇帝大多葬在布尔萨，因此，这里又是皇陵集中之处。朱马勒克兹克镇是布尔萨的一个城镇，距布尔萨市中心约 10 公里，是目前保存最完好的奥斯曼风格的村庄，其中包括 270 间民房。该镇今日仍然延续着传统的农村生活和文化，村庄中仍有居民居住，人们在这里可以购买果酱及手工制品等，也可以在这里享用土耳其特色的早餐和咖啡。2014 年，朱马勒克兹克镇被联合国教科文组织第 38 届世界遗产大会评为世界文化遗产。

十二、贝尔加马古城

贝尔加马（Bergama）是爱琴海边的历史名城，紧邻伊兹密尔。马其顿的亚历山大大帝开启了中近东的希腊化时期，亚历山大大帝去世后，马其顿帝国陷于分裂，以贝尔加马为中心建立起了帕加马王国。公元前 3 世纪至公元前 2 世纪，帕加马王国国力强盛，文化发达，与埃及的亚历山大同为最重要的学术和艺术中心。它拥有一座希腊时期最大的图书馆，有一个在希腊本土都没有的可容纳两万人的大圆形剧场，还有许许多多体育馆、神殿以及野外竞技场等。所有希腊化时代的遗迹中，以贝尔加马保存得最为完整。其中圆形剧场、红色大教堂仍有成型的建筑，两座医神神殿只剩下高高低低、排列成行的圆柱，帕加马图书馆残存了几根圆柱。贝尔加马古城由卫城、周围 7 座古墓等 9 个部分组成，反映了希腊化时期、罗马帝国时期、拜占庭时期以及奥斯曼时期的多层次历史景观，2014 年被联合国教科文组织评为世界文化遗产。

图 1–12　贝尔加马古城遗址

十三、加泰土丘

加泰土丘（Çatalhöyük，土耳其语音译作“卡塔胡由克”）坐落于科尼亚平原，是安纳托利亚南部新石器时代和红铜时代的人类定居点遗址，因外形像一座拥有两个不同高度山头的小山丘而得名。该定居点存在于公元前 7500 年到公元前 5700 年，是已知的人类最古老的定居点之一。遗址中有房屋建筑和祭祀用建筑等，房屋只有一层，房屋之间没有街道，房屋内部用石灰涂抹，入口是在屋顶上开出的一个洞口，通过梯子进入。遗址内还发现了生动的壁画和人偶雕像，室内装饰着祭祀用的动物头骨，墙上画有表现狩猎场景的壁画，最著名的雕像是丰乳肥臀的加泰土丘女性坐像，还有一些描绘生育的造型，这些造型代表了肥沃和祝福。2012 年 7 月，加泰土丘被评为世界文化遗产。

— 第二章 —

帝国轮替：文明的交汇与碰撞

由于地处东西方的交通要冲，再加上地势平坦无阻，古代土耳其在很长时间里成为不同帝国轮番登台的舞台。除了来自里海与外高加索的赫梯人在安纳托利亚建立的本地帝国外，周边高度发达的文明和强大的帝国也围绕着小亚细亚展开争夺，波斯帝国、马其顿帝国、罗马帝国、拜占庭帝国在不同时期成为土耳其这块土地的主人。直到 11 世纪，来自东方的突厥人加入了小亚细亚的角力场，并在 15 世纪中期推翻了拜占庭帝国，建立起强大的伊斯兰国家——奥斯曼帝国。奥斯曼帝国的辖区横跨欧亚非三大洲，帝国的军队几次出现在维也纳城下，对欧洲基督教国家形成严重威胁。随着 19 世纪西方工业文明的兴起，奥斯曼帝国逐渐走向瓦解。第一次世界大战后，土耳其爆发了凯末尔领导的民族独立运动，在奥斯曼帝国的废墟上建立起新生的土耳其共和国。共和国在土耳其传统文化与西方现代政治文明的碰撞、冲击下艰难前行。

第一节　从赫梯帝国到塞尔柱帝国

早在公元前10000年，安纳托利亚就留下了人类活动的遗迹。人们居住在洞穴中，以打猎和采集果实为生，有的地方人们开始尝试早期的种植业，驯化动物也开始出现。到公元前7500年左右，加泰土丘形成为一个大型定居点，32英亩土地上建起了众多相互连接的房屋，太阳晒干的泥砖成为普遍使用的建筑材料，谷物种植业则构成整个经济的基础。这里可能形成了土耳其有史以来最早的城市。到公元前3000年左右，随着冶金术的发展以及同两河流域的贸易，安纳托利亚逐渐形成一些地方性的权力中心，开始建立大大小小的王国。而在爱琴海地区，当地居民与希腊的贸易活动频繁，形成一个兴旺发达的贸易网。约在公元前2000年左右，在安纳托利亚中部形成了土耳其历史上的第一个大帝国——赫梯帝国。

一、赫梯帝国的兴衰

《圣经》中曾多次提到赫梯人（例如，巴特什巴的丈夫是“赫梯人乌利亚”)，巴比伦碑文中也曾涉及赫梯人，但关于赫梯人的历史材料十分欠缺，仅有的材料也大多语焉不详，无法理出清晰的历史线索。直到 1834 年，法国旅行家查尔斯·泰克瑟尔（Charles Texier）到安纳托利亚中部旅行时，在博噶兹卡莱附近被赫梯人的废墟绊倒，无意中发现了赫梯首都哈图撒的遗址。1907 年，考古学家开始对哈图撒进行发掘，结果发现了可观的艺术品和大量的历史文献，最有价值的是刻着楔形文字的泥板，这些泥板属于贵重的赫梯国家档案。当时发现的泥板文书和残片多达 2 万多件，其中多数显然是法律和政令。1915 年，捷克考古学家、东方学家贝德日赫·赫罗兹尼（1879 年 5 月 6 日至 1952 年 12 月 18 日）破译了这些泥板文书的语言。学者们通过对这些写字板的解读，建构出了赫梯帝国的历史。[①]

图 2–1　安卡拉安纳托利亚文明博物馆收藏的赫梯浮雕

① [美]菲利普·李·拉尔夫等:《世界文明史（上卷）》，赵丰等译，商务印书馆 1998 年版，第 63—65 页。

赫梯人（Hittite）属印欧部族，在公元前2000年左右从里海与外高加索一带进入安纳托利亚，征服了当地的哈梯人（Hatti），并且吸收、借鉴了哈梯人的文化，建立起包括安纳托利亚大部分地区的赫梯帝国。公元前1800年左右，赫梯人把首都搬到了哈图撒。赫梯帝国逐渐向外扩张，除了吞并小亚细亚地区的其他小国外，还开始向两河流域扩展。公元前1531年，赫梯王穆尔西利斯一世（约前1550—前1530年在位）侵入两河流域，灭掉了古巴比伦王国。此后不久，赫梯帝国陷于内乱。

公元前1450年，赫梯人经历多次内乱后，重新整合为一个强大的帝国，并将赫梯的国力推向了鼎盛时期。公元前1370年左右，赫梯国王苏皮卢利乌马斯一世（前1380—前1346年在位）率领赫梯人从小亚细亚向叙利亚方向大举进攻，征服了米坦尼王国。美索不达米亚成为赫梯帝国与埃及新王国争夺的目标，从公元前1312年到前1296年，赫梯新王朝两代国王与埃及法老在叙利亚发生两次大战。公元前1312年，埃及法老拉美西斯二世（前1317—前1251年在位）与赫梯王穆瓦塔利斯二世（前1315—前1295年在位）会战于卡叠什城（Kadesh）。埃及法老失利，被迫退回埃及。公元前1296年，两国再次交战，这一次埃及占了上风。赫梯新国王哈图西利斯三世（前1289—前1260年在位）与拉美西斯二世签订了人类历史上的第一个国际条约——《卡叠什和约》，双方瓜分了叙利亚，允诺互不侵犯，并结为军事同盟，以便共同对付日益强大起来的亚述帝国。[1]为了密切两国的关系，赫梯人还把一位公主嫁给了拉美西斯二世。拉美西斯二世则送给赫梯人一块绿色正方形巨石作为礼品，据说同样的绿石世界上仅存两块，其中一块仍然保留在哈图撒遗址中。

图 2–2　拉美西斯二世在签订《卡叠什和约》后送给赫梯人的绿石

赫梯人以往被认为是最早发明冶铁术的民族，这是他们能在很短时间内崛起的重要原因。但新的考古研究表明，早在赫梯人进入安纳托利亚之前 600 年，当地的哈梯人就发现了铁。哈梯人有自己的铁匠，有自己的铁神哈沙麦里（Hasammeli），赫梯人继承了哈梯的铁神，也继承了哈梯人的冶铁技术。安纳

① 沈爱凤：《从青金石之路到丝绸之路——西亚、中亚与亚欧草原古代艺术溯源（上册）》，山东美术出版社 2009 年版，第 67—69 页。

托利亚金属矿石十分丰富，尤其是铜、铁和银矿石资源。赫梯人用矿石换取对自己有用的东西，进行冶金术实验的条件也比其他民族更为有利，他们在青铜制造及制铁方面都胜过其他民族。他们大量开采铁矿、银矿、铜矿和铅矿，并向周围民族出售金属制品。贸易也是他们擅长的经济活动，他们依靠商业来扩张其帝国似乎同依靠战争不相上下。铁制武器和铁制农具的贸易给赫梯人带来了大量财富，为帝国的扩张提供了物质条件。

赫梯人拥有高明的社会管理艺术，制定了完备的法律，有管理良好的社会组织。赫梯是很早制订法典的古国之一，他们于公元前14世纪颁布了法典。考古发掘出的楔形文字泥板表明，赫梯人有200多个涉及各种问题的条款或法令，规制着赫梯社会的方方面面。奢侈品、手工制品以及生活用品的价格在法律中做了详细规定，各种劳动报酬和酬金也有明确规范，按法律的规定，女子的工资不及男子工资的一半。与古巴比伦人相比，赫梯人的法律显得更为人道，连谋杀也可以只判罚金，断肢不是一种特定的刑罚，除非奴隶犯纵火罪或盗窃罪。赫梯法律中也没有提到亚述法律中不可缺少的剥皮、宫刑以及钉木桩等酷刑。

赫梯人发明了使用战车发动快攻的作战方法，帮助他们在多次战斗中获得胜利。他们的战车用马而不是用牛牵拉，车轮有了轮幅而不是用木板做成的实心轮。在赫梯人之前，掌握轻型战车技术的喀西特人开始与古巴比伦人兵戎相见，并用武力占领了美索不达米亚的许多地方。而赫梯人在公元前1595年从北方发动闪电般进攻，给巴比伦人致命一击，消灭了古巴比伦帝国的最后残余。

赫梯人崇拜多神教，他们崇拜的神灵超过1000个，其中最重要的是风暴之神塔沙布和太阳女神赫帕图。有人认为，赫梯人似乎在宗教上奉行兼容并蓄的政策，把他们征服的民族甚至购买其陶器的民族所敬奉的一切神明都纳入自己的崇拜范围。他们的宗教活动包括占卜、祭献、斋戒和祈祷等。

在现代某些史学家看来，赫梯文明几乎可以同美索不达米亚文明相媲美，甚至较之埃及文明也不逊色。但赫梯人的主要历史贡献还是在于他们在两河流域与近东的极西地区之间起着中介人的作用。铁器的制造以及其他文明成分就是通过这个途径从赫梯人居住的地方传到迦南人和希克索斯人中，可能还传到爱琴海诸岛的民族中。

后来，赫梯帝国不断受到下属邦国和外部势力的骚扰。内部主要是爱琴海边的特洛伊王国，外部先是已经掌握铁器制作技术的“来自海上的民族”希腊，后是来自东南方向的亚述。公元前1250年爆发的希腊与特洛伊之间的战争给了赫梯人喘息的机会。但是，在公元前1200年至前1150年赫梯帝国被来自西面爱琴海的海上民族和来自色雷斯的弗里吉亚人（Phrygian）等部族夷为平地。亚述军队也对他们施加了巨大的压力，赫梯帝国便在双重的打击下渐渐走向灭亡。①

① Douglas A. Howard, *The History of Turkey*, Westport: Greenwood Press, 2001, pp. 25-27.

二、希腊与波斯影响下的小亚细亚

赫梯帝国之后，安纳托利亚境内出现了多个相互竞争的小国，建立这些国家的既有当地民族，也有外来的民族。其中比较重要的有弗里吉亚人（Phrygians）、利西亚人（Lycian）、吕底亚人（Lydian）和乌拉尔图人（Urartian）等。

公元前 8 世纪，弗里吉亚人从色雷斯进入安纳托利亚西部，以戈尔迪（Gordion）为首都建立起自己的国家。在国王迈达斯（Midas）统治时期，国家的实力达到巅峰。希腊传说中有一段关于迈达斯的著名故事：酒神狄俄尼索斯因迈达斯盛情款待自己的养父答应送他一项能力作为报答，迈达斯向酒神要了点石成金的能力。于是，他的手指碰触之物立即变为黄金。国王欣喜若狂，双手到处乱摸，将王宫变得金碧辉煌，闪闪发光。国王感到饿了，令仆人准备了一顿丰盛的宴席。当他拿起食物时，发现食物变成了金子无法下咽。这时他心爱的小女儿兴冲冲跑到他面前，国王非常高兴地将女儿抱了起来，不料可爱的小女孩一下子变成了一尊金雕塑。国王十分懊恼，祈求酒神收回法术。狄俄尼索斯答应了，嘱其到河中洗手。当他接触到河水，法术转移到河水里，河里的砂石立刻就变成了黄金。再一回头，爱女复苏，国王破涕为笑。这个故事被称为“迈达斯的点石成金术”（Midas Touch），在西方广为流传。

公元前 725 年，骑在马背上的民族西米里人（Cimmerian）

征服了戈尔迪。

考古学家在安卡拉以东 90 公里的戈尔迪进行发掘，试图找到亚历山大大帝的踪迹，无意中找到了迈达斯的陵墓。陵墓中没有人们抱有厚望的金银珠宝，却找到了工艺复杂、制作精美的木制家具。墓室的壁龛上刻着自然女神西布莉（Cybele）的雕像。西布莉为天上万物和地上万物之母，她能使大地回春。五谷丰收，反映了弗里吉亚人对大自然威力的崇拜。

在安纳托利亚东部的山区中，早期胡利安人（Hurrian）的后裔在凡湖附近建立了乌拉尔图王国（Urartian Kingdom）。乌拉尔图人受到亚述文化的极大影响，公元前 13 世纪的亚述文献中就曾提到过他们。乌拉尔图王国包括底格里斯河和幼发拉底河上游的东安纳托利亚，还包含外高加索的大片地区。公元前 7 世纪末期，该王国被来自中亚的半游牧民族西徐亚人（Scythian）和米底人（Medes）所灭。

在公元前 1000 年左右，希腊移民开始在小亚细亚爱琴海边的河谷定居下来。起初他们只是建起一些贫穷的村庄，村民们住在毛坯盖成的简陋屋子中。到公元前 7 世纪时，这些希腊移民定居点变得繁荣起来，逐渐成立了一些城邦，并沿着海岸向北发展。安纳托利亚西南海岸地区开始形成贸易发达的希腊城邦联盟——爱奥尼亚联盟。主要城市包括以弗所、米利都和伊兹密尔等。大约在这一时期，波斯的阿黑门尼德王朝也向小亚细亚扩张，希腊、波斯两大势力影响着小亚细亚这一时期的历史发展。

在安纳托利亚内陆，吕底亚王国成为这一时期的一个强国。吕底亚人以萨迪斯（Sardis）为首都，控制了安纳托利亚的西部地区。他们吸收了弗里吉亚王国西部的大部分，在迈尔姆纳德（Mermnad）王朝时期成为一个强大的国家。西方“历史之父”希罗多德在《历史》中记载，迈尔姆纳德王朝的创立者巨吉斯（Gyges）原本是吕底亚赫拉克利德王朝末代国王坎道列斯的仆人，很受坎道列斯的信任。坎道列斯认为自己妻子的容貌、身材非常美丽，情不自禁想让别人知道这一点，因此偷偷把巨吉斯藏到自己的卧室，让他偷看妻子的裸体。不料，这一行为被王妃得知。根据吕底亚风俗，一个女子如果被丈夫之外的男人看见裸体就是奇耻大辱。王妃找到巨吉斯，给他两个选择：一个是杀死坎道列斯，成为国王并与她结婚；另外一个则是自杀。巨吉斯选择了和王妃合谋杀死坎道列斯，自己成为吕底亚的国王。[①]

吕底亚王国在历史上以经济富庶、善于理财而闻名。在公元前560—前546年克罗伊斯（Croesus）担任国王时，吕底亚发行了货币。首都萨迪斯成为当时的贸易中心，克罗伊斯的富有闻名遐迩。希腊人猜想他如此富有，肯定是有一个无底钱袋，只需将财宝放进去就可以取之不尽，因此有了“大财主克罗伊斯”（rich as Croesus）这个俗语。爱琴海边的爱奥尼亚联盟成员在海上贸易中赚取了大量利润，引起吕底亚的嫉妒。克罗伊斯

① ［古希腊］希罗多德：《历史：希腊波斯战争史（上册）》，王以铸译，商务印书馆1997年版，第4—7页。

在公元前600年对其发起了攻击，迫使以弗所人向其进贡。在后来波斯人与希腊人争夺期间，以弗所不得不时而向波斯帝国称臣纳贡，时而与希腊人站在一起。

与吕底亚人同时存在并建立了国家的民族有西南安纳托利亚的利西亚人（Lycian）和卡里亚人（Carrian）。利西亚人和吕底亚人一样操印欧语言，卡里亚人的文字与弗里吉亚语及希腊语类似，但尚未能释读，可能也属于印欧语言。希罗多德曾提到，卡里亚人认为自己是安纳托利亚的土著居民。吕底亚和利西亚的语言同样包括了本地哈梯语言的成分，显示了安纳托利亚本地文化的影响力。利西亚人建立了一个由独立的城邦组成的联邦，覆盖了今天从费特西耶到安塔利亚的广大区域。

波斯帝国凭借强大的军队迅速控制了安纳托利亚地区。公元前547年，居鲁士二世（公元前559—前530年在位）入侵小亚细亚，最开始只是征服了利西亚，次年灭吕底亚，后来又进一步把势力范围扩大到爱琴海，控制了爱奥尼亚联盟中的希腊各城邦。公元前517年，大流士一世（Darius I，公元前522—前486年在位）借鉴吕底亚人的经验，规定了波斯帝国境内流通货币的规格、形式与范围。过了一段时间，在大流士一世和薛西斯（Xerxes）的统治下，波斯人阻止了沿海希腊贸易殖民者的不断入侵，将安纳托利亚内陆地区纳入波斯帝国的统治范围。波斯人修建了一些连接帝国各地的“御道”，其中最著名的路线就是由波斯帝国三个首都之一的苏撒到以弗所的道路。御道每隔 25 公里就建有驿站，为过往的政府使节提供食宿。[①]

公元前 499 年，米利都等爱奥尼亚城邦发动反波斯叛乱，得到雅典等希腊城邦的支持，引起了波斯的反击，由此导致数十年的希波战争。公元前 490 年，波斯军队入侵希腊，进占阿提卡，在马拉松战役[②]中遭到雅典重创，被迫撤军。十年后，薛西斯率领 50 万波斯大军攻入雅典，但在随后的萨拉米海战等海上战争中连遭败绩。希腊人占据了战争的主动权，将波斯势力逐步逐出小亚细亚。公元前 449 年，波斯与雅典签订和约，波斯承认小亚细亚各希腊城邦的独立，承诺不再派军舰进入爱琴海。和约标志着希腊一方在希波战争中获胜。

希腊与波斯的较量只是暂时停止，而不是彻底终结。公元前 394 年，波斯军队在小亚细亚近海的克尼达斯海战中击败希腊城邦的霸主斯巴达。次年，两国签订条约，斯巴达承认小亚细亚各希腊城邦归波斯所有，其他希腊城邦享有自主权。虽然政治上波斯掌握了小亚细亚的主导权，但希腊文化的影响仍然非常明显。兴建于这一时期的摩索拉斯王陵就表明了这一点。

摩索拉斯王陵地处哈利卡纳苏斯（今博德鲁姆），古罗马学者普林尼曾将其列为世界七大奇观之一。摩索拉斯（约公元前 376—前 353 年在位）是卡里亚王国的国王，统治着小亚细亚西南部的大片土地。他将首都从麦腊萨迁至新城，并将新城命名

---

① 彭树智主编：《中东史》，人民出版社 2010 年版，第 45 页。

② 在这次战役中，斐里庇得斯奉命跑回家乡向雅典人报告胜利的消息，当他跑完 42.193 公里的距离、告诉家乡民众胜利的消息后，随即倒地身亡。现代体育项目马拉松赛跑就是为纪念斐里庇得斯而设立的。

为哈利卡纳苏斯。之后，该国国势日益强盛。摩索拉斯死后，王位由其王后阿特米西亚继承，她按照丈夫生前的规划，从希腊各地请来许多有名的建筑师和雕刻家，建造了一个宏大的陵墓。

陵墓建在一个长 38 米、宽 32 米的基座上，顶部是一个高达 7 米、呈阶梯状的金字塔，顶部的雕像为四匹马拉着一辆古代双轮战车，陵墓四面环绕着爱奥尼克式柱廊。据说当时希腊五位最杰出的雕刻家参加了陵墓的修建，陵墓的浮雕和雕塑在某种程度上代表了当时的最高水平。陵墓建筑样式独特，融合了不同的风格流派，被视为陵墓建筑的典范。西方词汇中的“陵墓”（mausoleum）一词即来自摩索拉斯陵墓。陵墓完整保存了19 个世纪，直到 1522 年被十字军破坏，并将其残砖断瓦用作建筑材料。但也有人认为，在十字军踏足土耳其之前很久，陵墓已因地震而坍塌。现在的遗址只剩下陵墓前的楼梯、墓室，少许围墙和少量大理石柱墩等残垣断壁供后人凭吊。陵墓中有两尊雕像，据专家推测可能是摩索拉斯夫妇，这两尊雕像以及其他一些浮雕和雕塑现存在大英博物馆。

波斯对安纳托利亚的统治一直持续到公元前 334 年，这一年，接替父王腓力二世的马其顿亚历山大大帝率步兵 30000、骑兵 5000、战船 160 艘横渡达达尼尔海峡，在特洛伊附近大败波斯军队。随后攻占萨迪斯，包围哈利卡纳苏斯，并在奇里乞亚平原（Cilician）消灭了另外一支波斯军队。

在原来弗里吉亚王国的都城戈尔迪，亚历山大遇到了所谓的“戈尔迪之结”。戈尔迪之结是弗里吉亚国王戈尔迪在自己以前用过的一辆牛车上打的无比复杂的结子，并把它放在宙斯的神庙里。神示说谁能够解开这个结，谁就能统治整个亚洲。多少个世纪过去了，无数聪明智慧的人面对“戈尔迪之结”都无可奈何。亚历山大远征波斯时，有人请他尝试解开这个结。他怎么解也解不开，一气之下拔剑斩断了戈尔迪之结。

斩断戈尔迪之结似乎暗示着亚历山大将整个亚洲视为自己的目标。他率军东进，公元前 333 年击败了波斯皇帝大流士三世亲自指挥的 10 万大军，随即攻占地中海东岸和埃及。次年，大流士三世的 20 万军队在巴比伦城以北的决战中又被马其顿军击败，波斯帝国走向灭亡。亚历山大的军队穿越波斯，直击中亚和南亚，最远到达印度河边，建成一个地跨欧亚非三洲的大帝国，并将希腊的文化传播到帝国各地。

公元前 323 年 6 月初，亚历山大在巴比伦突然因发热而病倒，十天后去世，死时尚不满 33 岁，也没有留下继承人。他一手创建的庞大帝国在随后的内乱中立刻变得四分五裂。小亚细亚起初属于塞琉古王朝（前 305—前 64 年），其首都设在安条克（今土耳其的安塔基亚）。但随着塞琉古势力的衰微，一些小国家开始出现在安纳托利亚各地，其中最重要的是帕加马王国和本都王国。

帕加马（Pergamum）首府即现在土耳其的贝尔加马。在亚历山大死后的内乱中，帕加马变成一个由独立王公统治的政权，阿塔罗斯一世正式称王，并成为小亚细亚的强国。阿塔罗斯王朝（公元前281—公元前133年）政治开明，轻徭薄赋，允许在其辖境内的其他希腊城邦保持名义上的独立地位。历史文献显示，帕加马国王奖励文化，尤其倾心于希腊文化，与主要的希腊文化中心如德尔斐、提洛和雅典往来频繁。阿塔罗斯诸王仿照雅典卫城建造了帕加马的卫城，并且建造了世界上仅次于埃及亚历山大图书馆的古代世界排名第二位的最佳图书馆。在外交政策上，帕加马选择与新兴的强国罗马结盟。公元前133年阿塔罗斯三世去世时，没有留下任何男性子嗣。他在遗嘱中将帕加马“赠予罗马”，帕加马王国宣告终结。

本都（Pontos）王国原为波斯阿契美尼德王朝的附属国，亚历山大帝国瓦解后从属于安提柯王朝。安提柯一世战死后，米特拉达梯一世（Mithridate）于公元前281年宣布独立，定都阿马西亚，建立本都王国。本都土地肥沃，资源丰富，发展迅速，很快称雄黑海沿岸。公元前64年因入侵罗马的属国比提尼亚和卡帕多西亚，招致与罗马之间的战争，本都战败，沦为罗马的属国。[①]

三、罗马帝国与拜占庭帝国

进入公元前2世纪，新崛起的罗马共和国在征服周边地区后，将目光转向了希腊化世界，并与塞琉古帝国发生了冲突。

---

① Douglas A. Howard, *The History of Turkey*, Westport: Greenwood Press, 2001, pp. 27-30.

公元前190年，罗马军团与其盟友帕加马联手在小亚细亚的马格尼西亚（Magnesia，今土耳其马尼萨）与塞琉古激战，塞琉古军队大败。战后双方签订《阿帕米亚和约》，塞琉古帝国放弃欧洲及托罗斯山脉以西的小亚细亚，并付出一大笔赔款给罗马，罗马的政治霸权从此扩张到地中海东部。

此后罗马逐渐实现对安纳托利亚的实际控制。公元前133年帕加马国王阿塔罗斯三世去世时将帕加马赠给罗马人，罗马以帕加马为跳板，将安纳托利亚各地纳入罗马的实际统辖范围。公元前129年，以弗所城被定为罗马在亚洲地区的首都。公元前88—前63年，经过三次米特达拉梯战争，罗马人镇压了本都王国的激烈反抗，将疆土向东扩展到了亚美尼亚和波斯交界处。后又进一步控制了叙利亚、两河流域、地中海东岸及埃及等地。罗马在小亚细亚设立行省实行直接统治，先后设立的行省有亚细亚省（公元前129年，原帕加马）、比提尼亚省（公元前74年，小亚细亚西北部）、奇里乞亚省（公元前64年，小亚细亚南部）、本都省（公元前64年，小亚细亚北部）、加拉提亚省（公元前25年，小亚细亚中部）、潘菲利亚省（公元前25年，小亚细亚西南部）、卡帕多西亚省（17年，小亚细亚中东部）、利西亚省（43年，小亚细亚西南部）、科马基尼省（72年，小亚细亚东南部）等。在罗马统治下，小亚细亚交通通畅，贸易发达，宽阔的罗马大道从安条克直通博斯普鲁斯，安条克、以弗所等城市的繁华程度可与罗马城相媲美。

图 2–3　以弗所遗址（范若兰摄）

奥古斯都大帝（Augustus，公元前 27—公元 14 年在位）统治期间，相对和平与繁荣的安纳托利亚成为基督教较为理想的传教地。因为在巴勒斯坦地区受到严厉镇压，圣约翰、圣保罗等人据说都来到小亚细亚秘密发展信众，圣母玛利亚的最后岁月也在以弗所度过。罗马帝国将基督教作为异教加以禁止，但无法阻止基督教的广泛传播。为了利用基督教以加强帝国的统治，罗马皇帝君士坦丁在 313 年颁布《米兰敕令》，允许基督教合法存在。他还在小亚细亚的尼西亚（今土耳其布尔萨附近）主持召开了基督教大公的第一次会议——尼西亚会议，将《尼西亚信经》作为基督教的官方信条。330 年，为了摆脱罗马各种势力的牵制，君士坦丁将罗马帝国的首都从罗马迁到希腊人建立的拜占庭城，并将该城改名为新罗马。君士坦丁迁都后大规模扩建拜占庭这座古城，该城因此也被称为君士坦丁堡，并成为当时世界上最大的城市之一。君士坦丁在临死之前接受了洗礼，成为第一个信教的罗马皇帝。4 世纪末，基督教已经成为整个帝国的官方宗教。

图 2–4　狄奥多西方尖碑

注：这座方尖碑系埃及法老图特摩斯三世在位时（公元前 1549—前 1503 年）雕凿，竖立在卡尔纳克神庙。390 年，罗马帝国皇帝狄奥多西一世将它运到新首都君士坦丁堡。

395 年，罗马帝国皇帝狄奥多西一世立下遗嘱，把帝国分为东西两部，由自己的两个儿子分别治理。西罗马定都罗马，东罗马定都君士坦丁堡。自此，罗马帝国永久分裂。476 年，西罗马帝国被外来的蛮族所灭，东部的拜占庭帝国则逐渐繁荣。在国王查士丁尼（Justinian）统治时期（527—565 年），拜占庭对东哥特王国发动持续20年的战争，将领土扩展到亚平宁半岛、伊比利亚半岛最南端及利比亚、突尼斯等北非的大片地区。查士丁尼修建了圣索菲亚大教堂，这座教堂后来成为东罗马宗教生活和东正教的中心。他还重编了古罗马的法规，制定了《民法大全》。

进入 7 世纪后，拜占庭帝国接连受到外来强敌的威胁，西部是斯拉夫人、阿瓦尔人、伦巴底人的骚扰，东部先是萨珊波斯的侵蚀，后是阿拉伯军队的进攻。615 年，阿瓦尔人一直进攻到离君士坦丁堡仅数里之遥的地方。十几年后，为了索取更多的"保护费"，他们甚至把军队开到了君士坦丁堡的金门，在城外大肆劫掠。萨珊波斯对拜占庭的威胁更加严峻，611 年，他们占领了卡帕多西亚，随后征服了叙利亚、安条克、巴勒斯坦、埃及等地。拜占庭帝国 3/4 的疆土落入他人之手。拜占庭和萨珊波斯之间的战争耗尽了拜占庭已经紧绌的资源，也使安纳托利亚东部的一些省份成为阿拉伯军队的囊中之物。654 年，阿拉伯人占领安卡拉。678 年，倭马亚王朝的舰队向君士坦丁堡发动猛烈进攻，左支右绌的拜占庭人把希望寄托在一种可燃烧的液体——希腊火上，他们用载有希腊火的小船对阿拉伯军舰展开火攻，导致其 2/3 的船只被焚毁。在阿拉伯人撤退途中，拜占庭人再次施展火攻术，阿拉伯海军几乎全军覆没。近 40 年后，不甘心的阿拉伯人再次派大军围攻君士坦丁堡，拜占庭人还是靠着希腊火的魔力摧毁了阿拉伯舰队。据西奥方斯记载，在这次远征中，阿拉伯军队一共使用了 1800 艘船只，能返回家乡的船只只有 5 艘。阿拉伯军队遭到“圣战”开始以来最惨痛的失败。①

867 年，宫廷侍卫长巴西尔发动政变，杀死皇帝迈克尔三世，登上王位，是为巴西尔一世（Basil I），867—886 年在位。他通过改革增强国力，加强国防，在多瑙河沿岸挡住了斯拉夫人的南下，在小亚细亚遏制了阿拉伯人的攻势，在意大利南部收复了原属于拜占庭帝国的领地。他的继承人延续了他的扩张势头，使得 9 世纪末到 11 世纪初成为拜占庭帝国的“黄金时期”。尤其是在巴西尔二世时期（976—1025 年），拜占庭的政治、经济和军事影响力都达到了鼎盛状态，贸易兴旺，艺术发达，军力强大。拜占庭征服了亚美尼亚、伦巴底和南意大利，整个巴尔干半岛也重新成为帝国的领土，帝国的南部疆界延伸到幼发拉底河和美索不达米亚，帝国的疆域达到了查士丁尼一世之后最大的规模。1014 年 7 月，巴西尔二世在征讨保加利亚人的克雷迪昂战役中取得了决定性的胜利。据说，他将 14000 名被俘的保加利亚人弄瞎，分作 100 人一队，每队仅有一个保留有一

① ［美］希提：《阿拉伯通史（上册）》，马坚译，商务印书馆 1979 年版，第 235 页。

只眼睛的人带路，遣散回军营。这一暴行使他得到了“保加利亚屠夫”的绰号。

图 2–5　安塔利亚博物馆收藏的罗马雕塑

巴西尔二世去世后，拜占庭帝国的皇权陷入混乱状态。巴西尔二世的弟弟、与他一起担任共治皇帝的君士坦丁八世没有儿子，只有三个女儿。他担心未来的女婿会过多地干预皇室内部事务，就禁止女儿结婚。他的二女儿佐伊在 50 岁时与他挑选的皇位继承人罗曼努斯结婚。三天后，罗曼努斯和佐伊共同登上王位，即罗曼努斯三世皇帝和佐伊一世女皇。六年后，佐伊与其情人迈克尔一道将罗曼努斯三世溺死在澡盆中，然后将迈克尔立为皇帝。迈克尔死后，佐伊又将他的侄子纳入自己的后宫，将其封为迈克尔五世。迈克尔五世试图废黜佐伊皇后，结果政变失败，不仅失去了权力，还被弄瞎了眼睛。在巴西尔二世去世后的近 40 年中，担任拜占庭皇帝的不下 10 人。在激烈的宫廷阴谋与权斗中，拜占庭人迎来了自己最难以对付的敌人——突厥人。

四、突厥帝国的崛起

10 世纪后期，生活在中亚的游牧民族突厥人在乌古斯部酋长塞尔柱·本·达戛格率领下向南迁移，在此过程中接受了伊斯兰教。1055 年，塞尔柱之孙图格里勒（Tugrul）率军进入巴格达，灭白益王朝，建立了塞尔柱帝国。1071 年 8 月，图鲁尔的儿子阿尔普·阿尔斯兰（Alp Arslan）在凡湖以北的曼齐克特（Manzikert）以少胜多，大败拜占庭军队，迅速控制了小亚细亚。拜占庭丧失了最大的兵力来源地，此后只能依赖法兰克人、诺曼人、瓦良格人等雇佣兵，国势更加衰微。

塞尔柱帝国是一个组织松散的庞大帝国，其统治区域西迄东安纳托利亚，北抵中亚，南至波斯湾，东到阿富汗。马立克沙（1072—1092 年在位）死后，帝国陷于分崩离析，分裂为许许多多小王朝。在小亚细亚地区，继承塞尔柱帝国基业的是鲁姆塞尔柱帝国（1084—1300 年）。“鲁姆”是阿拉伯人对罗马帝国的称呼，塞尔柱人因其国家建立在长久以来被视为罗马帝国的地区而自称鲁姆素丹国。鲁姆素丹国首府起初设在尼西亚，后科尼亚成为其长期首都，因此也被称为科尼亚素丹国。该政权在全盛期控制了安纳托利亚中、东部的大片土地，多次击败拜占庭军，对拜占庭帝国形成了重大威胁。

1091 年后，拜占庭皇帝阿历克修斯一世（一译阿历克塞一世）多次致函教皇乌尔班二世，请求基督教国家出兵驱逐塞尔柱人。1095 年，乌尔班二世在一次宗教大会上呼吁信仰基督教的贵族和骑士到东方与“异教徒”作斗争，拯救“圣地”耶路撒冷。他声称，参加远征者可以免除罪恶，死后进入天国，而且在现世就有丰富的战利品。参加远征的人服装上都带有红十字，因此被称为“十字军”。

小亚细亚因其地理位置邻近成为十字军的第一目标。1097 年，15 万十字军士兵在君士坦丁堡集结，随后越过海峡进入小亚细亚，当年占领塞尔柱人的首府尼西亚。次年 6 月，安条克落入十字军手中。十字军一鼓作气，长驱直入，一直打到耶路撒冷，沿途大肆劫掠，引起穆斯林的激烈反抗。十字军在所占地区建立了几个独立的拉丁国家，其中名义上隶属于耶路撒冷王国的安条克公国（Antioch，今安塔基亚）、埃德萨公国（Edessa，今尚勒乌尔法）在今天土耳其的东南边界一带。鲁姆素丹国起初遭到十字军的痛击，被迫放弃首都，退向安纳托利亚中南部，塞尔柱人在科尼亚重新建都。此后，科尼亚在十字军和塞尔柱人手中多次换手。到 13 世纪初，鲁姆素丹国达到极盛期，塞尔柱人夺取了地中海沿岸的安塔利亚，攻克了黑海沿岸的锡诺普，迫使特拉布松帝国称臣纳贡，攻陷了亚美尼亚王国，其远征军甚至越过黑海抵达克里米亚。在安纳托利亚，塞尔柱人建立了商队旅馆，为往来客商提供便利。最大的商队旅馆是建于1229年、地处科尼亚与阿克萨赖之间的素丹哈恩（Sultan Han），总面积达3900平方米。塞尔柱人与东西客商都建立了稳定的贸易关系，由伊朗及中亚运往地中海港口的货物畅通无阻，塞尔柱人与热那亚人之间也有频繁的贸易活动。13世纪中期，蒙古大军潮水一般淹没了西亚各国，1243年击败塞尔柱人，迫使其成为蒙古人的附庸。鲁姆素丹国在13世纪末分化为一些你争我夺的小酋长国。

十字军应拜占庭皇帝的请求而来，十字军的到来对拜占庭帝国却不是福音。1204年，十字军发动第四次东征，最初的目标是埃及，但在威尼斯的利诱下，主要由法国人组成的十字军反而对同属基督教阵营的拜占庭帝国发动进攻，一举占领君士坦丁堡，在城内大肆掠夺，肆意屠杀。威尼斯获得君士坦丁堡3/8的土地、爱琴海地区的多个城市和岛屿，十字军则在拜占庭土地上建立起拉丁帝国（1204—1261年）。在掠夺拜占庭帝国的财富后，他们企图用一个罗马天主教国家取代东正教的拜占庭帝国。但拜占庭帝国的残余势力在小亚细亚和巴尔干进行反抗，其中发挥主要作用的是残存在小亚细亚西部的尼西亚帝国。1261年7月，尼西亚帝国收复君士坦丁堡，驱逐君士坦丁堡的十字军，拉丁帝国宣告灭亡。

14世纪初，正当鲁姆素丹国分崩离析和拜占庭帝国积弱不振时，一个充满勃勃生气的突厥帝国——奥斯曼帝国开始走上安纳托利亚的历史舞台，就此永远结束了拜占庭帝国时代。

第二节　奥斯曼帝国的兴盛与衰落

一、奥斯曼人的兴起

奥斯曼人属中亚乌古斯突厥人的卡伊部族，13 世纪为了躲避蒙古人迁移到小亚细亚，成为罗姆素丹国的藩属，统治着小亚细亚西北部萨卡里亚河沿岸的索谷德地区。1280 年，奥斯曼（1280—1326 年在位）成为这个部族的首领，该部族遂被称为“奥斯曼人”。进入 14 世纪后，奥斯曼与拜占庭帝国发生直接冲突，他以“圣战”的名义攻击拜占庭帝国，劫掠财物，拓展疆土，多次击败拜占庭军队。奥斯曼以其能征善战、信仰坚定赢得众多的追随者，他的战士被称作“信仰的武士”。15 世纪时奥斯曼帝国的历史学家在王朝大事记中说：“信仰武士是传播伊斯兰教的工具，是涤净人世间多神论污秽的上帝仆人，是真主手中的利剑。”[①] 鲁姆素丹国陷于分裂后，奥斯曼自封素丹，

① 黄维民：《中东国家通史：土耳其卷》，商务印书馆 2002 年版，第 50 页。

宣布其领土为独立国家，定都卡加布沙尔。1313 年，奥斯曼人从拜占庭帝国手中夺取了尼西亚城。1317 年，奥斯曼率军攻打拜占庭在小亚细亚西北部的战略重镇布尔萨城，历时九年才将该城攻下。这时，奥斯曼已经生命垂危，不久去世。他的遗体安葬在城内一所教堂内，教堂随后改建为清真寺。

1326 年，年仅 20 岁的奥尔汉（1326—1359 年在位）继承了父亲的遗志，开始开疆拓土的征服活动。到 1337 年，奥斯曼人攻占距君士坦丁堡不远的尼科米底亚城，将拜占庭帝国在小亚细亚的领土全部纳入奥斯曼帝国的版图。接着，奥尔汉把目光转向东方，征服了塞尔柱人的各个穆斯林小公国，将军事重镇安卡拉控制在自己手里。为了提高部队的战斗力，奥尔汉组建了约5000人的近卫军团，为其提供精良装备，这些训练有素、骁勇善战的军人成为奥斯曼帝国扩张的有力武器。

奥尔汉时期奥斯曼帝国打开了通向欧洲的门户，但奥斯曼军队只是偶尔渡过达达尼尔海峡。到奥尔汉的儿子穆拉德一世（1359—1389 年在位）时期，奥斯曼人将自己的政治中心放在了欧洲。1369 年，奥斯曼军队攻占亚德里亚堡。穆拉德一世将首都从布尔萨迁往此城，其名称改为埃迪尔内。拜占庭帝国与巴尔干地区的联系被切断，困守君士坦丁堡的拜占庭皇帝被迫向奥斯曼称臣。随后，奥斯曼大军逐个征服了保加利亚、马其顿王国和塞尔维亚等国。1389 年，塞尔维亚人、保加利亚人、匈牙利人、波斯尼亚人、波兰人和阿尔巴尼亚人组成联军，反抗奥斯曼人的统治。在科索沃战役中，奥斯曼军队一举击溃塞尔维亚大公拉扎尔指挥的联军。拉扎尔的女婿假意投降，在下跪时用一柄短剑刺向穆拉德一世。几天后，穆拉德一世不治身亡。

穆拉德一世死后，他的儿子巴耶济德杀死自己唯一的兄弟亚库布，自己登上王位，是为巴耶济德一世（1389—1402 年在位）。巴耶济德在西部击败欧洲多个基督教国家组成的十字军，几乎控制了整个巴尔干地区；在东部，占领科尼亚和黑海沿岸的大片土地。从亚得里亚海到幼发拉底河的广阔地区，除了拜占庭帝国的几座城市外，其余地区均成为奥斯曼人的辖区。巴耶济德雄心勃勃，企图染指两河流域一带，与强大的伊斯兰国家——帖木儿帝国的藩属国发生了冲突。帖木儿本人曾多次致信巴耶济德，劝其改弦更张，但巴耶济德不予理睬。1402 年，帖木儿率大军在安卡拉城郊的平原地带与巴耶济德的军队展开激战。巴耶济德兵败被俘，几个月后自杀身亡。小亚细亚归降帖木儿帝国。巴耶济德一世的四个儿子为了权力相互厮杀，拜占庭帝国则逃过了即时灭亡的命运。

在持续十年（1403—1413 年）的内战中，穆罕默德先后击败自己的三个兄弟，1413 年重新统一全国，正式登上素丹王位。在亚洲，他收复了巴耶济德一世在位时丧失的全部领土，镇压了苏菲派的起义，确立了奥斯曼人在安纳托利亚中部和西部的统治地位。在欧洲，他派遣舰队驱逐了爱琴海岛屿上的威尼斯人，双方形成了对峙局面。穆罕默德一世 1421 年因中风死于埃迪尔内，后葬于布尔萨。

图 2–6 布尔萨绿色清真寺

注：15 世纪初为穆罕默德一世修建，他的陵墓位于清真寺旁的小公园内。

1421 年，穆拉德二世（1421—1451 年在位）即位，开始向拜占庭发起新的进攻。1422 年，他率军进攻君士坦丁堡，迫使拜占庭皇帝每年缴纳 3 万金币作为岁贡，并向奥斯曼人割让大片土地。穆拉德二世天性好静，对不断的厮杀深感厌倦，于是决定禅位给他 15 岁的儿子穆罕默德二世，自己在风景秀丽的马尼萨过起隐居生活。欧洲的基督教封建主趁机发动攻势，穆拉德二世在众大臣的再三请求下重登王位。1444 年，奥斯曼大军在黑海西岸的瓦尔纳击败以匈牙利为主的欧洲联军，重新控制塞尔维亚和波斯尼亚。1445年，穆拉德二世第二次隐退。不过，奥斯曼帝国的近卫军团发动叛乱，穆拉德二世不得不再度出山，残酷镇压了叛乱分子，稳定了国内局势。尽管在征服阿尔巴尼亚的过程中，阿尔巴尼亚民族英雄斯坎德培领导的游击战给奥斯曼人带来很多麻烦，但他们对其他地区的征讨则所向披靡。到1451年穆拉德二世去世时，奥斯曼帝国已巩固了在东南欧地区的统治地位。

穆罕默德二世（1451—1481年在位）知识渊博，聪慧过人，从小受到良好教育，酷爱希腊、罗马和波斯的哲学著作，对历史上的英雄人物十分敬仰。在巩固自己的统治后，他将攻占君士坦丁堡定为自己的“最高目标”。此前，摇摇欲坠的拜占庭帝国多次向塞尔维亚人、保加利亚人、威尼斯人、热那亚人和奥斯曼人割让土地，连色雷斯和加拉塔等对首都和国家生死攸关的重要地区也被割让。1423年，拜占庭帝国第二大城市萨洛尼卡出售给威尼斯，东罗马帝国已经无法靠卖地获取收入，仅靠首都君士坦丁堡城内少许工商业税收苟延残喘。

1453年3月初，穆罕默德二世命人将攻城臼炮运到君士坦丁堡城外。围攻君士坦丁堡的奥斯曼军队包括步兵12万，骑兵2万人，机动部队1万人，大小舰船300余艘。4月6日，穆斯林的主麻日，穆罕默德下令开炮，奥斯曼人与东罗马帝国的最后决战揭开序幕。君士坦丁堡的守军奇迹般地击退了奥斯曼人的多次进攻，但是经过两个月的炮轰，城墙多处被轰垮。同时，奥斯曼人重金买通了控制加拉塔据点的热那亚商人，从陆地进入金角湾，对君士坦丁堡的守军两面夹攻。在 5 月 29 日的总决战中，奥斯曼军队攻入君士坦丁堡，罗马帝国末代皇帝君士坦丁十一世在战斗中阵亡。奥斯曼人在城中肆意劫掠屠杀，大量艺术珍品被洗劫一空，东罗马帝国宣告灭亡。[①] 穆罕默德二世因攻占君士坦丁堡获得了"征服者"的称号。

图 2–7　伊斯坦布尔圣索菲亚大教堂内景（范若兰摄）

注：1935 年，第一任土耳其总统及土耳其国父穆斯塔法·凯末尔·阿塔图尔克将圣索菲亚大教堂变为博物馆，改名为阿雅索菲亚博物馆，被覆盖的基督教宗教艺术品重见天日，基督教和伊斯兰教的遗迹共存一室。

① Douglas A. Howard, *The History of Turkey*, Westport: Greenwood Press, 2001, pp. 33-41.

1457年6月，穆罕默德二世将奥斯曼帝国的首都从埃迪尔内迁移到君士坦丁堡，并将该城名字改为伊斯坦布尔。他下令将拜占庭最重要的基督教堂——圣索菲亚大教堂修复、改造成清真寺，所有的基督教雕像全部搬出，教堂内的壁画用灰浆涂盖，还在周围修建了四个高大的尖塔。从那时起，伊斯坦布尔一直是奥斯曼帝国的政治、经济和文化中心。攻占君士坦丁堡和迁都标志着奥斯曼帝国开始进入全盛期。

二、全盛时期的奥斯曼帝国

受围攻君士坦丁堡之战大捷的鼓舞，奥斯曼军气势如虹。在“征服者”穆罕默德二世的统帅下，20多年的时间里，他们相继征服或重新征服了希腊、塞尔维亚、波斯尼亚、黑塞哥维那和阿尔巴尼亚，多瑙河成为奥斯曼帝国与匈牙利王国的分界线。在东部，奥斯曼人击败白羊王朝，控制了东安纳托利亚。巴耶济德二世在位时期（1481—1512年），击败海上实力强大的威尼斯舰队，奠定了奥斯曼帝国的海上霸主地位。1512年，在儿子谢里姆的逼迫下，巴耶济德二世被迫退位，谢里姆一世登上王位。谢里姆一世在位时间不长（1512—1520年），扩大帝国版图的工作却不逊于其他帝王。1514年，奥斯曼军大败萨法维王朝，攻占萨法维首都大不里士，库尔德斯坦、亚美尼亚西部和大不里士被纳入奥斯曼帝国版图。三年后，谢里姆一世率军南下，击败马木路克王朝的军队，占领大马士革、的黎波里、耶路撒冷和黎巴嫩。次年又经西奈半岛攻占埃及，开罗的末代哈里发被带到伊斯坦布尔，“自愿”将哈里发的头衔让给谢里姆一世。圣地麦加的谢里夫家族也宣布效忠于奥斯曼的素丹。

苏莱曼大帝时期（1520—1566 年）最终完成了奥斯曼帝国的霸业。1521 年，苏莱曼亲率 10 万大军攻占贝尔格莱德，进而控制匈牙利平原和多瑙河上游。次年，又以 10 万士兵从圣约翰骑士团手中夺取了地中海上的罗得岛。1526 年，奥斯曼大军占领布达佩斯，随后撤出。三年后，苏莱曼统率 20 万军队再次占领布达佩斯，并将奥地利军队逐出匈牙利，奥斯曼大军兵临维也纳城下。虽然未能攻下维也纳城，但也让哈布斯堡王朝心惊肉跳。1537 年，双方签订和平条约，规定匈牙利平原和特兰西瓦尼亚仍为奥斯曼帝国藩属，哈布斯堡王朝如想继续拥有匈牙利西北部，则必须每年向奥斯曼帝国纳贡。随后，苏莱曼将目光转向地中海周边的其他地区。1538 年，奥斯曼海军击败威尼斯和西班牙舰队，称雄地中海。此后，苏莱曼又征服了北非沿海的的黎波里、突尼斯、阿尔及利亚和摩洛哥，兵锋逼近直布罗陀海峡。1566 年，72 岁的苏莱曼大帝发动了他一生中的最后一次远征，率领 20 万大军去平定反叛的匈牙利。在奥斯曼大军即将吞并匈牙利的前夕，他因病重死于军营大帐之中。苏莱曼大帝的征服活动将奥斯曼帝国变成一个地跨欧、亚、非三大洲的大帝国，黑海、红海成为奥斯曼的内海，地中海周边大部分也归奥斯曼帝国所有，其版图囊括了今天近 40 个国家和地区。

在奥斯曼帝国逐步扩张的过程中，奥斯曼人在政治、经济、社会管理方面形成了一些独特的制度和政策，对帝国的扩张与管治产生了重要影响。

（一）宫廷制度与王位继承制度

16世纪中叶后，奥斯曼素丹不再亲临战场，他们主要生活在伊斯坦布尔的托普卡帕王宫。

图 2-8　托普卡帕王宫后宫（范若兰摄）

王宫中还生活着素丹的后妃和为数众多的奴仆、太监，在苏莱曼大帝当政期间，宫廷的人员多达1万人。素丹从不同地区挑选漂亮的小女孩，长大成人后选择其中优秀的做嫔妃。伊斯兰教规定一个男子同时只能娶四个妻子，这些嫔妃是女奴身份，纳女奴为妾并不违反教义。奥斯曼的素丹大多为女奴所生。托普卡帕的后宫最多时同时住了600多名妇女，其中10%为素丹的嫔妃，其余为侍女。宫中还住着很多太监，16世纪时大多是来自高加索的白人，此后则由来自苏丹和中非的黑人奴隶担任太监。因伊斯兰教规定穆斯林不得为奴，于是只能从非洲抓来不信真主的“野蛮人”作为奴隶。

奥斯曼素丹不实行长子继承制，而是有能者居之。早期能当上素丹者能力出众，广受拥戴，才能在竞争中脱颖而出。但是，为争夺王位进行的斗争往往会带来社会的动荡，造成重大的损失。为了避免皇室家族出现争夺王位的内讧，巴耶济德一世登上王位后下令绞死自己唯一的兄弟。穆罕默德二世继位后不仅将自己尚在襁褓中的弟弟溺死在浴缸中，还正式将巴耶济德一世的做法变成了正式的规则：皇族诸王子中一人继承帝位后，其余亲兄弟必须无条件赐死。奥斯曼素丹严格执行了这一规则，如 1595 年穆罕默德三世即位后做的第一件事，就是派人杀死自己的 19 位兄弟；穆拉德四世（1612—1640 年在位）登基后将四兄弟中的三人处死，只有伊卜拉欣因无后嗣幸免。这一规则在奥斯曼皇族中执行了 200 年之久，用一种残酷的方式确保了政权的稳定。穆罕默德三世去世后，继位的艾哈迈德一世（1603—1617 年在位）只有 13 岁，不忍杀死自己的弟弟，而是将其软禁在宫中。[①] 从此奥斯曼帝国的素丹继承制度发生了改变，新素丹不再杀死自己的兄弟，而是将他们软禁起来。虽然兄弟之间的屠戮现象减少了，但没有经过血腥洗礼的素丹有很多昏庸无能、素质低下。

① 哈全安：《中东史：610—2000（上）》，天津人民出版社 2010 年版，第 333—334 页。黄维民：《中东国家通史：土耳其卷》，商务印书馆 2002 年版，第 100 页。

（二）利用奴隶制选拔政治精英的人才选拔制度

奥斯曼帝国虽然是突厥人占统治地位的国家，但国家的治理人才并不限于突厥人，也不侧重于阿拉伯人。素丹政府从帝国的不同地区、不同民族中选拔人才，以求更好地管理国家。其中一个独特的做法就是从基督教村庄中征召一些聪明伶俐的少年接受良好的教育，皈依伊斯兰信仰，长大后培养成为奥斯曼政府的高级军官或文职官员。此外，从非洲、高加索、希腊等地用俘获、绑架等手段获得的奴隶经过教育、培训后也成为帝国军队的骨干成员。如从 1453 年到 1623 年，奥斯曼帝国的 48 名大维齐尔（宰相）中，只有 5 人有突厥人血统，33 人是皈依伊斯兰教的基督徒，分别为希腊人、阿尔巴尼亚人、斯拉夫人、意大利人、亚美尼亚人和格鲁吉亚人。[①]16 世纪前，来自巴尔干半岛和其他欧洲地区的军政官员比较突出，到 16 世纪末，来自高加索地区的男子，如格鲁吉亚人、切尔卡斯人、车臣人、阿巴扎人等开始在奥斯曼帝国的统治精英中崭露头角。1622—1623 年之交，格鲁吉亚人哈迪姆·迈赫迈德帕夏（Hadim Mehmed Pasha）成为担任大维齐尔的第一个高加索人，此后在 17、18 世纪，担任奥斯曼帝国将军、督抚、大臣的高加索人越来越多。[②]这些出身奴隶的政治精英忠诚于素丹，不受穆斯林社会错综复杂社会关系的影响，在维护奥斯曼帝国的中央权力、

① 彭树智主编：《中东史》，人民出版社 2010 年版，第 149 页。

② ［英］伯纳德·路易斯：《中东：自基督教兴起至二十世纪末》，郑之书译，中国友谊出版公司 2000 年版，第 129 页。

抑制地方的离心倾向方面发挥了重要作用。马基雅维利甚至认为，奥斯曼帝国是建立在奴隶制基础上的绝对君主制。

（三）米勒特制度

米勒特意为“宗派”或“教派”，实际指由不同宗教信徒组成的政治社群。奥斯曼帝国的臣民分为穆斯林米勒特、希腊人米勒特、亚美尼亚人米勒特和犹太人米勒特四大群体。各米勒特成员遵守自身宗教的规定，并由其宗教领袖在服从国家法律规定的条件下实行自治。穆斯林米勒特主要包括突厥人和阿拉伯人等，是奥斯曼帝国拥有特权的主体臣民。希腊人米勒特包括信仰东正教的希腊人、塞尔维亚人、保加利亚人等，其首领为伊斯坦布尔的东正教教宗，拥有广泛的宗教权力和世俗权力。亚美尼亚人米勒特包括了信奉亚美尼亚基督教的亚美尼亚人、埃及科普特教派基督徒和叙利亚的雅各派基督徒。犹太人米勒特包括了操西班牙语、阿拉伯语和希腊语的犹太人。各米勒特分别遵守本宗教的律法，遵从各自的生活习俗，服从各自宗教首领的管辖。非穆斯林米勒特与穆斯林米勒特不同的地方就是非穆斯林要缴纳人丁税。在这个前提下，非穆斯林享有一定程度的自治权。奥斯曼帝国实行宗教宽容政策，穆斯林男子可以与非穆斯林女子结婚，非伊斯兰教宗教信仰可以合法存在。但非穆斯林不得担任政府官职，不得参与国家事务的管理。这种由不同宗教的领袖与素丹共同分享国家权力的模式缓解了不同教派的矛盾，方便了对全社会的管理。但宗教团体享有较大自治权，俨然成为国中之国，影响了奥斯曼帝国的相互融合，在一定条件下可能成为引发帝国分崩离析的因素。[①]

（四）鼓励贸易、推动文化进步的政策

奥斯曼帝国虽然是一个以农耕为本的社会，但政府采取鼓励贸易的政策。帝国境内不同地区之间的贸易极为发达，伊斯坦布尔、安卡拉、开罗、亚历山大、阿勒颇、巴士拉和也门的亚丁成为区内最为重要的贸易集散地。1483 年一年之中，驶往伊斯坦布尔的商船就有 4000 多艘。素丹政府保护穆斯林和非穆斯林臣民的境内外的贸易活动，也鼓励东西方之间的贸易往来。希腊商人穿梭于伊斯坦布尔和黑海各港口之间，每年有多支亚美尼亚商队将来自伊朗的生丝和丝织品沿大不里士—埃里温—安卡拉—伊兹密尔商路输往欧洲。威尼斯、热那亚、佛罗伦萨、英国、法国商人都曾在不同时期获得过奥斯曼帝国的条约保护的贸易地位。1605 年，仅从阿勒颇一地输往威尼斯的商品货值就达 150 万杜卡特[②]，出口法国的货值为 80 万杜卡特，出口英国的货值为 30 万杜卡特，出口荷兰的货值为 15 万杜卡特。[③]

自身文化不够发达的奥斯曼人对吸收其他民族的优秀文化

① ［美］西·内·费希尔：《中东史（上册）》，姚梓良译，商务印书馆 1979 年版，第 279 页。哈全安：《中东史：610—2000（上）》，天津人民出版社 2010 年版，第 341—343 页。

② 杜卡特是中世纪威尼斯铸造的金币，近似足金，重 3.56 克。

③ 哈全安：《中东史：610—2000（上）》，天津人民出版社 2010 年版，第 348—349 页。

遗产抱有浓厚兴趣，拜占庭、阿拉伯、波斯等不同类型的文化都成为奥斯曼文化的重要组成部分。如奥斯曼人在借鉴拜占庭帝国时期的圣索菲亚大教堂和阿拉伯清真寺建筑风格的基础上，修建了富丽堂皇的巴耶济德清真寺和苏莱曼清真寺。素丹政府礼贤下士，对学者、诗人、艺术家等广泛搜罗，量才录用，使奥斯曼帝国的诗歌、建筑、舞蹈、艺术等都达到非常发达的程度，对伊斯兰文化的发扬光大以及东西方文化交流都产生了重要影响。

三、奥斯曼帝国的衰落与改革

苏莱曼一世去世后，奥斯曼帝国的领土扩张逐渐放缓。进入17世纪后，素丹大权旁落，后宫干政，素丹更迭频繁。中央政府对于地方行省的控制日渐削弱，素丹只能对距离首都较近的色雷斯和西安纳托利亚实施有效控制，北非、阿拉伯半岛、巴尔干半岛等地多半掌握在当地政治、宗教势力的手中。西方国家在地理大发现中开辟新航路后，对奥斯曼帝国依赖的过境贸易形成重大冲击，帝国的贸易收入急剧减少。随着新军事技术的发展，奥斯曼帝国占有较大优势的骑兵作用下降，装备新式火器的欧洲军队开始占据上风。

17世纪后期，奥斯曼帝国在对外战争中接连失利。1683年，素丹的军队在维也纳城下被波兰国王约翰三世领导的哈布斯堡王朝、德国及波兰联军击败，匈牙利和贝尔格莱德从奥斯曼帝国分离出去。1699 年，奥斯曼帝国被迫签订《卡洛维兹和约》，承认乌克兰南部归属于波兰，特兰西瓦尼亚和匈牙利归奥地利所有，希腊南部属于威尼斯，德涅斯特河以北地区属于俄罗斯。俄罗斯逐渐成为奥斯曼帝国最可怕的对手。1711 年，彼得大帝对奥斯曼帝国发起进攻，遭到奥斯曼人的痛击。半个多世纪后，1768—1773 年，两国再次爆发冲突，俄军获得胜利，布加勒斯特、摩尔达维亚、瓦拉几亚和南高加索地区被置于俄国统治下。1774 年，奥斯曼帝国被迫与俄罗斯签署丧权辱国的《卡伊纳雅条约》，奥斯曼帝国不仅丧失了克里米亚和黑海北岸穆斯林汗国的宗主权，还把帝国境内的东正教教徒的保护权交给了俄罗斯，沙俄从此有了合法的借口对奥斯曼帝国的内部事务进行干涉，以实现其在南部进行侵略、扩张的目的。1798 年，拿破仑率领的法军在埃及亚历山大登陆，占领了埃及。奥斯曼帝国向法国宣战，并与英国、俄国建立了反法联盟。驻守埃及的法军宣布投降后，埃及控制在穆罕默德·阿里的手中。埃及不仅侵夺奥斯曼帝国的地盘，而且同奥斯曼帝国打了两场战争。日益衰弱的奥斯曼帝国被称为“欧洲病夫”或“西亚病夫”。内忧外患促使帝国政府走上改革之路。

首先开始改革的是年仅 27 岁的素丹谢里姆三世（1789—1807 年在位）。他决定仿照法国模式，建立一支采用西式训练方法的新式军队以取代帝国的近卫兵团；开设培养军事人才的陆军学校和海军学校，邀请法国教官对军官进行培训；改善军事装备，新军配备法国赠送的新式大炮和武器。与此同时，政府决策机构也做了改革，削减大维齐尔的权力，缩短行省首长的任期；对传统的包税制进行了限制，设立政府直接征收赋税的机构，扩大政府财源。谢里姆三世的改革损害了军事贵族、包税商和宗教人士的利益，引起他们的强烈反对。1807 年，近卫兵团发动政变，罢免谢里姆三世，杀死改革的倡导者，改革中途夭折。

时隔不久，谢里姆三世的堂弟马哈茂德二世（1808—1839 年在位）被推上了王位。马哈茂德二世与他的堂兄关系极好，也都有改革的志向，但堂兄的经历使他认识到，改革必须小心策划，稳步推进。他将高级宗教人士划归政府管理，享受政府俸禄，以加强对他们的控制，同时收回赋予各省的自治特权，强化了中央政府的权力。1826 年，他出动新军镇压了近卫军团的叛乱，宣布解散近卫军团。当年颁布的新军管理条例将新军的组成、训练、组织形式、待遇等问题予以制度化。传统的官僚机构也进行了改革，国务会议包括了陆军部、内务部、财政部、司法部和瓦克夫事务部。马哈茂德二世还改革了传统的教育体制，创办了西欧式的世俗学校和外文编译局，聘用欧洲教官，派留学生赴欧洲国家学习军事技术。强化素丹的权力成为改革的目标，而西方化和削弱宗教影响力的世俗化成为改革的方向。

1839 年 7 月，马哈茂德二世病故，继承皇位的阿卜杜勒·麦吉德（1839—1861 年在位）当时才 16 岁。辅佐大臣们以新素丹的名义颁布了《御园敕令》，开始了奥斯曼帝国的“坦齐马特”

时期（1839—1876年，“Tanzimat”，意为“改革”）。改革的宗旨是向西方学习，模仿西欧各国的政治经济模式。敕令明确提出了“人人平等”的概念：奥斯曼帝国的臣民，无论各种宗教信仰，在法律面前一律平等；政府承诺保障素丹臣民的生命、荣誉和财产安全。在改革进程中，素丹政府借鉴西方国家的做法，颁布了商法、刑法和民法，在伊斯兰法律之外确立了世俗法院的地位，推动了法律的世俗化。在金融方面，建立了欧式银行制度；在教育方面，全面建立从初等学校到中等学校、高等学校的现代教育制度。宗教与政治相分离、宗教与教育相分离的原则得到越来越多人的赞同。也正是在这一时期，奥斯曼帝国参照巴洛克式皇家宫殿样式，耗资500万奥斯曼金币，历时13年，建起了富丽堂皇的多玛巴赫切新王宫。

图2-9　多玛巴赫切新王宫宫门

改革的过程也是奥斯曼帝国危机加深的过程。1827 年，在英、法、俄三国的干涉下，希腊从奥斯曼帝国分离出去，巴尔干东部被俄国侵占。19 世纪 60—70 年代，罗马尼亚、塞尔维亚、门德内哥罗相继独立。在这一时期，奥斯曼帝国出现了一支新的政治势力——青年奥斯曼人。这些人大多是受西方自由主义思想影响的军官、官员和知识分子，他们主张将奥斯曼帝国变成一个君主立宪制的国家，通过立宪政治拯救国家的命运。阿卜杜勒·哈米德二世（1876—1909 年在位）继位后，青年奥斯曼人在政府中扮演了重要角色。在他们以及社会各种势力的压力下，1876 年 12 月，哈米德二世颁布了奥斯曼帝国的第一部成文宪法，规定奥斯曼帝国是一个君主立宪国家，设立经选举产生的两院制议会，组建以素丹为首脑的内阁，人民享有宗教信仰自由、出版自由，所有臣民不分种族和宗教，在法律面前人人平等。宪政并不符合哈米德二世的真正愿望，1878 年 2 月，宪法颁布才一年多，他就以俄土战争为借口宣布议会休会，几名青年奥斯曼人改革家被流放、处死，立宪政治名存实亡。

一些奥斯曼年轻人反对素丹政府的独裁统治，主张恢复 1876 年宪法，建立真正的君主立宪制。他们组成松散的政治组织——青年土耳其党，在奥斯曼帝国境内外展开活动。1908 年 7 月，青年土耳其党人在萨洛尼卡发动兵变，迫使哈米德二世恢复宪政。1909 年颁布的新宪法规定实行君主立宪制度，坚决捍卫奥斯曼帝国领土完整，素丹的权力受到较大限制（哈米德二世因密谋反对新宪法被废黜），内阁对议会负责而不再对素丹负责。执掌政权的青年土耳其党人建立了自己的军事独裁政权，反对派遭到流放，人们的希望完全破灭。由于民族主义思潮的影响以及西方国家的侵略，青年土耳其党人的领导没有彻底改变奥斯曼帝国的命运。1908 年，保加利亚宣布独立。1909 年，阿尔巴尼亚脱离奥斯曼帝国。1911 年，意大利侵占奥斯曼帝国的北非属地利比亚。在随后奥斯曼帝国与巴尔干同盟的战争中，奥斯曼帝国几乎失去了其在东南欧的所有土地。1914 年，青年土耳其党孤注一掷，站在德国、奥匈帝国一方与协约国对抗，这一决策正式敲响了奥斯曼帝国的丧钟。正是在这场战争中，凯末尔脱颖而出，在一战后民族存亡的危急关头领导土耳其人浴火重生，建立了现代土耳其国家。[①]

第三节　凯末尔革命与现代土耳其的出现

一、凯末尔的早期经历

穆斯塔法·凯末尔 1881 年 5 月 19 日出生于萨洛尼卡的一

① 有关奥斯曼帝国的没落与改革参见 [英] 伯纳德·刘易斯：《现代土耳其的兴起》，范中廉译，商务印书馆 1982 年版。

个中等家庭。父亲曾为海关低级官员，后从事木材生意，在凯末尔 7 岁时病故。凯末尔由母亲养育成人，从小表现出对军事的兴趣和才能，12 岁时不顾母亲的反对执意进入军校学习。在伊斯坦布尔陆军大学学习期间，开始参与青年土耳其党人的秘密活动，1905 年曾以"革命煽动者"的罪名被捕。在萨洛尼卡服役期间，他秘密组织了"祖国与自由党"，后并入当地另一个青年土耳其党的组织——奥斯曼自由协会。第一次世界大战爆发后，凯末尔建议政府在战争中保持中立，避免卷入战争，但遭到政府的拒绝。在 1915 年的加里波利战役中，凯末尔表现出了杰出的军事才能，成为奥斯曼帝国的英雄人物。

加里波利是达达尼尔海峡西北侧的一个狭长半岛，占据该半岛后向北可直达伊斯坦布尔，向西可直接出兵进攻东欧。1915 年 4 月 25 日，英国、澳大利亚、新西兰和印度军队在加里波利登陆，法军在恰纳卡莱登陆，与站在德国、奥匈帝国一边的奥斯曼军队展开激战。时任陆军中校的凯末尔准确判断出协约国军队的登陆地点，并违抗上级的命令将他的第 57 步兵团部署在这里。凯末尔给他的部下颁布的命令是："我不是命令你们进攻，我是命令你们去死。当我们全都战死时，其他部队和指挥官就会赶来接替我们。"第 57 步兵团在战斗中几乎全军覆没，但顽强守住了阵地，给澳新军团以沉重打击。在此后的战斗中，凯末尔既要与严重的疟疾搏斗，还要指挥战斗。1915 年 8 月 9 日，四天四夜没有合眼的凯末尔下令向敌军发动反攻，一枚突如其来的流弹击中他的胸部，被衣服内的怀表挡住他才得以幸免。加里波利战役一直持续到1916年1月，双方有多达50万人伤亡。英方伤亡20多万，其中死亡36000人，法国伤亡47000人，奥斯曼帝国50万军人中死伤过半，战死者就有55000人。

现在加里波利成为原交战国民众凭吊的历史遗址。每年的3月18日，土耳其人会举行纪念穆斯塔法·凯末尔的大型集会，而在4月25日澳新军团日这一天，加里波利国家公园会为协约国登陆举行黎明纪念仪式，吸引了数以千计来自澳大利亚、新西兰及其他地方的游客。在当年发生激战的战争遗址上，土耳其人树立了一块纪念碑，碑上刻着1934年时任土耳其共和国总统凯末尔发表的著名演说："对于我们来说，叫约翰尼的人和叫穆罕默德的人都一样……你们，把儿子们从遥远的乡村送来的母亲们，请擦干你们的泪水；你们的儿子们现在躺在我们的怀抱中……他们在这片土地上失去了生命，却因此而成为我们所有人的儿子。"而从恰纳卡莱远眺对面克里特巴希尔的山坡，可以清楚地看到一些巨型的文字，那是著名诗人内吉尔丁·哈利勒·奥南（Necmettin Halil Onan）为1915年加里波利之战所做的诗的前几句：

旅行者，请留步！
你无意中踩踏的土地
曾经见证了一个时代的终结。
听！在这个寂静的坟墓里

曾经跳动着这个民族的心。[①]

图 2–10　国父纪念馆藏画《凯末尔骑马指挥战斗》

二、土耳其独立革命

奥斯曼帝国与德奥阵营在第一次世界大战中败于英法阵营。1918 年 10 月，奥斯曼帝国与英国签订《摩德洛斯停战协定》，规定奥斯曼帝国遣散军队，帝国的阿拉伯与非洲领地由协约国实施军管，协约国可以自由出入并控制海峡区域。随后，协约国军队进驻奥斯曼帝国首都，对伊斯坦布尔实行军管。为了羞

① [澳大利亚] Lonely Planet 公司编著：《土耳其》，三联书店 2007 年版，第 159—161 页。

辱奥斯曼人，法军统帅弗朗歇·德斯佩雷率军进城时特意骑着一匹当地希腊人赠送的白马，模仿300多年前攻陷拜占庭的穆罕默德二世的风度。

奥斯曼帝国成为协约国刀俎下任意宰割的鱼肉。战争期间英、法、俄等国曾多次讨论瓜分奥斯曼帝国的问题，并且达成一致的意见。如根据1916年的《赛克斯—皮科协定》，俄国可获得安纳托利亚东部的埃尔祖鲁姆、特拉布松、凡城和比特利斯，法国拥有叙利亚和小亚细亚东南部，英国可获得海法、美索不达米亚等地。1917年英国和法国同意意大利获得伊兹密尔、安塔利亚、科尼亚及安纳托利亚西南部的所有地方，又承诺将塞浦路斯和小亚细亚西部地区给予希腊，以诱使希腊加入协约国的阵营。战争一结束，相关国家纷纷进占安纳托利亚，收取自己的战利品。法军占领了西里西亚和阿达纳地区，英军控制了达达尼尔海峡和萨姆松等战略要地，英军在安塔利亚登陆，希腊军队占领了伊兹密尔地区。在1920年8月公布的《色佛尔条约》中，协约国几乎是判处了奥斯曼帝国死刑：奥斯曼帝国在欧、亚、非地区的领地被剥夺，其领土面积减少了4/5。不仅如此，连小亚细亚地区除安卡拉与里海之间的一小块地区外，其他地方要么被协约国瓜分，要么宣布独立。即使在这个有限的地域中，奥斯曼帝国的主权也受到种种严苛的限制：军队数量不得超过5万人，不得拥有炮兵和重型武器，不得拥有空军，海军只能保持7艘普通军舰和6艘鱼雷艇。海峡地带由协约国组织的专门委员会管理，任何时候都要向协约国的军舰和商船开放。英、法等国在奥斯曼帝国继续保持领事裁判权，他们对素丹政府的财政预算和执行进行严格的监督。素丹政府在短时间拖延后被迫接受了这一丧权辱国的条约，而以穆斯塔法·凯末尔为首的爱国者则决心用生命和鲜血捍卫民族的尊严。

1919 年 5 月，凯末尔被政府派到安纳托利亚，以第九军检阅使的身份负责维持秩序，复员军队。他利用这一机会向国内所有军政部门发出通电，指出祖国的领土完整和独立正处在危险中，在中央政府无力履行职责的情况下，必须建立一个能摆脱外来干预、维护民族利益的民族机构。凯末尔的呼吁获得广泛响应，结果成立了以凯末尔为首的民族主义组织——安纳托利亚和隆美利亚护权协会，通过了土耳其独立、停战协定线以内的所有土地为土耳其领土、撤退外国占领军等政治纲领。1920 年 1 月，这一维护民族主权和领土完整的纲领被土耳其国会接纳。

民族主义组织得到全国民众的支持，势力不断壮大。素丹政府试图镇压凯末尔领导的民族运动，伊斯兰教长宣布凯末尔及其支持者犯有叛国罪，军事法庭缺席判处凯末尔等人死刑。1920 年 4 月，凯末尔在安卡拉召开土耳其大国民议会，组成与素丹政府相对抗的新政府。

安卡拉政府采用武力打击和外交谈判的两手策略对付协约国势力。在英国的支持下，10 万希腊军队长驱直入安纳托利亚，试图消灭土耳其民族主义者。1921 年 1 月 10 日，凯末尔的得力助手——伊斯美特上校率 15000 名刚刚召集的民族主义战士在伊诺努击败6万名希腊军人，土耳其爱国者士气大振。与此同时，民族主义者充分利用协约国之间的内部矛盾。意大利因希腊占据了原定给予自己的土地而心怀不满，法国因在奥斯曼帝国所借外债中占有极大比例而不希望动荡持续。安卡拉政府趁机与两国签订公开或秘密协定，两国承诺在希土战争中保持中立。1921年3月3日，在第二次伊诺努战役中，希腊军队在土耳其民族主义者面前再次败北。三个月后，希腊军队在其国王君士坦丁的亲自指挥下展开总攻，一度逼近安卡拉。凯末尔受命担任土耳其国民军总司令。他针对希腊急于占领安卡拉的速战速决战略，采取了稳定后方、迂回作战和突破重点的作战方针。8月23日至9月3日，土耳其军在长达60英里的战线上发起反攻，希腊军队被迫撤退，土耳其军大获全胜，凯末尔因指挥有方被晋升为元帅。

这场被称为"萨卡里战役"的攻防战历时22天，成为土耳其独立战争的转折点。此后一个多月，同土耳其签订和约的法国撤出自己的军队，意大利也停止对土耳其的军事干涉，英国和希腊陷于孤立。土耳其军利用有利形势，秘密做好反攻的准备。为了迷惑敌方，凯末尔对报界宣布，他将于1922年8月25日举行茶会，招待议员和外国使节。而早在8月6日，他已向全军秘密下达了准备总反攻的命令。1922年8月25日清晨，土耳其军用密集的炮火向希腊军队发动猛攻，随后步兵发起冲击。希腊军队措手不及，总司令哈詹尼斯蒂斯将军尚在外地度假，在土耳其军队的进攻下希腊军队节节败退。得知前线溃败的消息，希腊政府电令撤销失职总司令的职务，任命特雷库皮斯为新任总司令。但特雷库皮斯的部队已被土耳其军队围困，无法与周围希腊军正常联系、协同作战。8月30日，总司令特雷库皮斯兵败被俘，土耳其军队收复伊兹密尔。凯末尔发表了《军队从地中海向全国致敬》的宣言，命令土耳其将士向爱琴海前进。将希腊残余部队全部逐出安纳托利亚后，土耳其军跨过海峡，进入东色雷斯。在海峡两岸，土耳其军曾与协约国军队有过短暂对峙。因法国、意大利已与安卡拉建立关系，放弃对安纳托利亚的土地要求，两国军队主动撤离。英国军队孤立无援，只得同土耳其方面签订《穆达尼亚停战协定》。协约国同意恢复土耳其对伊斯坦布尔、色雷斯和海峡区域的控制权，并答应召开和会与土耳其另订新约。英国首相劳合·乔治因其对土耳其政策失败被迫辞职。

战场上的胜利需要在外交舞台上获得承认。1922年11月20日，讨论土耳其和平问题的国际会议在瑞士洛桑召开，以英、法、意等协约国为一方，土耳其为一方，美国作为观察员列席会议。这次会议的主角是刚刚从军事指挥岗位上退下的新任外交部长伊斯美特，他以军人的顽强对条约的每一条文都提出异议，尽力为土耳其争取到最好的条件。因英国和土耳其观点差异太大，会议在1923年2月一度陷于破裂，后在4月恢复谈判。经过三个月的讨价还价，最终达成协议。7月24日，《洛桑和约》签署，满足了土耳其对国家主权和独立的基本要求。和约保证了土耳其在安纳托利亚的主权和领土完整，东色雷斯连同埃迪尔内在主权上归土耳其所有，土耳其还保留了对土属亚美尼亚和部分库尔德地区的统辖权，外国的领事裁判权和外国人在土耳其的特权被完全废除。奥斯曼帝国所欠外债由从其分裂出的各国分担，土耳其只需承担自己的份额。

《洛桑和约》是土耳其的重大胜利，一个新的土耳其在奥斯曼帝国的废墟上获得新生。在洛桑会议召开前，土耳其大国民议会就宣布废黜素丹穆罕默德六世，取消素丹职位，同时决定以勾结英国犯有叛国罪为由将素丹及其主要大臣交付法庭审判。见势不妙的穆罕默德六世在夜色的掩护下仓皇逃出王宫，搭乘英国军舰离开土耳其。废除素丹制一度遇到很大阻力，多数宗教人士坚持认为法律和宗教不允许这样做。凯末尔的崇高威望和坚定立场发挥了重要影响。在大国民议会就此问题迟迟不能达成一致的情况下，他明确指出："统治权和素丹的王位，是通过实力、权力和暴力而取得的。正是通过暴力，奥斯曼的儿子们才夺得了土耳其民族的统治权和素丹的王位；他们保有这项篡夺已有六个世纪之久。如今土耳其民族已经起来进行反抗，已经起来制止这些篡夺者，并且已经把统治权和素丹的王位有效地掌握在自己手里。这是一个既成的事实。"他警告议员们，不管怎样，这一事实最终会具体得到体现，如果议员们不能取得一致，"真理还是终将表达出来，只是在这一过程中，可能有些人的头颅将会滚滚落地。"[①] 最后，凯末尔的主张被大国民议会接受，通过正式的决定为奥斯曼帝国素丹制举行了"葬礼"。

① 彭树智：《现代民族主义运动史》，西北大学出版社 1987 年版，第 94 页。

1923 年 10 月 13 日，安卡拉被正式确定为土耳其首都。两周后，10 月 29 日，大国民议会宣布土耳其为共和国，凯末尔当选为第一任共和国总统，伊斯美特成为第一任总理。

图 2-11　土耳其共和国创立者凯末尔·阿塔图尔克

三、土耳其的现代化改革运动

独立战争胜利后，凯末尔开始着手对土耳其社会各方面进行全方位改革，力图尽早实现国家的现代化。改革主要包括三个方面的内容：以世俗化为宗旨的社会改革，以民族化为中心的文化改革，国家主义的经济改革。

作为一个伊斯兰国家，伊斯兰教对土耳其社会、民众都有重大影响。在奥斯曼帝国时期，削弱宗教的作用、迈向西方文明成为改革的主导方向，但仍将伊斯兰教法视为拯救国家的根本途径。凯末尔认为，传统的宗教制度、宗教习俗变成了土耳其社会进步的障碍，必须进一步改革。改革的一个重大措施是废除哈里发制度。奥斯曼帝国的素丹兼有哈里发职务，他既是政治领袖又是宗教领袖。1922 年 11 月 1 日，土耳其大国民议会宣布废除素丹制，为避免引起保守势力的合力反对，暂时保留了哈里发制，同时规定哈里发的权力仅限于宗教事务，不得涉及政治。共和国成立后，哈里发这一宗教权威因其在穆斯林心目中的重要地位成为保守阵营的旗帜，哈里发麦吉德对大国民议会的指令置若罔闻，随意给自己增加头衔，积极扩大自己的活动领域，多次要求议会为他增加预算，对新政府的施政形成不良影响。1924 年 1 月，凯末尔在大国民议会上公开对麦吉德发出警告:“哈里发在他的府内，特别是在他公开露面的时候，似乎还是按照他的先辈素丹们的那套办法在行事，我们不能为了保持礼貌和表明道理而牺牲土耳其共和国。哈里发必须确实弄清楚他是什么人，他的职务是什么，并且应该要知足。”由于许多人将哈里发视为国家元首和合法君主，对共和国的地位形成威胁，土耳其政府考虑取消哈里发制度。这一计划引发了广泛的议论，政府面临更大的压力。一份报纸在社论中表达了对取消哈里发制的担忧：“如果我们没有哈里发，土耳其连同它的 500 万或 1000 万人口将失去在伊斯兰世界的重要性，并且在欧洲政界人士的心目中，我们将下降到微不足道的小国之列。”外国的穆斯林向土耳其政府发来抗议信，印度什叶派穆斯林领袖阿加汗和阿米尔·阿里致函土耳其政府总理，要求将哈里发置于“能够获得各伊斯兰国家的信任与尊敬，同时能够给予土耳其国家以特殊力量与尊严”的地位。土耳其东南部的一些地区发生了托钵僧头目鼓动的暴动。有人甚至诱使凯末尔接任哈里发，以保住这一制度。新政府顶住了来自各方的压力，1924 年 3 月 3 日，大国民议会正式通过废除哈里发制度的议案，并决定将奥斯曼王室所有成员逐出土耳其共和国国境。第二天凌晨，最后一任哈里发阿卜杜勒·麦吉德乘坐东方列车，走上流亡之路。[①]

废除哈里发只是世俗化改革的一个方面，为了限制宗教的社会作用，新政府还采取了司法、教育与宗教分离的政策。撤销宗教与教会地产事务部，关闭宗教学校，废除由宗教法官依照《古兰经》进行审判的宗教法庭，各种苦行僧团也被禁止，宗教的影响力大大削弱。凯末尔就此在国民议会表示：“土耳其全体国民非常高兴，能够看到数世纪以来经常使得土耳其不能和各个文明国家一同沿着进步道路前进的那些障碍，已经扫除掉了。”[②]1924 年，大国民议会通过了《宪法》，宣布“国家主权无条件和无限制地属于人民”，公民在法律面前一律平等。根据《宪法》的精神，议会参照西方法律，制定、颁布了一系列新法，用世俗的法律而不是宗教法来规范人们之间的关系。这

① 彭树智：《现代民族主义运动史》，西北大学出版社 1987 年版，第 95—96 页。

② [英]伯纳德·刘易斯：《现代土耳其的兴起》，范中廉译，商务印书馆 1982 年版，第 280 页。

些法律包括：以瑞士法律为蓝本的《新民法》《债务法》，以意大利刑法为基础的《刑法》，以德国商法为蓝本的《商法》，等等。因家庭生活历来由宗教规管，《新民法》废除了多妻制和随意休妻等传统习惯，确立了男女平等的结婚和离婚制度。凯末尔对穆斯林妇女戴面纱的习俗也提出了疑义。他在 1925 年的一次演讲中说："我曾经看到妇女用一块布或一块毛巾或类似的东西盖在头上来遮住他们的面部，还看到他们在遇到男人过路时，便转过身去或伏在地上缩成一团。这种做法究竟是什么意思？是何道理？各位先生，难道一个文明国家的母亲和女儿能够采取这种奇怪的形式、这种野蛮的姿势吗？这种丢丑的事情，把我们国家变成了大家的笑料。这种情况必须得到纠正。"① 但鉴于传统习惯巨大的影响力，新政府仍然只限于进行宣传，而没有采取实际行动。直到 1935 年人民党代表大会才提出了禁止戴面纱的建议。

凯末尔世俗化改革中最引人注目的措施就是"帽子革命"。土耳其人习惯戴一种红色的无边圆塔状帽子，名叫"费兹帽"，将其视为穆斯林身份的象征。在土耳其的改革运动中，仍有人用戴费兹帽作为自己忠于伊斯兰教的标志。凯末尔在一系列演讲中指责费兹帽是无知、反对进步和文明的象征，呼吁人们抛弃费兹帽，改戴西式礼帽。他在一次演讲中说道："必须摆脱戴在我们全体国民头上的那顶标志着无知、反对和抵制进步及文

① 彭树智：《现代民族主义运动史》，西北大学出版社 1987 年版，第 97 页。

明的费兹帽，而代之以整个文明世界用作头饰的礼帽。”[①]他本人以身作则，头戴礼帽，身穿西装，引起全国民众的效仿，有些地方的警察甚至强迫民众摘下费兹帽。1925 年 9 月，政府颁布法令，公职人员必须戴礼帽，禁戴费兹帽。两个月后颁布的一项新法律进一步规定，所有成年男子必须头戴礼帽，凡戴费兹帽者以刑事罪论处。

这些今天看来很难理解的激进改革措施确实突破了宗教的限制，将一个宗教氛围浓厚的伊斯兰国家改变成了一个世俗国家。土耳其不断推出世俗化的具体政策：1926 年用公历取代了伊斯兰教历，1927 年凯末尔领导的政党——人民党在党纲中将政教分离规定为该党最重要的原则之一，1928 年删去了宪法中伊斯兰教是土耳其国教的规定，1935 年把周休息日从 1924 年规定的星期五（主麻日）改为国际通行的星期日。宗教在国家政治生活和民众个人生活中的作用日益下降。

世俗化只是打破阻碍土耳其走向现代文明的障碍，不会直接实现土耳其的文明化。要实现这一目标，必须把土耳其人改造成一个有文化、有知识、有强烈爱国心的新型民族。正因为这个原因，文化改革成为土耳其现代化改革的重要内容。凯末尔在文教改革中主要寻求达到以下三个目标：

第一个目标是消除宗教对文化教育的限制，为土耳其民族的文明进步拓宽道路。在奥斯曼帝国时期，国家的教育大权掌握在宗教人士手中。虽然在素丹政府的西方化改革中设立了一

① 彭树智主编：《二十世纪中东史》，高等教育出版社 1992 年版，第 103 页。

些军事、医学和工程院校，在大城市也成立了一些现代中小学，但就全国来说，课程设置落后、教育思想陈旧的宗教学校占据了大多数。1924 年，土耳其共和国颁布了教育世俗化、现代化的法令，规定学校必须受国家的监督，必须向受教育者提供非宗教的现代化教育，必须向学生传授西方科学技术、文化知识和思维方式。根据这一法令，全国停办传统的宗教学校，公立、私立学校一律禁止宗教课程，外国人和基督教会举办的学校全部划归共和国教育部管辖。教育系统仿照西方国家的模式予以改造，实行五年制义务教育，发展工业、农业、矿业、师范及成人夜校等各类技术学校，新建或扩建高等院校。教育改革为土耳其青少年接受现代化的科学、文化教育奠定了基础。

第二个目标是提高全民族的文化和知识水平，在尽可能短的时间内加快土耳其的文明化进程。凯末尔认识到，土耳其要以文明、进步的姿态屹立于世界民族之林，就必须对飞速发展的外部世界保持开放的心态，要以饱满的热诚去吸收现代的科学知识。他指出，“我们把自己封闭在国界之内，面对外部世界视而不见。我们将作为一个先进、文明的民族生活在当代文明之中，而这只能通过知识和技术才能达到。”知识大军是一个国家获得持久胜利的根本保证，“一个国家不论在战场上取得了多少辉煌的胜利，如果没有知识大军，这个胜利成果就不能巩固和持久。”[①] 土耳其人口中文盲所占比例高达 80%—90%，显然无法建立一支令人满意的知识大军。文盲众多同土耳其文字使

① 彭树智：《现代民族主义运动史》，西北大学出版社 1987 年版，第 98 页。

用阿拉伯字母有很大关系，因为土耳其人不仅难以辨别不同阿拉伯字母的差异，而且阿拉伯字母无法适应土耳其语元音丰富而辅音相对较少的特点，导致同一个单词不同的人有不同的读法，再加上书写不便、印刷麻烦，给人们学习知识带来极大的不便。因此，土耳其政府将文字改革作为提高全民族文化水平的重要工作。

1928 年年初，土耳其正式开始了文字改革的进程。从坦齐马特时期起，就不断有人提出用拉丁字母取代阿拉伯字母的设想，但一直未能付诸实践。这一时期，这个设想开始变为现实。1928 年 11 月，土耳其大国民议会通过议案，从新的一年起采用拉丁字母。一个月后，学校、报刊及广告、招牌都开始广泛使用拉丁字母。共和国总统凯末尔化身为学校教师，号召土耳其国民学习、使用新字母。他在一次演说中说道："诸位朋友，我们丰富而和谐的语言，如今能够借用新的土耳其字母得到表达了。我们必须让自己从多少世纪以来像铁箍似的束缚着我们思想的那些令人无法理解的符号中解放出来，我们民族将以她的文字和她的思想，表明自己在文明世界中的地位。"凯末尔的表率作用激励了土耳其民众，许多政府官员和知识分子带着黑板和黑板架，到民众中教人们学习、书写新文字。为了表彰凯末尔在推广新文字活动中的巨大作用，大国民议会授予他"国民教育总教师"的称号。[①]

文字改革对推动土耳其文教事业的发展居功至伟。文字改

① 黄维民：《中东国家通史：土耳其卷》，商务印书馆 2002 年版，第 198 页。

革前，土耳其民众的识字率不足10%，文字改革开始后的两年中有150多万民众进入国民学校学习新文字，其中有半数摘掉了文盲的帽子。文字改革为初等教育的普及创造了更好的条件，国家规定实行小学义务教育，各村镇都设立了学校。1923—1938年，学生数量翻了一番，几百万人学会了阅读，文盲率降低到接近50%。由于识字率的提高、文化教育的普及，出版、印刷事业也有重大发展。从1727年奥斯曼帝国开始采用印刷术到奥斯曼帝国灭亡，近200年间出版的书籍不过30000种，而在文字改革后的几年之中采用新字母的各类书籍就出版了15000余种。①

第三个目标是凝聚土耳其人的民族精神，培养土耳其人的民族自豪感。文字改革虽然主要着眼于普及和提高民众的文化、教育水平，但是强化土耳其人的民族意识也是其中的一个考虑。因为阿拉伯字母并非土耳其人所固有，而是随着伊斯兰教一起传入的。在凯末尔看来，只有从土耳其语言中清除已成为落后象征的阿拉伯文化，土耳其人才可以进入文明状态。他指出："伟大的土耳其民族改变蒙昧状态的轻而易举的办法，是简化自己原有的美丽文字。用这种工具才能使我们摆脱落后状态。"而采用拉丁字母的"文字改革是高尚而永久的纪念物，这标志着土耳其民族进入一个新的文明世界"②。1932年，土耳其语

① 黄维民：《中东国家通史：土耳其卷》，商务印书馆2002年版，第199页。

② 彭树智：《现代民族主义运动史》，西北大学出版社1987年版，第100—101页。

言协会宣告成立，该协会的宗旨就是清除外来语、纯洁土耳其语。被清除出的外来语主要是阿拉伯文和波斯语词汇，而引进的外来语大多是被认为是文明先进的英国、法国等西方国家的词汇。历史学也被用作进行培育土耳其民族意识的重要工具。1931 年，土耳其政府成立了土耳其历史学会，其主要目的在于对民众进行爱国主义教育。土耳其学者花大力气研究奥斯曼帝国以前的历史，在新编的土耳其通史著作中，16 世纪后奥斯曼帝国的历史所占篇幅大大压缩，土耳其的历史与上古的苏美尔人和赫梯人相联系，以增强土耳其人对本国悠久历史的自豪感。土耳其本国的民族文化得到鼓励，非宗教性的文学、音乐、舞蹈、雕塑、绘画得到发展，体育活动尤其是足球获得新的发展动力。《古兰经》以往使用的都是阿拉伯文版本，普通民众无法阅读，这一时期也翻译为土耳其语。宗教人士用土耳其语而不是阿拉伯语唤拜。1934 年，土耳其大国民议会通过了土耳其人须采用姓氏的法律，改变了当地民众有名无姓的传统习惯。每一个土耳其人不得不为自己选择一个姓，总理伊斯美特将自己在民族独立战争中两度战胜敌人的地方——伊诺努作为自己的姓，总统凯末尔则获得大国民议会授予他的姓氏——阿塔图尔克（Ataturk，意为“土耳其之父”）。

国家主义的经济改革是凯末尔争取实现土耳其经济现代化的主要内容。

凯末尔充分认识到建设发达的经济对于一个国家的重要性。他讲：“政治上和军事上的胜利不管有多么巨大，如果经济上获得的胜利不能巩固下来，那胜利就消失了。”[①] 土耳其共和国成立后，作为一个饱受战乱影响的国家，要实现经济上的胜利面临重重挑战。在第一次世界大战爆发的1914年，土耳其工业产值仅占国内生产总值的10%，工业主要集中在伊斯坦布尔和伊兹密尔这两个港口城市，也只限于棉花、皮革等初级产品的加工业。农村贫富分化严重，地主家庭只占人口的1%，每户平均拥有土地300公顷；无地、少地的贫雇农占人口的87%，他们每家平均只有3.1公顷土地。[②] 经过战争的破坏，情况更加恶化，如原来占有奥斯曼帝国50%工业资本的希腊裔企业家大多返回希腊，工业发展受到极大影响。农业领域也不能让人乐观，1927年时，全国175万农户只有139万具犁，绝大多数还是木犁。共和国政府在经济方面的短期目标是稳定全国经济局势，缓解社会矛盾，长期目标是实现国家经济的现代化。

短期的经济政策主要是在农村进行土地改革，解决农民的缺地、少地问题，减轻农民负担。作为一个农业国家，农民对社会的稳定至关重要。1925年土耳其政府宣布了土地归耕种者所有的政策，此后又颁布了向无地农民和移民分配土地的法令，将一些国有土地和没收的宗教机构的地产划归原来的佃农终身占有。从1923年到1934年，政府向归侨、难民、无地及少地农民分配和出售的土地达71.1万公顷。1934—1935年，又分配了约30万公顷土地。1925年，政府还宣布废除奥斯曼帝国时

① 彭树智：《现代民族主义运动史》，西北大学出版社1987年版，第106页。

② 彭树智主编：《二十世纪中东史》，高等教育出版社1992年版，第107页。

期制定的什一税，使农民的收入增加了1/8。政府还向农民提供信贷支持，到20世纪30年代初，土耳其已经建立了600个农业信贷合作社。这些措施解决了农民的切身问题，推动了农业经济的恢复与发展。到1930年，土耳其实现了粮食自给自足，开始对外出口，1930—1938年，土耳其每年平均出口粮食6.5万吨。①

同农业相比，工业对于国家经济的现代化意义更加重大。共和国成立后，凯末尔大声疾呼，要求全国民众努力发展民族经济，将土耳其建设成为一个西方式的现代工业国。土耳其最初的经济现代化政策是借鉴西方国家的经验，通过吸引外资、发展私人经济实现经济的腾飞。1924年年初，土耳其共和国通过法律，允许外商在土耳其境内拥有、保持私人财产。随后又规定，外商在土耳其开办合资企业可以购买土地，还可以享有长期居住权。1927年，土耳其政府决定在伊斯坦布尔设立自由贸易区，自贸区实行特殊政策，政府免征关税，不执行限制性法律，还提供各种良好的配套设施。在私人经济方面，1927年政府颁布《奖励工业法》，给予私人企业免税、降低商品运输价格等优惠条件。这些政策对土耳其工商企业的迅速发展作用明显，流入土耳其的外资持续增加：1926年为650万里拉，1928年为800万里拉，1929年为1200万里拉。外商也愿意为土耳其提供巨额信贷服务，1927年，土耳其全国的生产信贷总共为

① 彭树智：《现代民族主义运动史》，西北大学出版社1987年版，第105—106页。

3.5 亿里拉，其中 2/3 为外国银行提供；1926—1928 年，土耳其从外国银行获得的进出口信贷为 6580 万里拉。土耳其本国私营企业发展速度迅猛，1927 年只有 470 家，1930 年发展到 1255 家。①

这一时期土耳其的经济发展战略实际上就是二战后“亚洲四小龙”卓有成效的外向型经济发展战略。由于主客观条件的限制，土耳其政府在 30 年代初改变了这一政策，从鼓励私人资本的外向型经济发展战略转向限制私人资本的内向型国家主义经济政策。从客观形势来说，1929 年西方国家陷入经济大危机，土耳其赖以赚取外汇的农产品价格猛跌，加上土耳其政府从 1928 年起开始偿还奥斯曼帝国时期所欠的 8600 万里拉的外债，国家面临异常严峻的经济形势。从土耳其政府领导人的主观认识来说，他们认为土耳其私人企业规模偏小，技术落后，在国际上不具备竞争力，靠私人企业无法完成在短期内实现国家工业化的目标，而国际上只有苏联树立了一个良好的榜样，通过加强国家对经济的领导作用，迅速实现了国家的工业化，而且可以避免世界经济危机的冲击。1931 年土耳其共和人民党的大会宣言正式采用了凯末尔的“国家主义”经济思想。宣言指出：“尽管考虑到私人企业和活动仍然是我们的基本主张，但我们的主要政策之一是使国家积极关心于涉及民族的普遍性问题和重大利益问题，特别是有关经济问题，以便尽可能在短时间内把

① 黄维民：《中东国家通史：土耳其卷》，商务印书馆 2002 年版，第 221—222 页。

我们的国家引向繁荣。”[①] 国家主义实际上是由国家直接管理经济计划、经济政策、企业经营的民族国家资本主义。

土耳其经济发展战略转向由国家干预经济生活和有计划发展民族经济的阶段。在苏联的帮助下，土耳其开始实施国家主义的五年计划。苏联的工业化经验、苏联式的经济计划成为土耳其借鉴的蓝本。1932 年，苏联向土耳其提供了一项 800 万美元的贷款，大批苏联技术专家和经济学家来到土耳其，帮助土耳其制订计划，发展经济。在第一个五年计划期间，土耳其投资 1 亿里拉，完成了 20 座工厂的建设。土耳其政府创办了苏美尔银行和埃蒂银行，通过贷款控制了全国钢铁、煤炭等工矿企业，两家银行从 1934 年起由土耳其政府经济部直接管辖。在农业方面，政府的农业部与政府主导的农业银行农产品局共同核算农产品的成本，确定统一的收购价格。土耳其政府通过这种类似计划经济的模式实现了对工农业的全面控制。而对以往在土耳其经济中占有相当大比重的外国资本，土耳其政府也从起初的鼓励投资转向限制的政策。1930 年，土耳其政府成立了中央银行，剥夺了英、法控制的奥斯曼银行发行纸币的权力。对关系国计民生的重要外资企业，政府不惜高价赎回，收归国有，原来租让给外国公司的特许权也被赎回或提前结束。到 1939 年，几乎所有的铁路、码头、船坞、矿山及城市公用事业均由政府接管。以往鼓励私人企业发展的政策也有一定变化，因为国有企业成为政府优先发展的重点。从 1932 年到 1941 年，私人企

① 彭树智：《现代民族主义运动史》，西北大学出版社 1987 年版，第 103 页。

业从1472家减少到1050家，到1942年《奖励工业法》也被废除。[①] 为了保护本国企业，土耳其政府实施保护主义政策，对外来工业品征收50%的高额关税，鼓励本国企业生产替代进口的工业产品。

国家主义的经济政策对土耳其经济发展带来重要影响。在这一时期，土耳其建立了数百个涉及重化工业、机械加工、交通运输及电信工业的国有企业，促进了民族工业的发展壮大，为土耳其的工业化奠定了基础。从1929年到1939年，全国注册企业工业总产值从5800万里拉增长到33100万里拉，增长了4倍多。工业在土耳其总产值中的比重由11.8%提高到18%，农业的比例则由43.2%下降到37.3%。在实行国家主义的30年代，土耳其工业的年均增长速度高达10%，是该时期世界上工业发展速度最快的国家之一。因此，尽管国家主义这一带有计划经济色彩的经济发展战略限制了私人企业的活力，给土耳其经济留下众多的后遗症，注定无法实现土耳其经济腾飞的美丽画图，但它在一个短时期内确实促进了土耳其经济的高速发展。正如国际复兴开发银行的报告指出的："在国家社会主义制度下，土耳其取得了可观的进展。如果仍然处在本国的私人企业之下，加上奥斯曼的传统的障碍，这段时期之内是否能够取得同样的成就，是很有疑问的。"[②]

① 黄维民：《中东国家通史：土耳其卷》，商务印书馆2002年版，第228—229页。

② [英]伯纳德·刘易斯：《现代土耳其的兴起》，范中廉译，商务印书馆1982年版，第303页。

1938 年 11 月 10 日，凯末尔病逝，终年 57 岁。土耳其政府在公告中高度评价了凯末尔的历史地位，将他称为土耳其祖国的“缔造者”、土耳其民族的“非凡的领袖”，人类的“一个伟大儿子”。为了缅怀凯末尔的历史功绩，5 月 19 日即凯末尔的生日这一天被定为“国父纪念日”。1953 年，土耳其政府在首都安卡拉建造了庄严的国父纪念馆，将凯末尔的遗体迁移到纪念馆中。纪念馆的主体建筑是一座茶色的巨大石造建筑物，风格类似雅典卫城的神庙建筑，墙上刻有浮雕和凯末尔劝勉民众的名言。建筑内摆放着一些凯末尔的画册和文献，高大帅气的卫兵守护着纪念馆的大门。

图 2–12　国父纪念馆中的凯末尔灵柩

第四节　步履蹒跚的土耳其民主进程

一、从一党制向多党民主制的过渡

在凯末尔时期，土耳其形成了所谓的“一个政党、一个民族、一个领袖”的高度集权的政治制度。凯末尔的崇高威望确保了这一制度的顺利实施，大国民议会通过的法律和共和人民党的党纲与决议也对这一制度产生了强化作用。

根据1924年大国民议会通过的宪法，总统由大国民议会选举产生，任期四年。总统的权力极大，对政府和议会形成了本质上的辖制：总理由总统任命，议会通过的法律经总统批准方可生效，如总统对法律持有异议，可在10天内要求议会重新审定议案。共和人民党第三次大会（1931年）和第四次大会（1935年）正式确立了土耳其的党政一体化结构：共和人民党主席兼任共和国总统，副主席兼任内阁总理，总书记兼任政府内政部长，地方党组织负责人兼任省长。1930年8月，受凯末尔的委托，共和人民党中的温和派奥克亚尔成立自由共和党，作为政治上的点缀。该党支持凯末尔的共和主义和世俗主义，但反对政府经济垄断，主张发展民营经济、吸引外资、政治上保障公民自由。没想到，这个经常抨击政府政策的新生政党引起人们的关注，发展速度极快，成立时仅有 15 名议员，在两个月后的议会选举中，该党议员一下子增加了一倍，达到 30 人。当年 11 月，在执政党的压力下，自由共和党宣布解散，该党的生命周期只有短短的 99 天。

一个小小的反对党受到广泛的欢迎，显示出民众对长期一党执政的共和人民党的强烈不满。第二次世界大战中，土耳其实行中立政策，避免了战火的侵蚀，但经济形势随着通货膨胀和商品短缺进一步恶化，对执政党的不满日益突出，要求实现民主的呼声越来越响。1944 年 11 月，为了缓解国内尖锐的社会矛盾，表明土耳其是一个民主国家，凯末尔之后接任总统的伊诺努答应实行民主政治，承认反对派政党的合法存在。[①]1945 年 7 月，伊诺努批准成立了由企业家努里·德米拉领导的第一个反对党“民族复兴党”。1946 年 1 月 7 日，脱离共和人民党的前总理拜亚尔、省议员曼德列斯等人宣布建立民主党，主张推进民主、增加个人自由、发展私人经济。顺应这种要求政治多元化的潮流，共和人民党在 1946 年召开的非常大会上也决定准许建立反对党，在党内推行民主化改革，建立党主席向大会报告工作的制度，议会选举由代表间接选举改为民众直接选举。政府的政策也作出一些修正，开始强调自由经营。第一个不受

① 哈全安：《土耳其共和国政党政治的演变》，《南开学报》2010 年第 5 期，第 130—140 页。

政府控制的民间组织“伊斯坦布尔商人协会”也宣告成立，并且对政府的政策持批评态度。短短数年间，土耳其的政党增加到20个左右。

其他政党刚刚建立，立足未稳，假以时日，可能会对执政党形成严重威胁，为防止这种情况出现，共和人民党控制的政府决定将原定于1947年举行的大选提前到1946年7月举行。共和人民党最担心的竞争对手民主党仓促上阵，在选举中仅获得61个议席，共和人民党大获全胜，获得391席。但值得注意的是，民主党在土耳其第一大城市伊斯坦布尔的23个议员席位中获取了18席，共和人民党获胜的地方多为落后的农村地区，而且执政党在计票过程中有舞弊之嫌，引起人们的不满，要求取消选举结果的抗议电报和信函多达5万多件。[①]

在反对党的压力下，1950年新的选举法获得各党的接纳。主要的改变在于设立超党派的选举委员会监督选举；各党派在竞选期间使用广播时间、集会会场的机会均等；选举采用秘密投票制和公开计票，以更充分真实地反映民意。在当年举行的议会选举中，近90%的选民参加了投票，民主党以绝对多数票击败了执政党，在大国民议会的487个席位中获得408个议席，执政27年的共和人民党仅获得63席，民族党获得1席，无党派人士获得9席。民主党党魁拜亚尔当选为土耳其共和国第三任总统，曼德列斯出任民主党内阁的总理。土耳其实现了权力的平稳转移。

① 王彤主编:《当代中东政治制度》，中国社会科学出版社2005年版，第503页。

民主党在当政初期民望高企，颇受民众支持。有人公开声称民主党的胜利意味着土耳其从共和人民党的统治下获得解放。民主党也宣称："凯末尔是象征独立的总统，伊诺努是象征独裁的总统，而拜亚尔则是象征自由的总统。"该党不仅抛弃了共和人民党的集权统治，给人民以自由，而且在经济上推行发展私营经济以及重视农业经济的政策，使民众从经济发展中获益。在 1954 年的选举中，民主党的议席猛增到 503 席，共和人民党只剩下 31 个议席。民主党的权力巩固之后，大权集中在身兼民主党主席的曼德列斯总理手中。就在民主党取得史无前例的选战胜利之后，土耳其经济遇到困难，通货膨胀加剧，政府的支持率下降。面对民众不断增加的不满，民主党逐渐抛弃了民主的外衣，开始表现出更多专制、独裁的特性。

首先是压制不同意见，限制媒体的批评。到 1954 年年底，有 3 名记者因批评政府被判刑，4 名记者因同样的原因被解雇。1955 年，包括共和人民党机关报《民族报》在内的 5 种报纸因违反政府的新闻检查规定被迫停刊。1956 年 8 月，共和人民党总书记卡泽姆·吉列克因在一次演讲中抨击执政党遭到监禁。从 1954 年到 1959 年，共有 35 名作家和记者被捕。

其次，阻挠其他政党的合法政治活动。1954 年，民主党政府以民族党反对凯末尔主义为借口宣布取消该党，首开取消反对派的先例。随后，相继有 200 多个共和人民党的分支机构被关闭。

再次，想方设法利用手中的权力，巩固和维护本党的政治影响力。面对民主党政府的高压政策，议会中的反对党，包括民主党内部分成员退党后建立的自由党，组成竞选联盟，向民主党发起挑战。曼德列斯为了实现他声称的“永远都不会成为前总理”的目标，利用民主党在立法机构的垄断权，通过一系列针对反对党的法律措施。如不准反对党联合提出候选人，退党者六个月内不能成为其他政党的候选人等。在选举中，不愿投票给民主党的选区事后会受到惩罚。如 1954 年大选中民主党得票率较低的马拉提亚省后来被一分为二，克尔谢希尔省则被由省降为县，失去独立选区的资格。[①]

在 1957 年的选举中，民主党再次获胜，得票率却大幅下降到 47.3%（437 万票），比上届选举减少了近 10%。共和人民党得票率则从 34.8% 上升到 40.6%（375 万票）。尽管民主党靠议席分配多数代表制的规则占据了议会席位的大多数（议会共 610 席，民主党获 424 席），但三个反对党共获得选票总数的 51.4%，民主党的执政地位已经响起了警号。

反对党在选举中获得重大进展的一个重要原因，就是选民们对民主党试图恢复一党集权体制的警惕。退出民主党组建自由党的曼德列斯政府首任外交部长科普吕吕在选前指出：“这次选举斗争是整个民族反对一个人复活一个政党、一个领袖体制的斗争。”[②] 但在选后曼德列斯走向独裁的倾向变本加厉，1958 年他甚至公开扬言要结束民主。1959 年 4 月，74 岁的共和人民

① 王彤主编:《当代中东政治制度》，中国社会科学出版社 2005 年版，第 505 页。
② 同上，第 507 页。

党主席伊诺努在巡回演说中他遭到民主党支持者的刁难与袭击，他在乌沙克被石头砸得血流满面。1960 年 2 月，曼德列斯办公室致函议会，要求剥夺伊诺努等十余名议员的豁免权。4 月 18 日，民主党利用本党在议会的优势，强行决定设立清一色由民主党人组成的 15 人特别委员会，负责对主要反对党共和人民党进行调查。委员会具有超越议会和法院的特权，可以禁止一切政治活动，没收文件，查禁报纸，甚至有搜查、逮捕和审判的全权，其审判为终审判决。[①] 这一决定遭到共和人民党的激烈反对，民主党政府宣布在安卡拉和伊斯坦布尔两地实行戒严。民主党的倒行逆施引起民众的强烈抗议，5 月 20 日，安卡拉大学和伊斯坦布尔大学的学生们率先走上街头，第二天，安卡拉军事院校的学生也加入了抗议者的行列。土耳其处在变革的前夜。

二、土耳其社会危机与军人干预

1960 年 5 月 27 日拂晓，土耳其军队发动政变，坦克开上了安卡拉和伊斯坦布尔的街头，民主党政府被推翻，拜亚尔总统、曼德列斯总理以及数百名民主党要员被逮捕。四小时之内，一场不流血的政变宣告结束。权力转入由 38 名军官和将军组成的全国团结委员会手中，陆军司令杰马勒 · 古尔塞勒将军被选为团结委员会主席，负责领导临时政府。

团结委员会一方面清算民主党的反民主政策，另一方面通

① 彭树智主编：《二十世纪中东史》，高等教育出版社 1992 年版，第 98 页。

过制定新宪法为土耳其建立持久的民主秩序奠定基础。民主党被正式取缔，民主党政府的主要成员由新设立的高级调查委员会和最高法庭进行审讯。1961 年 9 月，民主党政府前总理曼德列斯及前外交部长、前财政部长等 3 人被处以绞刑，461 人被处以不同期限的监禁。前总统拜亚尔和其他 11 名被告由死刑减为终身监禁。①

团结委员会分为温和派和激进派两派，两派对于如何解决政变后土耳其的发展方向问题政见不同。主要由将军组成的温和派希望在完成新宪法的制定后尽快顺应民意还政于民，青年军官组成的激进派则希望团结委员会执政数年时间，不应急于恢复民治秩序。1960 年 11 月 13 日，古尔塞勒将军下令免除 14 名团结委员会激进派军官的委员职务，将他们派到国外去担任驻外使馆的顾问。1961 年 1 月，制宪会议开始工作，5 月 27 日，通过了新宪法草案。在 7 月 9 日举行的全国公民投票中，62% 的人投了赞成票，新宪法获得通过。与 1924 年宪法相比，新宪法加强了行政机构的权力，总统为国家元首，任期七年，不得连任。总统由大国民议会的议员选举产生，当选总统者须脱离原所属政党，军人须脱离军籍。大国民议会由一院制改为两院制，另外增设了宪法法院，有权审理法律是否违宪及政府高官的职务犯罪，以防止个人或政党实行独裁统治。

1961 年 10 月，土耳其依据新宪法举行了全国大选。参加竞选的有 14 个政党，但没有政党获得多数选票。在四个主要大

① 杨兆钧：《土耳其现代史》，云南大学出版社 1990 年版，第 280 页。

党中，吸收前民主党党员建立的正义党在参议院获得70席，在众议院获得158席；共和人民党在参议院获36席，在众议院获得173席；新土耳其党在参众两院分别获得28席、65席；共和农民民族党在参众两院分别获得16席、54席。由于各党分歧严重，组建联合政府的工作异常艰难，后来在军方的干涉下各方暂时达成妥协，选举古尔塞勒为总统，任命高龄的共和人民党领袖伊诺努担任共和人民党和正义党联合政府的总理。全国团结委员会的21名成员成为参议院的终身议员。1962年全国团结委员会宣布解散，标志着军方对国家控制的结束，全国恢复文治秩序。

联合政府试图完成稳定国家的任务，在政治、经济方面力图满足主要政党的要求。在经济方面，政府通过扩大本国资源开发和引进外资来筹集发展资金，国营企业和私营企业同时并重；在政治方面，捍卫凯末尔主义原则，尊重民众的民主、自由；在外交方面，加强与北约组织的关系，强化与西方国家的合作。但两大主要政党共和人民党与正义党政见不同，矛盾尖锐，互相攻讦，尤其是正义党积极活动，要求对拘押的前民主党成员实行政治大赦，引起军队和部分民众的不满。1962年5月，联合政府宣告垮台。其后又组织了两届共和人民党与其他小党联合执政的政府，均由伊诺努出任总理，还有一届无党派人士任总理、正义党发挥主要作用的联合政府，同样无法解决土耳其的政治、经济问题，这期间曾发生两次未遂军事政变，政局动荡的局面持续存在。

1965年的大选为土耳其建立稳定的政府提供了机会。在这次大选中，正义党获得众议院450个议席中的240席，共和人民党获得134席，民族党获得31席，新土耳其党获得19席，共和农民民族党获得11席。偏右的正义党取代中间偏左的共和人民党成为土耳其政府中的主导角色，组建了正义党的内阁。该党主张尊重个人自由，积极发展私人企业和外资企业，支持土地改革，对罢工和学潮持严厉态度。该党领袖苏莱曼·德米雷尔为专业工程师，曾在美国留学，赞同专家治国。1966年3月，古尔塞勒总统病逝，议会选举土耳其军队总参谋长杰夫德特·苏奈将军为第五任总统。正义党与军队在重要问题上达成协议，缓和了双方关系。政府表示支持军队的现代化，军方则表示不卷入政党之间的政治斗争。前民主党的主要领导人、前总统拜亚尔以及其他500名民主党成员被释放出狱。正义党内阁稳定社会、改善经济的一系列措施逐渐取得成效。在1969年的大选中，正义党在众议院的席位比上届增加20个，达到260席；共和人民党增加10席，达到144席；其他六个政党获得33席，无党派人士获得13席。

在国际上的激进主义思潮影响下，土耳其这一时期陷入政治动荡和暴力浪潮中。1970年6月，伊斯坦布尔和伊兹密尔的工人举行示威游行，大学生也积极加入示威，形成土耳其历史上规模最大的示威游行。政府不得不在两地宣布实行戒严，才恢复当地的秩序。安纳托利亚东部的一些农民对政府土改政策进展迟缓感到不满，开始在各地强占土地。正义党内部也出现了分裂，1970 年 12 月，众议院 27 名正义党议员宣布退党，另组民主党。1971 年年初，安卡拉中东技术大学的学生上街闹事，无政府主义者的暴力活动到处蔓延，一些银行被抢劫，企业家遭绑架，社会陷于混乱。

军方第二次出手干预。1971 年 3 月 12 日下午 1 时，土耳其国家广播电台播出了总参谋长梅姆杜赫·塔格马什上将和陆海空三军司令致总统、参众两院议长的一封备忘录，指出国家已处在“无政府状态、滥杀和经济混乱”的严重危机之中，要求建立一个超党派政府，依照凯末尔主义原则进行改革，否则军队将接管政府。下午 6 时，德米雷尔总理辞职，总统授权共和人民党议员尼哈特·埃利姆教授组织新内阁，条件是他退出共和人民党，成为无党派人士。

超党派的埃利姆政府在全国 11 个省区实行戒严，禁止示威游行。国内复杂的政治局势和各党之间的矛盾，导致政府试图进行的改革无法实施。此后组建了多届超党派内阁，每一届政府成立没多久就因无法调和的矛盾宣告解体，又要组成新政府。1973 年春，苏奈总统任期届满，经过 15 轮投票，才选举退休上将法赫里·科鲁蒂尔克为共和国第六任总统。1974 年，先是共和人民党与右翼的救国党组成短命的联合政府，随后从当年年底到 1977 年底以正义党为首的右翼联盟——祖国阵线两度组阁，之后又是共和人民党和正义党分别执政。在各届政府不断变换的过程中，土耳其的社会危机逐渐在加剧。

经济危机最先浮现出来。土耳其与西方国家经济关系极为密切，不论是引进外资、进出口贸易还是劳务输出，都对西方国家形成严重依赖。70年代初，西方国家出现经济滞涨，失业率高企，土耳其对西方国家的出口、劳务输出以及获取贷款都遇到极大困难。1973年“十月战争”后，石油价格猛涨了三倍，土耳其进口石油所需费用从1973年的2.27亿美元增加到1974年的7.63亿美元，1976年又增加到11.26亿美元。由于西方国家用提高工业品价格的方式转嫁油价上涨带来的负担，而土耳其的主要出口产品农业品和原料价格不涨反跌，土耳其的外贸赤字逐年扩大，从1973年的7.69亿美元增加到1975年的33.338亿美元。尽管1976年、1977年土耳其经济增长速度较高，国民生产总值的年均增长率都在8%上下，但外贸赤字仍在持续扩大，1977年达到40.43亿美元，外汇储备降到7.74亿美元的低水平。国内通货膨胀严重，1977年物价指数上涨了30%，失业者多达300万人。[①]

经济形势日益严峻，政治危机如影随形。1978年年底，伊朗宗教领袖霍梅尼领导的伊斯兰革命已经在伊朗变得如火如荼，其影响迅即传播到土耳其。1978年12月初，宗教极端分子在东安纳托利亚的马腊什省挑起流血冲突，导致百余人死亡，数百人受伤。政府不得不在东部的13个省实行戒严，后将戒严范围扩大到19个省。左右翼极端分子的政治暗杀十分猖獗，从1978年到1980年，共有5241人死于各种恐怖活动。受害者既有政客，也有记者和大学教授，如民族行动党副主席贡·萨扎

① 杨兆钧：《土耳其现代史》，云南大学出版社1990年版，第345—346页。

克和前总理埃利姆先后被暗杀。[1]

进入1980年，土耳其已陷入水深火热状态。经济增长率从上年的–0.6%恶化到–5.3%，通货膨胀率高达94%，对外贸易逆差扩大到47.57亿美元，土耳其外债总额达到150亿美元。中央银行因外汇缺乏一度停止对外支付。政治极端分子与宗教极端分子的暴力活动迫使政府在67个省宣布戒严，仍无法恢复稳定的秩序。宗教势力日渐崛起，救国党公然在集会中攻击凯末尔和世俗主义。1980年1月，土耳其军方向总统科鲁蒂尔克递交声明，要求各党停止党派之争，合力消除无政府主义，挽救国家经济。各党表面上表示支持，但依然故我，为各自利益相互倾轧。1980年4月，总统科鲁蒂尔克任期已满，大国民议会负责选出新总统，但议会投了几十轮票也没有选出新总统。

1980年9月12日凌晨，土耳其军队开进首都安卡拉，占领电台、电视台和政府重要机构。5时5分，安卡拉电台宣布军队全面接管政权，成立由武装部队总参谋长凯南·埃夫伦任主席的国家安全委员会，负责领导整个国家。土耳其完成了现代史上的第三次军人干政。

三、逐渐步入正轨的民主政治

军队接管政权后，凯南·埃夫伦出任国家元首，退役将领布伦特·乌卢苏出任内阁总理。随后成立由160名成员组成的

---

① 彭树智主编：《二十世纪中东史》，高等教育出版社1992年版，第296页。

协商会议和 15 人的制宪委员会，负责商讨国家大政方针和制订宪法。国家安全委员会在全国实施军管，逮捕数以万计的无政府主义分子和宗教极端分子，收缴大量武器。同时严禁罢工，强令罢工工人返回工作岗位，借以稳定经济秩序。在这些临时性措施后，军方希望能采取得力措施，一劳永逸地重建稳定的社会秩序。

限制政党的活动成为军方的第一选择。军政权宣布解散所有政党，暂停政党活动，逮捕主要政党的领袖，禁止政治家从事政治活动。正义党领袖、总理德米雷尔，共和人民党领袖埃杰威特，救国党领袖埃尔巴坎等人遭到拘捕，前两人很快被释放，埃尔巴坎后来被军事法庭判处四年监禁，埃杰威特后来也因多次与西方记者会面并在电视上发表军方不喜欢的政见而被多次拘捕。根据 1983 年颁布的新政党法，政党的活动范围受到限制，禁止政党设立妇女、青年组织等附属分支机构；政党必须在超过一半的省份设有分支机构并有 30 个得到认可的建党人，方可参加大选；建党后连续两届选举不能获得席位的政党必须自行解散。

制定新宪法仍是贯彻军方意志的主要途径。1982 年 7 月，国家安全委员会公布新的宪法草案，在当年年底的公民投票中，超过 90% 的人对新宪法投下了赞同票。宪法临时条款规定，埃夫伦从全民投票批准宪法之日起即成为共和国第七任总统。新宪法强化了总统的权力和军方的权力，对各种社会组织的政治性活动进行了限制。社团、工会不能从事政治活动，不应与政党相联系；严禁政治性罢工；总统有权召集议会，决定公民投票，向宪法法院要求废除法律，有权根据部长会议决定宣布戒严等。新宪法还规定成立总统委员会协助总统进行重大决策，委员会成员由国家安全委员会成员出任，这意味着军方可以通过合法、正常的途径对政府施加影响而无需采用政变的形式。

1983 年 4 月，国家安全委员会宣布解除党禁，大批新政党纷纷成立。其中包括正义党前领导人德米雷尔创建的正确道路党，前共和人民党领导人埃杰威特创建的民主左翼党等。经过军方严格的审核和否决，最终只有三个党获准参加 1983 年年底的议会选举，即军政府中担任副总理的图尔古特・厄扎尔创建的祖国党，退休将军图尔古特・苏纳尔普领导的民族民主党和内切德特・卡勒普领导的平民党。军方倾向于持中右立场的民族民主党和持中左立场的平民党，但中间立场的祖国党受到多数选民的欢迎，在大选中获得 45.5% 的选票和众议院 211 个席位，议席超过其他两党之和，厄扎尔受命组阁。

在厄扎尔政府时期，土耳其文官政府取代了军政府，国家进入政治稳定和经济改革时期。祖国党成员来自前正义党的保守派、前救国党成员以及前民族行动党的极端民族主义分子，党员涵盖较为广泛的社会阶层。厄扎尔力图将经济现代化与土耳其的传统价值观结合起来，捍卫民族尊严和国家主权；在政治上倡导自由民主原则，扩大地方政府的自治权；在经济上坚持市场化和出口导向的发展策略，鼓励发展私营企业，积极引进外资，反对政府干预经济。祖国党的基本主张满足了土耳其多数人的需要，继获得1983年选举胜利之后又获得1987年选举胜利，该党的基本政策延续了十余年，一直到1991年10月正确道路党上台组阁。

在这一时期，祖国党的政策推进了土耳其经济的发展和社会的民主化。经济上，厄扎尔自从担任军政府副总理后将稳定经济放在优先位置，积极推进经济自由化，紧缩财政和货币供应，大力推动私人企业和外资企业的发展，恢复国际经济机构对土耳其的信心。从1981年到1985年，包括世界银行、国际货币基金组织等国际性机构在内的国际社会向土耳其提供了51亿美元的优惠贷款，对稳定土耳其经济发挥了重要作用。土耳其经济保持稳定增长的态势，经济较差的年份增长速度也不低于3%，经济顺利增长时年度增速超过了8%。政治方面，祖国党政府在初期侧重稳定社会秩序，对可能诱发社会不稳定的人士采取严厉制裁的政策，如拘捕回国的极左派工人党领袖和共产党领袖，在全国拘捕了两万多名政治活跃分子。但随着局势的稳定，祖国党开始恢复社会的常态，尊重公民的合法民主权利。1987年在全国取消了戒严法，但在某些省份仍实行紧急状态。1991年释放了5000名政治犯。1989年10月，议会推举厄扎尔接替埃夫伦出任共和国第八任总统，厄扎尔成为拜亚尔之后第二位没有军方背景的文职总统，结束了1961年后军人长期担任总统的传统。厄扎尔依照宪法规定退出祖国党，议长伊尔迪里姆·阿克布鲁特继任祖国党主席和内阁总理。

在1991年10月的议会选举中，正确道路党成为议会第一大党，获得178个议席，超过祖国党的115个议席，与议会第三大党社会民主平民党组成联合政府。该党由土耳其正义党前领袖、前总理德米雷尔1983年成立。该党为右翼政党，主张捍卫民族利益、保障公民权利、实现社会公正，同时坚持世俗主义的政治原则。德米雷尔政府积极推行经济私有化和政治民主化：一方面，通过反恐怖立法防止暴力活动；另一方面，力促改进人权状况，促进库尔德人自治。1992年5月，政府准许1981年军管期间遭取缔的政党恢复活动，共和人民党随即复出政坛。1993年4月，厄扎尔总统病逝。[①]6月，正确道路党领袖德米雷尔当选总统，同时退出正确道路党。该党新领袖、女政治家坦苏·奇莱尔出任政府总理。奇莱尔政府在经济上促进经济私有化，政治上推动民主化。选民年龄从21岁降低到18岁，取消对工会活动和政治活动的限制，将大国民议会议员人数扩大到550人。1995年年底，欧洲议会批准土耳其加入欧洲关税同盟。

在国际伊斯兰复兴运动的冲击下，土耳其的宗教势力在这一时期异军突起。相对宽松的政治环境以及对现实不满激发的回归传统的诉求，成为偏重宗教的政党组织获得政治活力的条

① 厄扎尔1993年4月死于首都安卡拉一家医院，终年65岁。院方当时公布的死因为心力衰竭。他的妻子一直声称丈夫死于中毒。2012年6月，土耳其国家审计委员会发表报告称，“厄扎尔没有长期或严重疾病，死亡毫无预兆……这样的死亡应该以‘可疑’认定”，建议以验尸或采集头发样本等技术手段进一步取证。时任总统阿卜杜拉·居尔希望解开前总统死因之谜，以平息相关争论。当年10月2日检察机构开棺验尸。据12月公布的法医理事会报告，厄扎尔遗体尸检中发现的有毒物质含量微小，不足以致命。

件和动力。1983年建立的繁荣党就是宗教政党中发展最快的一个。该党反对政教分离的世俗制度，主张建立伊斯兰式的公正秩序；反对自由市场经济体制，追求建立公正的生产和分配体制；主张奉行维护民族独立的外交政策，反对土耳其保持北约成员国的地位，主张加强与伊斯兰国家的关系。在1995年12月的大选中，内切梅廷·埃尔巴坎领导的繁荣党赢得21.4%的选票和议会众议院158个席位，成为土耳其第一大党。1996年6月，繁荣党与正确道路党组成联合政府，埃尔巴坎出任总理。土耳其成为伊斯兰政党通过选举方式上台执政的第一个西亚国家，在国际国内都引起广泛的关注。

埃尔巴坎并未强行推行繁荣党的主张，为缓解人们对宗教复兴的担忧，繁荣党政府根据实际情况延续了历届政府一贯奉行的政策。如明确承诺遵循凯末尔主义原则，坚持世俗的民主制度，实行市场经济和对外开放，与西方国家保持密切关系，争取早日加入欧盟等。与此同时，繁荣党政府也采取了一些满足亲伊斯兰选民愿望的措施，如允许妇女在政府机构和学校佩戴穆斯林头巾，允许朝觐者经陆路赴麦加朝圣。土耳其与伊斯兰国家的关系有所加强，尤其是与来访的伊朗总统签订了多项协议。

繁荣党的亲宗教政策引起以捍卫凯末尔主义为天职的土耳其军方的警惕，“辛詹事件”更使军方觉得自己不得不进行干预。1997年2月3日，繁荣党人在安卡拉附近的辛詹镇举办名为“耶路撒冷之夜”的集会，集会上伊朗驻土耳其大使巴盖里公然主张在土耳其实施“伊斯兰法”。第二天，20 辆坦克和 15 辆装甲车组成的武装车队隆隆驶过辛詹镇的主街道，清楚表明军方捍卫世俗主义的决心。20 多天后，国家安全委员会向政府提出“20 点计划”的备忘录，指责土耳其正在倒退，要求关闭未经批准的伊斯兰学校，减少与伊朗伊斯兰共和国合作。1997 年 6 月，总理埃尔巴坎被迫向德米雷尔总统请辞。1998 年 1 月，宪法法院宣布取缔繁荣党。5 月，该党部分成员创立了取代繁荣党的美德党。①

2000 年 5 月 5 日，土耳其议会选举宪法法院院长阿赫迈德·塞泽尔为第十任共和国总统，接替即将任满的德米雷尔总统。这是自 1989 年后第三个担任总统的文职官员。此外，军方在政府的政策不能容忍的情况下，不再采取军事政变的方式，而是利用体制内的合法途径，就可以贯彻自己的意志，防止国家误入歧途。每一届政府下台后，通过各党的谈判、妥协可以比较顺利地组成新的政府。这些情况表明，土耳其的民主制度逐渐走上正轨，开始走向成熟。

① 陈德成主编：《中东政治现代化：理论与历史经验的探索》，社会科学文献出版社 2000 年版，第 297 页。

第三章

发展之路：当代土耳其的艰难抉择

在迈向现代化的进程中，当代土耳其人面临着三个方面的选择：政治上是选择土耳其国父凯末尔开创的世俗化民主制度还是允许伊斯兰教在政治生活中发挥更大影响；经济上是延续以往的国家主义经济政策还是实行发挥私人企业积极性的自由经济政策；外交上是否选择融入欧洲成为欧盟的一个成员。土耳其人在经济和外交上做出了明确的选择，结果却大不相同：土耳其顺利实现了从国家统制经济向自由经济体制的转变，加入欧盟的长久愿望迄今仍悬在半空。而在政治上，土耳其的各种势力展开了激烈的博弈，以捍卫世俗主义为己任的军方势力失去了长期以来确立国家发展方向的能力，倾向于发挥宗教影响力的政治势力主导了土耳其政坛，以致它们之间的矛盾引发了未遂的军事政变。

第一节　政治发展与政治制度

一、土耳其政治制度

土耳其实行议会制代议民主政治，奉行多党制。土耳其共和国成立以来，其政治制度有过多次的修正与改革，1924 年宪法是土耳其共和国的第一部宪法，为土耳其共和国的政治制度奠定了法制基础。根据该宪法的规定，土耳其为议会一院制的共和国，总统由议会选举产生，总统任命总理，领导军队；议会通过的法律须经总统批准方可生效，议会通过的法律总统可在十日内要求议会重新审定；政府对议会负责并且无权解散议会；议员不得兼任政府职务和军队职务。宪法明确规定，大国民议会作为最高权力机关，拥有立法、行政和司法权。由于当时只有共和人民党一个政党，尽管宪法规定公民享有政治自由，当时实际执行的是一党集权的政治体制。第二次世界大战后，土耳其走向多党民主体制，这期间经过三次军队干预，并且每一次军队干涉都会带来国家政治制度的改变。尤其是 1982 年 11 月 7 日起实施的宪法，确立了后来 30 多年土耳其的政治秩序。

该宪法强化了土耳其政治制度中凯末尔主义原则，在宪法的前三条中强调指出，“土耳其是一个共和国”；土耳其是“一个民主的、世俗的、法制的社会国家，坚持公众和平观念、民族团结与正义……坚持凯末尔的民族主义”；“土耳其是一个不可分割的实体，语言是土耳其语，国旗是红底白色新月和星星，国歌是《独立的三月》，首都是安卡拉。”这些内容不可修改，也不能提出修正案。从 1987 年起，1982 年宪法经过了十几次的修订，以求符合时代的潮流和土耳其的政治现实，进入 21 世纪的土耳其政治制度仍以该宪法为基本依据。

根据土耳其1982年宪法，土耳其的政治体制以分权为原则，立法权属于大国民议会，行政权属于总统与部长委员会，审判权由司法机构负责。

土耳其大国民议会是最高立法机构，1920 年 4 月 23 日由土耳其共和国缔造者凯末尔在安卡拉创立，是一个集立法、行政管理和审判权为一身的机构。在 1961 年宪法中，议会组成形式由一院制改为两院制，上院为参议院，有 150 位议员；下院为国民议会，共有 450 位议员；上下议院合称大国民议会。总统由大国民议会从议员中选举产生，并须以 2/3 多数通过，任期 7 年，不得连选连任。当选总统须脱离原属政党，放弃军籍。1982 年宪法取消了参议院，实行大国民议会一院制，并对大国民议会在组成、职能、结构等方面进行了相应的改变。

土耳其大国民议会拥有 550 个议席，议员根据各省人口比例普选产生，分别代表 81 个省份。议会每四年改选一次，议会因战争原因可延后一年举行改选，也可在四年任期结束前提前举行选举。凡年满 18 岁的土耳其公民，除被剥夺政治权利的囚犯、服兵役的士兵及军校生外，均有权参加选举。年满 25 周岁的公民，除法官、检察官、高校教员和公职人员外，凡具有小学及以上学历、服完兵役、无犯罪记录、未被禁止从政者即具有竞选议员资格。议员选举投票时遵循自由、平等、秘密、一次性的原则，公开计票，并由司法机构审核计票记录。选举、计票和宣布结果由高等选举委员会负责组织实施。

国会议员代表全体国民负责立法、监督政府。其主要职能为：制定、修改和废除法律，监督并质询政府和内阁成员，授权政府颁布法令，讨论通过国家预算、决算，决定大赦特赦，批准国际条约、协定以及批准执行死刑等。议会有权否决政府提案及对政府提出不信任案。议员有权提出议案，发表意见，投票表决法案的通过、修改和废除。议员享有豁免权，在议会发言和表决不受法律追究，非经议会批准不受逮捕、审讯、拘留等，解除免责权和取消议员资格由议会决定。议员也受到一些限制，如不得在国家机关担任公职，不得在国有企业、国有非营利机构和享有免税待遇的机构以及国家设立的商会、协会中任职。

议会议长由议员秘密投票选出，议长拥有对外代表议会、主持议会全体会议、监督议会各委员会等职权。议会下设司法委员会、宪法委员会、国防委员会、内务委员会、外事委员会等 16 个委员会，委员会成员根据各党议员比例选举产生。

议会立法提案由政府内阁和议员向议会提出，一般议案经大会简单多数投票通过，修宪提案须经 2/3 票数通过，经总统批准颁布生效。

行政机构由总统与部长委员会组成。

总统是国家元首，代表土耳其共和国和土耳其全体人民。凡年满 40 岁、受过高等教育的土耳其大国民议会议员或符合参选国会议员资格的土耳其公民，均可竞选总统。以往土耳其总统的产生采用间接选举方式，由大国民议会议员选举产生。如 1961 年宪法规定，总统由大国民议会的议员选举产生，任期 7 年，不得连选连任；总统当选之后须脱离其所属政党，军人须脱离军籍，并终止议员资格。2007 年 10 月 21 日，土耳其全民公决通过宪法修正案，将议会选举总统制改为全民直选总统制；总统任期从 2014 年起由 7 年减为 5 年，但可以连任一届。

作为国家元首兼武装部队最高统帅，总统的权力属于象征性，但拥有一些重要权力，对土耳其政治发挥着重要影响。如：总统有权监督宪法的执行，对认为违反宪法的法律、政党等可以向宪法法院提出起诉，并将宪法修正案交付人民公决；有权将议会通过的法案驳回并要求议会重新审议，但如该法案未经修改再次在议会获得通过，总统必须签署生效；有权解散议会，决定提前举行大选，也可因战争原因推迟举行选举；有权任命总理及在总理建议下任命部长；有权派遣土耳其国家驻外代表、接受外国使节、批准与公布国际条约；有权担任国家安全委员会主席、签署决议书、在特定条件下赦免特定犯人、选派高等教育委员会委员和大学校长等。

部长委员会即政府是土耳其最高权力机关的执行机构，由总理与部长组成。总理由总统从国会议员中选派，通常由议会中席位最多的政党负责组阁，或者由几个政党组成联合政府。总理组阁后，必须向议会宣读施政纲领，获得议会多数议员的信任投票后，政府才能成立。总理是部长委员会主席，部长则是国会议员或符合参选国会议员资格者，由总理选任、总统批准任命。内阁成员由国务部长、司法部长、国防部长、内政部长、外交部长、文化部长、财政部长、海关关长等组成。总统在总理建议下可免除部长职务。政府负责决定国家的大政方针与具体政策。

土耳其实行司法独立的制度，法院独立运作，不受任何组织、个人、机构的干预。小型的民事诉讼和案件可由只有一名法官的法庭审理，这类法庭对轻微罪行及琐碎案件有审理权，只能判处小额罚款和短期监禁。由三名法官审理的法院对民事诉讼及严重罪案有裁判权。土耳其法庭审判奉行开放原则，除特殊情况外，审判过程对民众开放，感兴趣者可自由旁听。当案件需要闭门聆讯时，必须对外解释原因。法院裁决及文件可以在网上查阅。

为保障司法独立的原则，法官的权利、利益、独立和安全受到法律的保护。除自愿提前退休及到退休年龄外，法官不会被解雇、强制退休及权力受到限制。只有发生不端行为并且获得司法部门的允许，方可由法律专家及高等法官和检察官委员会组成调查小组对有关法官进行调查。土耳其接受欧洲人权法院的判决，也同意受国际协议的约束。

土耳其存在多种审判机构，负责进行司法审判、行政审判和特别审判等三种不同类型的审判。司法审判设有最高上诉法院，行政审判设有审判参议院，军事审判设有军事最高上诉法院、军事高等行政法院，与宪法有关的审判设有宪法法院。其中宪法法院为土耳其最高司法机构，裁定一切团体或个人行为、包括议会新通过的法律在内等一切法律、法规是否违宪，并对违宪实体进行审判。[①]

二、政党政治与政治发展

土耳其实行多党民主体制，政党成为政治制度中不可或缺的成分。依据宪法的规定，任何公民无需事先申请即可成立政党。但每个政党需要至少 30 位具有国会议员资格的创始党员，符合这一条件并通告内政部后，即取得法人资格。凡年满 18 岁的土耳其国民，有权加入已成立的政党。一般而言，检察官、法官、公务员、军人等不可加入政党。一个政党的规章、政见和行动若有违宪内容，经最高上诉法院检察官起诉后，宪法法院可裁决解散相关政党，或依据其违法行为的轻重取消全部或部分国家补贴。政党主要通过参加议会竞选参与政治生活，议

① 《土耳其政治》，土中友好基金会网站：http://www.turkcindostlukvakfi.org.tr/cn/menu-sayfa.php?id=4.

员采用比例代表制的方式选举产生，政党需获得至少10%的选票才可获得议席；独立候选人只需获得其省份的10%选票便可当选。

2002年11月，土耳其大国民议会举行进入21世纪后的第一次正式选举，而这次选举也决定了直至今日土耳其政坛的基本格局。选前领导土耳其的是民主左翼党、祖国党及民族行动党组成的联合政府，民主左翼党主席也是前共和人民党主席、前总理比伦特·埃杰维特担任联合政府的总理。2001年，土耳其出现严重的经济危机，埃杰维特与塞泽尔总统又出现纷争，土耳其股市大挫，联合政府倒台。在选举中，选民用选票对组成联合政府的政党进行了惩罚，三党都因为得票未超过10%而未能获得议会议席。饱受内部权力斗争困扰的共和人民党得票率为19.41%，获得178个议席。而一年前刚刚成立的正义与发展党大获全胜，一举夺得1076.21万张选票，占选票总数的34.28%；获得363个议席，在550个议席占66%，获得单独执政的资格，结束了土耳其自1987年以来多党联合执政的局面。议会议席由正义与发展党、共和人民党两党分享，这也是土耳其自1954年以来首次恢复两党政治。

正义与发展党是一个中间偏右的温和伊斯兰保守派政党，党主席雷杰普·塔伊普·埃尔多安原为美德党伊斯坦布尔党部的主席。2001年美德党被取缔后，埃尔多安等改革派联合其他右翼人士于当年8月14日成立了正义与发展党。1997年12月6日，当时以繁荣党党员身份当选伊斯坦布尔市长的埃尔多安，在土耳其东南部城市锡尔特发表演讲时朗诵了一首被认为具有宗教意味的诗歌，诗歌中有这样的诗句：“宣礼塔是我们的尖刀，圆形穹顶是我们的头盔，清真寺是我们的营垒，信士是我们的战士。”[①] 土耳其国家安全法院以“发表煽动宗教仇恨言论”为由，判处埃尔多安十个月监禁，并剥夺其政治权利五年。正义与发展党获得组阁机会时，埃尔多安尚在被禁止参与政治活动期，无法出任政府公职。该党副主席阿卜杜拉·居尔组建了第一届正义与发展党政府（2002 年 11 月至 2003 年 3 月）。正义与发展党上台后，修改了土耳其相关法律，为埃尔多安复出政坛铺平了道路。2003 年 3 月 9 日，埃尔多安参加议会补选并当选议员，两天后，阿卜杜拉·居尔辞去总理职务，塞泽尔总统任命埃尔多安为总理并授权其组阁。14 日，埃尔多安正式成为土耳其共和国总理。

正义与发展党政府扭转了土耳其经济下滑的局面，实现了持续的经济增长，缓解了库尔德问题，实现了社会的相对稳定，在 2007 年、2011 年两次议会选举中连续得到选民的认可。在 2007 年的选举中，正义与发展党的得票率增长至 46.5%，赢得 1632.73 万张选票，议会席次虽然减少到 341 席，但仍是国会第一大党，取得过半数议席，埃尔多安继任总理一职。在这次选举中，左翼的世俗党派共和人民党与民主左翼党组成联盟，但出师不利，遭遇挫败，只得到 731.78 万张选票（得票率

① 朱传忠：《土耳其现任总理埃尔多安》，《国际资料信息》2012 年第 12 期，第 28 页，注释 4。

为 20.88%），获得 112 个议席（其中 13 人为民主左翼党党员），比上届选举少了 56 个议席。获得议会席位的第三个政党是上届议会选举因得票率未到 10% 而未能获得议席的右翼民族主义政党民族行动党，该党获得 14.27% 的得票率（500.19 万张选票），获得 71 个议席。

在 2011 年 6 月举行的土耳其第 24 届议会选举中，共有 16 个政党参加了选举。在得票率超过 10% 从而获得议会议席的三个政党中，执政党正义与发展党以 49.83% 的得票率（2139.90 万张选票）赢得胜利，获得 326 个议席，实现第三次连续单独执政，并继续由党主席埃尔多安担任总理，但该党在议会中的席次比上届减少 15 席。共和人民党在这次选举中得票率为 25.98%（1115.59 万张选票），赢得 135 个议席，比 2007 年的选举成绩有所进步，得票率提高 5.1 个百分点，席次增加 23 席。民族行动党赢得 558.55 万张选票，比上届多了近 60 万张选票，但得票率有所下降，从 14.27% 降到 13.01%，减少 1.30 个百分点；议会席次从 71 席减少到 52 席，减少了 19 个议席。独立人士赢得近 282 万张选票、35 个议席。[①]

正义与发展党之所以能多年保持执政地位，与其温和、保守的政治纲领以及切实可行的经济、社会政策有密切关系。正义与发展党把自身定义为亲西方的政党，倡导保守的社会议程与自由市场经济，支持土耳其加入欧盟。埃尔多安宣称其政党

---

① 赵婷：《战后以来土耳其共和人民党执政参政状况与发展中的制约因素》，《当代世界社会主义问题》2013 年第 3 期，第 61 页。

支持保守的民主，认同多元主义和宽容的世界观和哲学观。他们希望个人的宗教自由能得到更好的保障，这一倾向得到长期受凯末尔世俗主义原则压制的、宗教情绪浓厚的民众的支持。据 2006 年对土耳其不同政党支持者的社会经济背景调查，正义与发展党的支持者中，具有初级教育水平（初中）的占 63.4%，具有中等教育水平（高中）的占 26.9%，具有高等教育水平（大学或大学以上）的仅占 9.7%，远低于其他政党支持者的教育水平（初、中、高等教育水平分别为 46.8 %、36.3% 和 17%）。[①]尤其是正义与发展党政府采取积极发展自由市场经济的政策，加强与西方国家的经济联系，与世界各国来往密切，经济情况大大改善。2002—2012 年，土耳其年均经济增长 5.2%，人均国内生产总值从 2002 年的 3500 美元提高到 2012 年的 10504 美元；同期通胀率从 30% 降为 6.16%。土耳其国家实力大大增强，跃居世界第 17 大经济体、欧洲第 6 大经济体。对一些以往容易引发社会动荡的问题，政府也能采取恰当政策予以化解。如库尔德问题在很长时间里是引发土耳其暴力冲突、社会动荡的一大问题，埃尔多安通过承认库尔德人的民族权利、加快东西部地区的平衡发展，缓解当地民众的不满。这些政策产生了良好效果，东南部的库尔德人成为大选中支持正义与发展党的重要力量。[②]

---

① 王林聪：《论正义与发展党执政下的土耳其“民主模式”》，《西亚非洲》2009 年第 8 期，第 21—22 页。

② 李艳枝：《土耳其正义与发展党三连胜原因探析》，《国际资料信息》2011 年第 10 期。王林聪：《土耳其大选与埃尔多安的“新时代”》，《当代世界》2014 年第 10 期，第 53—54 页。

2007 年，塞泽尔总统任期届满，总统一职成为共和人民党和正义与发展党争夺的目标。正义与发展党推选该党副主席、前总理居尔为总统候选人，共和人民党通过不出席议会使议员达不到法定人数来阻止居尔当选，军方也对正义与发展党发出警告。正义与发展党决定提前举行大选，以直接诉诸选民的方式来解决新总统选举危机。在大选中蝉联执政的正义与发展党再次推举居尔为总统候选人。居尔虽然在前两轮选举中没有获得当选所必需的 2/3 以上选票，但在第三轮选举中获得 339 票，超过半数，符合宪法中总统候选人在第三、第四轮投票中只需过半数的规定，当选土耳其第 11 届总统。

与此同时，正义与发展党着手对宪法中总统任职期限进行修正。从 1961 年起，土耳其宪法就规定总统任期七年，不得连任，总统仍然采用大国民议会间接选举的方式产生。宪法修正案规定，总统由选民直选产生，总统每届任期 5 年，最多可连选连任一次，即总统最长任期为 10 年。2007 年 10 月 21 日，在土耳其全民投票中，该宪法修正案以近 70% 的支持率获得通过。2014 年 8 月 10 日，土耳其举行有史以来的首次总统直选，全国共有超过 5000 万名注册选民参与投票。候选人包括三人：担任总理 11 年的正义与发展党主席埃尔多安，共和人民党和民族行动党联合提名的候选人、担任伊斯兰合作组织秘书长达 10 年之久的伊赫桑奥卢，亲库尔德的人民民主党候选人德米尔塔什。在第一轮投票中埃尔多安就以 51.79%的支持率轻松获胜，伊赫桑奥卢得到 38% 的选票，德米尔塔什则获得 10% 的选票。8 月

28日，埃尔多安宣誓就职土耳其共和国第12任总统。此前一天，时任外交部长达武特奥卢在正义与发展党特别大会上当选党主席。8月29日，达武特奥卢组建了土耳其新一届政府，他本人成为土耳其第62届政府总理。

三、土耳其民主政治的发展趋势

长期以来，土耳其被视为伊斯兰国家走向现代民主政治的典范，从近期土耳其的政治发展来看，凯末尔奠基的世俗主义政治正面临着一些重大改变。

第一个改变是在土耳其长期受压抑的伊斯兰宗教势力的崛起。

凯末尔现代化改革的重要内容是世俗化，废除哈里发制度、实行政教分离，将宗教势力从教育、司法、政治等公共生活领域驱逐出去，宗教力量在土耳其共和国政治生活中很难有崭露头角的机会。即使在战后多党民主政治时期，宗教势力仍然处于受压制状态。1971年5月，宗教色彩浓厚的民族秩序党因违反宪法世俗化原则被宪法法院宣布取缔。继承民族秩序党宗教传统的救国党则在1980年军人政变中被取缔。

在随后厄扎尔总理执政时期（1983—1989年），宗教势力获得较为宽容的对待，伊斯兰政党获得更大的发展空间。1983年7月，救国党的继承者繁荣党宣告成立，该党宗教色彩明显，反对土耳其现行政教分离的世俗制度，主张建立伊斯兰式的社会公正秩序。在 1995 年大选中，繁荣党一跃成为第一大党，与其他政党联合执政。1997 年，繁荣党的宗教政策导致军方干预，该党领导人埃尔巴坎领导的政府被迫垮台。1998 年 1 月 16 日，土耳其宪法法院宣布，由于繁荣党的某些言行违背了土耳其共和国宪法，宪法法院的 11 名成员以 9 票对 2 票通过了关于取缔繁荣党的判决。宪法法院同时决定，取消繁荣党主席埃尔巴坎等六名繁荣党领导成员的土耳其大国民议会议员资格。第二天，该党骨干成员宣布成立土耳其美德党。在 1999 年 4 月的议会选举中该党获得 109 个议席，成为土耳其第三大党。尽管该党在宗旨中包含了坚持阿塔图尔克原则和革命精神，主张世俗主义的内容，但仍不能避免在 2001 年 8 月被宪法法院取缔的命运。

正义与发展党同救国党、繁荣党、美德党可以说是一脉相承。美德党被取缔后，该党的新生派成立了正义与发展党，传统派成立了幸福党。正义与发展党主席埃尔多安曾经是这几个党的党员：他 20 多岁就参与救国党伊斯坦布尔拜尤鲁区青年支部的活动；30 岁担任繁荣党拜尤鲁区支部的主席；40 岁作为繁荣党候选人当选伊斯坦布尔市长；44 岁担任美德党伊斯坦布尔党部主席；47 岁负责创建正义与发展党。该党掌握政权引发一些人对于凯末尔的世俗主义原则会遭到冲击的忧虑。

正义与发展党政府在宗教问题上确有一些争议性的做法，如该党提出的通奸法、限酒令和取消禁止女大学生戴头巾法令等提案，激起民众的激烈争执。在国内世俗势力和欧盟的反对下，政府主动放弃了通奸法提案。执政党在自己控制的一些城市实施较为严格的禁酒令，关闭当地的酒吧。有关头巾的争论引起更大的社会反响。根据世俗主义原则，在政府机关、医院、大学和学校等公共机构禁止妇女戴头巾。正义与发展党将取消头巾禁令作为复兴传统文化的重要措施，而世俗派则将其视为试图恢复宗教影响力、危害世俗主义原则的行为。2003 年 4 月 23 日，正义与发展党发言人布伦特·阿瑞恩夫妇举办独立节及儿童节的庆祝活动，因女主人戴头巾遭到军方的抵制。在 2003 年 10 月的国庆日纪念活动中，塞泽尔总统拒绝邀请那些妻子戴头巾的正义与发展党议员，结果该党全体议员抵制了这一活动。2008 年 2 月 9 日，正义与发展党利用自己在议会的多数地位正式通过宪法修正案，废除了禁止女子在大学戴头巾的禁令，经总统居尔签名后生效。

图 3-1　科尼亚的土耳其妇女（范若兰摄）

正义与发展党通过废除头巾禁令及其政治上的强势地位，触发了世俗主义者的反击。2008 年 3 月，土耳其首席检察官亚尔琴卡亚指控执政党企图利用民主方式在土耳其实施“伊斯兰法”，违反宪法规定的世俗原则，他要求宪法法院取缔正义与发展党。2008 年 7 月 30 日，宪法法院经过三天的激烈讨论，以 6 票对 5 票的结果否决了针对正义与发展党的各项指控。①

2013 年 10 月 8 日，土耳其又解除了妇女在政府部门不能佩戴头巾的禁令。

从正义与发展党执政的情况来看，该党无意在土耳其恢复伊斯兰教的统治，它所追求的只是穆斯林个人按照教义的规定信仰、追随宗教的自由。为解除人们的担心和误解，正义与发展党领导人多次谈到遵守世俗主义的原则，不会在政治问题上利用宗教。如埃尔多安认为，世俗主义就其概念而言有两个方面的含义：一方面是国家的构建不应当根据宗教法律来实施，另一方面是国家应当保持中立，对不同的信仰者给予同等待遇，并保证个人宗教信仰的自由。他明确承诺，“我们党明确拒绝成为一个将某种意识形态施加给国家的政党，也不会将宗教道德用于政治领域”。居尔在当选总统后宣称自己将保持中立，遵守共和国的各项规章制度，支持世俗政权和政教分离，以此缓解世俗主义者的担心。

第二个改变是军队的角色在发生变化，从以往发挥独特政

---

① 李艳枝：《试论土耳其的宪法更新与民主化进程》，《国际研究参考》2013 年第 8 期，第 12 页。

治作用的角色回归其军人的本职身份。

自土耳其共和国建立以来，军队一直自视为凯末尔主义的守护者。在过去几十年中，每当社会出现动荡、伊斯兰势力崛起或其他军方认为对世俗主义原则及社会稳定形成威胁的事态，军方就会采取干预措施。土耳其军队曾在 1960 年、1971 年及 1980 年三次发动政变，1997 年又通过非军事方式促使总理埃尔巴坎辞职。当时前任海军司令阿迪米尔·埃尔卡亚将军公开表示，伊斯兰化是土耳其安全的主要威胁，甚至比库尔德工人党更严重。2002 年大选后，土耳其军队总参谋长厄兹柯克将军一方面对正义与发展党获胜的选举结果表示尊重，另一方面则对该党发出警告：军方继续保护共和国免受各种威胁特别是宗教激进主义和分离主义的侵袭，并暗示如果“某方面过度发展”，1997 年军方干预的事态仍会发生。[①] 因此，正义与发展党执政期间在不少问题上与军方产生矛盾。

正义与发展党很清楚军方对待伊斯兰势力的态度，反对军方干预政治。早在 1997 年军队迫使繁荣党领导的联合政府下台后，埃尔多安就表示：“军官在发表评论前，请先脱下制服。”他认为，军人代表着不民主的文化中心。正义与发展党政府不愿与军方发生正面对抗，但同时希望削弱军方的影响力，抑制军方可能的干预。军方对执政党试图扩大伊斯兰教的活动空间、扩充执政党政治版图的行为保持高度警惕，并不时对政府的行

① 李艳枝：《试析土耳其文官政治与军人政治的博弈——基于正义与发展党的执政实践》，《西亚非洲》2012 年第 2 期，第 106 页。

为发出警告。如立场强硬的亚希尔·比于克阿纳特在获任军队总参谋长之前，曾遭到正义与发展党的强烈反对，他上任后就表示，保护共和国的基本原则不是政府事务，而是军方的职责；军方不能容忍世俗主义遭受侵蚀。在2007年选举新总统期间，军方抵制正义与发展党候选人居尔参选，在其网站上发文表示要坚决捍卫世俗主义原则，与共和国的敌人决战到底。在军方的强大压力下，宪法法院判决第一轮总统选举投票无效，居尔被迫退出总统选举。正义与发展党通过提前举行大选，以绝对优势再次执政，迫使军方接受了居尔担任总统的现实。

尽管军方的态度强硬、立场一贯，但正义与发展党依靠强大的民意基础和政府合法权力的支持，逐步侵蚀军方的领地。执政党以加入欧盟需要限制军队作用为由，通过立法、修宪、公投等方式，逐步削弱军方的政治影响力。如取缔军方有重要影响的国家安全法院；将军方发挥主导作用的国家安全委员会变为一个咨询机构，权力大大减小；国家安全委员会秘书长不再由军人担任，而改为由文官出任；审查军方的财政支出，大幅削减国家安全委员会的财政预算等。2010年2月，土耳其警方以涉嫌策划军事政变为由，逮捕了多名退休或现役高级将领，包括原空军司令和海军司令。土耳其社会分裂为两派，要么支持政府向军方表示抗议，要么站在军队一方反对政府，军队甚至派出坦克声援亲军方示威者。[1]政府方面在5月提出并通过新

① 李艳枝：《试析土耳其文官政治与军人政治的博弈——基于正义与发展党的执政实践》，《西亚非洲》2012年第2期，第106页。

的宪法修正案，其中就包括了限制军方权力、允许民事法庭审判涉案现役军人、削减军事法庭权力等重要内容。但由于在议会投票中支持该法案的议员为330人，未能达到通过宪法修正案所需的367票，必须提交全民公决。2010年7月24日，总理埃尔多安在一次群众集会上表示，共和人民党提出建议：应该限制军队的权力，禁止军队干政，以便国家按照人民的意志发展。他认为这个观点是正确的，“政府准备成立一个委员会，专门研究这一问题，并把这个问题列入议会的工作日程。”2010年9月12日，土耳其就上述宪法修正案举行全民公投。结果，58%的投票民众支持该宪法修正案，修正案获得通过。

2010年修正案在一些重要条款中涉及对政变军人及军事法庭的规定。如宪法修正案对军事法庭的司法权限进行了限制，在任何情况下有关军队服务和兵役的案件以及危害国家安全和宪法秩序的案件，都应由民事法院而不是军事法庭审判。在和平时期，军事法庭不得审理非军事人员，这种权力仅限于战争的特殊时期。而宪法法院有权审理军队将领，修正案规定：“土耳其军队总参谋长、陆海空三军司令和民兵司令因他们的罪行在最高法院的职责权限内接受审判。”埃尔多安在竞选期间承认，修改宪法“意在摆脱过去，摆脱军队对土耳其国家的控制”。[①]事实上，宪法修正案赋予文职政府通过合法手段阻止军方干预政治的权力。2011年，土耳其检察机关以密谋推翻政府为由，

① 肖振国：《2010年土耳其宪法修改及其意义》，《人民法院报》2010年12月10日，第8版。

对多名现役和退役军官进行调查，还正式逮捕了22名高级军官，罪名是涉嫌通过互联网发动反政府活动。在采取逮捕行动前，总参谋长及海陆空三军统帅集体递交辞呈，引起土耳其社会的震动。

显然，土耳其军队正在逐渐退却，从社会关注度极高的政治舞台退回他们的营地。他们要想像以前那样发动干政的行动，面临着法律上的障碍。即使有人冒险采取这样的行动，也要做好事后可能受到法律严惩的思想准备。

第三个改变是土耳其正朝着制度化的民主政治方向迈进，但还存在不确定因素。

民主制度化最重要的措施是以改革宪法法院为核心的司法改革。根据1961年宪法，宪法法院的功能为审查法律、法规以及大国民议会议事规则这三者的合宪性。此外，宪法法院作为国家的终极裁判机构，对总统、内阁成员等人是否犯罪进行审判；对政党的活动是否违宪以致要予以取缔等做出决定。宪法法院共有11名常任法官与4名候补法官。宪法法院的裁决必须经11位常任法官的完全一致同意。宪法法院一旦作出裁决，那么该裁决即为绝对终极裁判，任何机构、个人均必须严格执行遵守。以往宗教政党被取缔大多通过宪法法院的裁决来实现，2008年，正义与发展党也遭到宪法法院的审查，并且以一票之差幸运躲过被取缔的命运。该党一直想设法对宪法法院进行改革。在2010年的宪法修正案中，宪法法院以及相关法律机构组成人员的遴选机制获得了变更。[①]

根据宪法修正案，土耳其最重要的司法机构宪法法院及高等法官和检察官委员会扩大成员，避免使其受到某种政治势力的支配。宪法法院法官数量从 11 人增加到 17 人，其中 4 人为候补法官；宪法法院的法官任期为 12 年；个人宪法权利遭到行政或司法决定侵犯时，个人有权进行宪法申诉。高等法官和检察官委员会的成员从 7 个增加到 22 个，还有 12 个替补成员。此举旨在打破两个高等法院对于委员会的垄断，将司法系统而不仅是法官任命权置于政府的控制之下。宪法修正案在一定程度上实现了土耳其 1982 年宪法的自由化。[②]

除司法体制外，正义与发展党也试图对政府体制进行改革，改变国家的政体形式。该党前领导人、现任总统埃尔多安多次表示将通过议会修改宪法，将议会制改为总统制。依照宪法的规定，土耳其总统拥有很多实权，如颁布法律、将法律退回议会重新审议、决定举行公民投票、任命总理和部长等。尽管法律规定的权力很大，但此前的总统却很少使用，他们大多满足于发挥礼仪性的作用。但埃尔多安在成为土耳其历史上首位全民直选总统后表示，他会使用现行法律赋予他的全部权力，并将修改宪法，建立完整的总统制领导体系。反对党担心正义与发展党将权力抓在自己手中，依靠合法手段建立起该党的集权

① 肖振国：《2010 年土耳其宪法修改及其意义》，《人民法院报》2010 年 12 月 10 日，第 8 版。

② 朱传忠：《土耳其正义与发展党修宪政治研究》，《阿拉伯世界研究》2015 年第 2 期，第 115 页。

体制。

在正义与发展党的领导下，土耳其社会稳定，经济快速发展。但是该党大权独揽、强化宗教作用的做法已引起许多土耳其人的担心和不满，他们认为土耳其会离民主越来越远。正义与发展党控制了警察，可以随心所欲滥用权力；官方媒体也掌握在该党手中，新闻自由受到限制。据保护记者委员会的报告，土耳其是 2012 年记者被囚禁人数最多的国家。实施禁酒、管制言行的做法也让倾向于世俗主义的土耳其人极度不满。2013 年 5 月 31 日，伊斯坦布尔格兹公园（Gezi Park）的暴力强拆行动成为引发人们不满的导火线。成千上万土耳其民众从各地奔赴塔克西姆广场，抗议政府的行为。警察则出动坦克、水枪、毒气对付和平抗议的民众，导致上千人受伤。[①] 同年 12 月，一场反腐风暴席卷土耳其政府高层，包括经济部长之子和内政部长之子在内的数十人被拘捕。随后，经济部长、内政部长、环境和城市化部长也因家人卷入受贿丑闻辞职，埃尔多安不得不更换内阁中的 10 名部长。2014 年 2 月 24 日深夜，一份名为《埃尔多安和儿子巴勒尔·埃尔多安通话的录音》文件被上传到 YouTube 上。音频中的“埃尔多安”要求“儿子”将藏匿在家中的大笔资金尽快转移出去，以免被警察搜到。“儿子”表示已经将大笔资金转移到其他地方。第二天，埃尔多安发表公开讲话，否认了涉腐录音的真实性，认为这是“针对他本人的卑鄙

① 《土耳其反政府示威：经济发展不是万能药》，2013 年 6 月 4 日，荷兰在线：http://helanonline.cn/article/4396.

的人身攻击”。但当天晚上还是爆发了要求埃尔多安政府下台的全国性抗议活动。①

图 3-2 塔克西姆广场

这些负面的因素对 2015 年 6 月举行的议会选举产生了重要影响。在这次选举中，正义与发展党的得票率为 40.78%，是 2002 年以来得票率最低的一次。虽然仍是议会第一大党，但在议会中只有 258 个席位，未过半数，失去了连续三届大选保持多数席位的优势，不能单独组阁。主要反对党共和人民党得票率为 25.03%，民族行动党为 16.37%，亲库尔德人的人民民主

① 《疑似土耳其总理涉腐录音曝光》，《京华时报》2014 年 2 月 27 日，A27 版。

党为 13.08%。[①] 正义与发展党只有赢得多数席位，推动修宪才有可能。因此，从目前情况来看，越来越多的土耳其选民对正义与发展党可能走向集权保持警惕，该党的组阁道路以及埃尔多安的修宪计划都将面临重重困难，土耳其民主政治能否走向稳定尚待时日的检验。

第二节　经济结构调整与发展

一、土耳其的经济结构调整

土耳其共和国成立后，长期实行限制私人经济、国家在经济中占突出地位的国家主义政策。凯末尔曾将其称为"有别于经济自由主义体制"的特有制度，即中央集权下的经济管理体制，"国家被赋予对经济的控制权，以应付一个大国和一个伟大民族的一切需求……国家要在尽可能短的时间内开展某些尚未由私人企业开展的经济活动"。[②] 土耳其借鉴苏联发展工业的经

① 《土耳其执政党在议会选举中获胜　但失去多数席位优势》，人民网：http://world.people.com.cn/n/2015/0608/c157278-27117805.html.

② 李艳枝：《土耳其经济模式变革与伊斯兰复兴运动》，《国际资料信息》2012 年第 7 期，第 1 页。

验，试图用国家控制经济的方式迅速实现国家的工业化。尽管土耳其实行私有制，但在世界上是除苏联之外第一个实行计划经济的国家。国家对民族工业发展提供长期低息贷款，对农产品实行补贴收购政策，对本国产品实行关税保护，严格限制外资进入本国。这一政策导致国有经济的比重持续增加，私人经济所占份额则不断减少。国有经济在经济中所占比重最高时曾接近 75%。

国家主义的经济政策最初带来快速的经济发展，但其弊端很快就显现出来。国有企业竞争力缺乏，官僚主义盛行，浪费严重；政府掌控着主要经济资源，压抑了私人的投资热情；过度偏重重工业的政策导向使得民众的生活水平很难提高，引起人们的不满。从 50 年代到 70 年代，土耳其历届政府，不论是民主党当政还是共和人民党执政，或多或少都希望摆脱国家主义政策模式的束缚，发挥私人企业和国际资本的积极性，走上解决国家经济问题的健康道路。但由于在与国际市场接轨的过程中里拉贬值严重、信贷矛盾突出、经济出现危机，政府又重新回到进口替代、关税保护的旧路上，以缓和商品与信贷平衡的矛盾。在 70 年代，土耳其与其他发展中国家一样，加大国家对基本建设的投资，增加对私营企业的低息贷款，试图以此来推动经济发展。而随着初级产品出口增加，境外劳工汇款及欧洲资金流入速度加快，土耳其在一段时间内经济发展迅速，1973—1976 年国民生产总值的增长速度从 8% 跃升到 16%。但随着两次石油危机的爆发，土耳其贸易条件恶化，通货膨胀加剧，膨胀率从1975年的16%逐步增加到1977年的68%。尤其是1979年石油危机发生后，石油价格大涨，土耳其外汇枯竭，对外支付发生危机，油价上涨带来国内物价飞涨，造成恶性通货膨胀，1980年通货膨胀率高达107%，国民生产总值下降了1%。[①]

在严峻的经济形势面前，土耳其不得不对经济结构进行调整。在国际货币基金组织及世界银行的支持下，土耳其采取了放开价格、实行浮动利率、放弃关税壁垒、鼓励出口、推进进口自由化、取消外汇管制、汇率浮动以及对国有企业实行私有化等多种措施。自由化成为土耳其经济结构调整的核心目标。经济自由化的第一步就是将土耳其里拉贬值，一次性下调汇率33%。在整个80年代，里拉汇率的贬值幅度每年10%—15%。随后政府对价格的控制逐渐放松，私营企业的价格构成全部自由化；国有企业价格构成实行报单制，农产品收购补贴开始缩减。1983年颁布的第233号法律允许经营性国有企业自主定价，政府保留对国有企业施加干预的权利，如果干预导致国有企业利润损失，政府应依照法律对国有企业进行责任补偿。放开银行利息也是这一时期经济自由化的重要内容，高达近50%的利息吸引了大笔存款，银行存款额每年增长2.5倍，抑制了货币流通速度，削弱了通货膨胀的上升势头。1980—1983年，通货

① [俄] C. 阿夫达舍娃：《土耳其的经济自由化模式》，徐永平编译，《国外社会科学》1994年第8期，第71—72页。

膨胀率从107%下降到30%，取得了明显的成效。[1]

1982年宪法确认私人所有制不受侵犯，规定国有企业的活动不应当破坏以私营企业为基础的原则，为土耳其发展成为市场经济国家奠定了法律基础。厄扎尔接任政府总理后认为，“社会国家”和“混合经济”的提法都不能准确描绘土耳其走向自由经济的现实，土耳其的经济自由化政策进入了一个新阶段。土耳其制定、通过了一系列法律，鼓励对国有企业实行股份化改造，同时也允许将国有企业出租给私营公司经营。第233号法令将国有企业分为两大类：一类是由国家完全控股的经营性国有企业，商品和服务由企业依据市场自主定价，包括军工、发电、天然气、煤炭等生产企业，营利是它们的主要经营目标；另一类是由国家完全控股的公共服务类国有企业，如铁路、航空、交通运输、邮政等，它们享有垄断定价的特权，但主要目的是为民众提供公共服务，而不是营利。[2]土耳其政府根据具体情况对不同的企业实行不同的改革政策：经营性国有企业可以将国有股权或者公司经营权转让给私人，实行股份及租赁经营，尝试混合所有制模式；也可以股票形式融资，建立董事会进行管理，政府给予指导和扶持；对于长期亏损或由私人经营更有利于生产的国有企业，可租赁给私人进行经营。1987年的《拯救公司法》规定，对无偿还贷款能力的国有企业实行部分私有

① [俄] C. 阿夫达舍娃：《土耳其的经济自由化模式》，徐永平编译，《国外社会科学》1994年第8期，第72页。

② 杜天佳：《土耳其国有企业改革及经验》，《国企》2014年第11期，第65页。

化，如果某个企业没有能力归还某银行的贷款，该银行就成为该公司的股东。当银行的股份超过公司资本的15%时，银行有权将超过部分卖给第三方。许多国有企业通过这种方式实现了股份的多元化。

通过调整产业结构发展私营经济、扩大制成品的生产和出口，也是土耳其结构性经济调整的重要内容。第233号法律取消了政府对国有企业的关税优惠和特别保护，以往垄断在国有企业手中的工商企业，如卷烟厂、茶叶加工厂、发电厂等，允许私人经营，各企业在市场上公平竞争，优胜劣汰。除鼓励私人投资外，政府还制定了一系列吸引国外资金的政策，对工业、农业和旅游业的投资给予各种优惠待遇。到80年代末，外来投资规模比十年前增长了12倍。1984年1月，政府出台了《鼓励出口的决议》，规定对出口企业实行优惠税率，提供低息贷款。出口单位可以获得用于购买国外先进设备的优惠外汇，合资企业根据企业种类的不同必须将产品的25%—50%出口到国外。这些政策标志着土耳其从内向型经济发展战略向外向型经济发展战略的转变。

土耳其经济结构调整与改革改善了国家的经济状况，推动了经济的快速发展。由于鼓励私人投资和引进外资，土耳其的工业、技术水平大幅度提高，工业在国民经济中所占的比重不断提升。纺织、钢铁、汽车、水泥、家电等工业进步神速，不仅满足了本国社会经济发展及民众的需要，还有不少产品用于出口。1981年工业品在土耳其出口总额中的比重为52.8%，

2000年上升到95.2%。成衣、纺织品、金属、电器、化工制品、汽车及零配件等六类商品占了土耳其出口总额的70%。其中尤以属于劳动密集型的纺织服装业发展强劲，其产值在土耳其国民生产总值中的比重达到了9%，赚取的外汇占全国外汇收入总额的37.7%。外贸出口额成倍增加，1981年土耳其进出口贸易总额为47.03亿美元，2000年突破了300亿美元。私有经济的扩张速度从其在外贸领域的地位也可看出，以往国际贸易由国有企业主导，而到20世纪90年代末国有企业的进出口额降到不足1/5，私营机构所占比重上升到4/5。土耳其的国际经济地位稳步上升，在发展中国家国内生产总值的排名中从1981年的第13位上升到1994年的第9位，人均国民生产总值从1981年的1540美元增加到2000年的3500美元。

图3-3　土耳其街景（范若兰摄）

经济结构调整总体上成就突出，但土耳其经济中的一些问题仍然非常突出。首先是居高不下的通货膨胀率。由于政府行政开支过大，为弥补国有企业亏损不得不付出高额补贴，加上货币贬值等因素的影响，土耳其在这一时期一直未能成功解决物价高企的问题。1988年后有9年时间通货膨胀率在60%以上，1994年甚至达到106.3%。[①] 其次是外债负担沉重。尽管土耳其政府希望通过吸引外资来解决发展经济所缺的资金，但1981—1996年土耳其吸引的外资总共只有118亿美元，与政府的期望相差甚远。土耳其只好将在国际资金市场的借债作为筹集资金的主要手段，截至1999年，土耳其所借外债总额已达970亿美元，而其国际货币储备仅有200亿美元。外债的还本付息压力成为土耳其的一大负担。再次是庞大的失业人口形成威胁社会稳定的重要因素。土耳其人口增长速度较快，1984年全国人口总数为4800万，2000年就达到6500万。每年都有大批年轻人进入劳动力市场，但经济发展速度不足以提供他们所需要的职位。全国的失业人口常年保持在400万人以上，2000年达到500万人。土耳其社会两极分化，社会保障措施不够完善，大批失业者以及贫困人口成为支持宗教极端组织的主要力量。此外，对土耳其来说，影响更大的是国有企业的改革进展迟缓。因为国有企业数量多，很多企业亏损严重，如果能解决国有企业这个沉重包袱，对国家的长远发展具有重大意义。但国有企

① 安维华：《土耳其结构性经济调整的成就与问题》，《西亚非洲》1997年第4期，第21页。

业的私有化影响到许多人的利益，推行起来举步维艰，阻力重重。1998年原定的国企私有化收入目标为45.79亿美元，实际的出售额仅为31.59亿美元。这个问题只能留待进入21世纪后的土耳其新政府来解决。

二、新世纪土耳其的经济发展

在世纪之交的转折时期，土耳其出现了严重的经济问题，通货膨胀加剧，经济陷入停滞。1999年和2001年，土耳其两度爆发严重的经济危机。在2002年大选中，传统政党均因未能解决经济问题遭到选民的抛弃，新生的正义与发展党获得选战胜利，上台执政。新政府积极推行经济改革，优化经济结构，严格执行国际货币基金组织的金融稳定和机构改革政策。在该党执政的十余年间，土耳其经济形势出现了根本性的好转，成为世界上经济发展速度最快的国家之一。

土耳其经济改革中最重要的措施就是，加快推进国有企业的民营化改革，完善自由的市场经济制度。由于国有企业的改制进展迟缓，国企负债累累成为经济发展的拖累。1994年，土耳其50家国有企业中只有15家盈利，政府为弥补国有企业的亏损划拨的补贴多达90万亿里拉。截至当年年底，国有企业总负债高达250万亿里拉，仅利息负担就高达60万亿里拉。2003年5月，埃尔多安政府启动“土耳其私有化战略”，加快土耳其国有企业私有化进程，目的是提高国有企业的生产效率，减少其对财政补贴的依赖，国有企业集中精力在国民经济的基础性、保障性领域进行发展，同时为私人企业的发展留出空间。截至2009年年底，共有270家公司、22个完成一半工程的设施、8条高速公路、2座博斯普鲁斯海峡大桥、103个设施、6个港口、彩券营运权和汽车检测站纳入民营化范围。政府从出售国有企业以及减持国企股票中的收益大幅增加。从1986年到2003年的17年间，国企的私有化只给政府带来80亿美元的收入，而从2003年到2012年的9年间，土耳其国企的私有化收入已达到535亿美元。[①] 土耳其政府已从水泥、饲料、乳制品、林业、饮食服务等行业彻底退出；从旅游、钢铁、纺织、海运、畜牧业和石油等行业中也退出大部分。土耳其的大型国企，如土耳其电力公司、土耳其石油精炼公司、土耳其钢铁生产集团、土耳其烟草盐酒专卖公司等，相继完成了国有股权减持计划。国有银行的国有股权减持也在进行中。[②] 土耳其国企的民营化主要采取了三种方式：53%为整体卖断，24%为设施与财产卖断，21%为向社会公开募股。经过一系列的改革与调整，国有企业的内部管理运行机制日趋市场化、规范化，提高了国有企业的生产效率，减轻了国家的经济负担。以往严重的外债问题也大大缓解，到2014年，土耳其经济部长翟百驰（Nihat Zeybekci）撰文指出："我国国债已远低于为欧洲所承认的马斯特里赫特

① 田文林：《土耳其经济私有化的后果及教训启示》，《经济导刊》2014年第3期，第49页。

② 杜天佳：《土耳其国有企业改革及经验》，《国企》2014年第11期，第70页。

标准。而且我们已全部偿清对国际货币基金组织的债务。现在，我们甚至在考虑成为该组织的贷款方。”①

正义与发展党延续并强化了前任政府的自由经济政策，鼓励私人投资，积极吸引外资，同时完善金融市场、资本市场，改善运输和通讯服务。为防止资金与服务市场的竞争遭到破坏与限制，土耳其政府颁布了保护竞争的法令，成立中立与自主的保护竞争组织。政府实行以出口为导向的经济政策，设立自由贸易区，鼓励企业出口，参与国际竞争。1985 年，土耳其成立了伊斯坦布尔证券交易所，到 2009 年，伊斯坦布尔证券交易所有 314 家公司的股票和 11 个股市投资基金在交易运作。每天股票市场的平均交易额为 13 亿美元，公债和债券市场为 11 亿美元，回购与逆回购债券市场则为 77 亿美元。2009 年全年，总交易额股票市场是 3160 亿美元，公债和债券市场是 2700 亿美元，回购与逆回购债券市场则达到 19290 亿美元。截至 2011 年 6 月，伊斯坦布尔证券交易所共有上市公司 353 家，年交易总额达到 16934 亿美元，为世界 5 大证券交易所之一。②

土耳其政府的经济政策产生了良好的效果，经济高速发展，各项经济指标都处在健康发展区域。

---

① [土耳其]翟百驰：《土耳其外商投资的成长与机遇》，《中国投资》2014 年第 10 期，第 90 页。

② 商务部国际贸易经济合作研究院、商务部投资促进事务局、中国驻土耳其大使馆经济商务参赞处编：《对外投资合作国别（地区）指南——土耳其》2013 年版，第 23 页。

表 3-1　2001—2015 年土耳其经济增长

年份	GDP（万美元）	经济增长率（%）	人均 GDP（美元）
2001	19600529	–5.7	3053.9
2002	23253456	6.2	3570.5
2003	30300530	5.3	4586.8
2004	39216627	9.4	5855.5
2005	48297983	8.4	7117.2
2006	53090009	6.9	7727.3
2007	64715513	4.7	9309.5
2008	73033750	0.7	10382.3
2009	61455392	–4.8	8623.9
2010	73116805	9.2	10111.5
2011	77475415	8.8	10538.4
2012	78886330	2.1	10539.4
2013	82324258	4.2	10800.4
2014	79878175	3.0	10303.9
2015	71787982	4.0	9130.0

注：GDP 和人均 GDP 均为现价美元，经济增长率以土耳其里拉计算。

资料来源：世界银行：http://databank.shihang.org/.

从经济增长速度来看，2001 年，因经济危机影响，经济增长速度为 –5.7%，自 2002 年以来，土耳其经济开始恢复正常增长。2002—2007 年，年平均增长率为 6.9%。2008—2009 年，由于受全球金融危机的冲击，土耳其经济处在微增长或负增长状态，2008 年经济增速是 0.7%，2009 年为 –4.8%，此后两年又实现了经济的高速增长。从 2003 年正义与发展党开始执政到 2007 年，4 年的时间里土耳其的经济总量就增长了 1 倍。2001 年土耳其人均 GDP 只有 3053.9 美元，到 2008 年首次突破 1 万美元的大关，2009 年略有回调，2010 年后则基本稳定在 1 万美元以上，只是在 2015 年由于汇率的变化人均 GDP 降为 9130 美元（见表 3–1）。

从吸引的外资来说，很多外国厂商看好土耳其的经济前景，投向土耳其的外国资金持续增加。2001 年土耳其的外国投资净流入为 33.52 亿美元，2005 年超过 100 亿美元，达到 100.31 亿美元，次年又超过了 200 亿美元，达到 201.85 亿美元。2006 年一年之中吸引的外资超过了 1980—2000 年这 20 年的总和。此后随着经济形势的变化，外来资金的数量波动不定，多的时候如 2007 年超过 220 亿美元，外商直接投资规模在西亚北非地区名列第二；而在 2008 年、2009 年金融危机时则降到不足 100 亿美元，但此后又恢复到 120 亿—160 多亿美元。2008 年，土耳其被国际金融组织评为 2008 年最受外商直接投资（FDI）欢迎的国家之一。2015 年土耳其吸引的外来投资额为 169.57 亿美元。外商直接投资的增加是推动土耳其经济快速增长的重要因素。

从物价的变动情况来说，以往持续居高不下的通货膨胀也得到有效治理，土耳其的物价基本实现了稳定。2001 年土耳其的消费者物价指数（CPI）高达 54.4%，2003 年降到 25.296%，2007 年降到个位数，只有 8.756%，此后除 2008 年回升到 10.4% 之外，其他年份基本上在 6%—9%。

从贫困人口所占比例来说，土耳其政府注重解决弱势群体的经济困难，政府在扶助社会下层民众方面着力甚多，效果比较明显。2002 年土耳其有多达 30.3% 的居民属于贫困人口，从第二年起贫困人口持续减少：2005 年降为 16.4%，2007 年降到 8.4%，2009 年进一步降到 4.4%，2012 年降为 2.3%，2014 年为 1.6%。①

在过去的十余年中，土耳其的经济发展呈现快速上升之势，成为继中国、俄罗斯、印度和巴西等金砖国家之后又一个蓬勃发展的新兴经济体。2009 年，土耳其以 6145 亿美元的国内生产总值成为世界第 16 大经济体，跻身于“二十国集团”的行列。土耳其经济已被世界银行等组织誉为新兴经济体的成长范例。

在经济迅速增长的过程中，土耳其形成了比较合理的产业结构，并培育出一些蓬勃发展的支柱产业。从 2000 年到 2012 年，服务业在土耳其经济结构中的比例从 57% 增加到 64% 左右，工业的比例从 31% 减少到约 27%，农林渔业产值比例从 11% 减少到 9% 左右。

土耳其服务业主要以旅游、金融、通讯和交通为主，旅游业的发展尤为迅猛。作为古中东文明、古希腊罗马文明、伊斯兰文明等不同文明的交汇地，以及地处欧亚交界处的独特地理位置，土耳其是一个旅游资源极为丰富的国家。不论是多姿多彩的人文资源还是独具特色的自然景观，对世界各地的游客都有着不可抵挡的魅力。据土耳其旅游部统计，2002 年土耳其入境游客达 1325 万人次，旅游收入 84.73 亿美元，旅游收入居世界第 13 位。土耳其政府将发展旅游业作为国家的重要发展战

① 土耳其外来投资、通货膨胀、贫困人口数据均来自世界银行网站：http://www.shihang.org/.

略，一方面，因为发展旅游业可以充分利用自身的资源，整合、带动相关企业的发展。据估计，土耳其旅游业的发展带动了50个行业部门的生产需求。在旅游业较为发达的爱琴海和地中海地区，旅游业已经成为经济的主导部门，促使当地工、农业生产和金融、电信、交通等服务业为满足旅游业的需求不断调整、升级。另一方面，旅游业的发展可以带来土耳其迫切需要的外来投资。1999年土耳其加入世界贸易组织后，允许外国公司进入土耳其旅游市场，包括投资设立合资企业、独资企业、开展入境旅游业务等。截至2010年，世界排名前十位的饭店集团已经全部进驻土耳其。2010年，土耳其吸引外商直接投资总额达90.71亿美元，服务业引进外资占引进外贸总额的50%，其中投向旅游业的外资占服务业引进投资总额的20.4%，旅游成为土耳其吸引投资最多的三大产业之一。根据土耳其政府2007年颁布的《2023年旅游发展战略》，其目标是到2023年接待游客数量和旅游收入两项指标达到世界前五位。为了确保旅游业在世界旅游市场中所占份额保持增长，土耳其政府将每年旅游收入的1%用来开展国家形象的宣传和推广活动。因此，土耳其旅游业呈现出快速发展的态势。1998—2008年，土耳其旅游业收入实现年均增长11.8%。而在2012年前的10年中，土耳其旅游人数年增长率高达14%，旅游收入增长率为15.1%，大大高于3.1%和6.5%的世界平均水平。到2013年，土耳其入境游客多达近3780万人，旅游收入为348.63亿美元。土耳其是世界第六大旅游目的地国家，旅游也是土耳其除出口外最大的外汇来源，全国就业机会中的6.5%来自旅游业。[①]

图 3-4　吸引着众多游客的安塔利亚老城（范若兰摄）

土耳其工业有比较好的基础，在食品加工、纺织、汽车、钢铁、机械制造、木材和造纸等行业有比较强的实力，其中以纺织、汽车、钢铁等行业最有特色。

纺织业是土耳其的支柱产业，在土耳其经济中占有举足轻

① 魏敏：《土耳其旅游业浅析》，《西亚非洲》2012年第3期，第141—151页。

重的地位。以2009年为例，当年土耳其有纺织、成衣厂35000多家，纺织品产值达300亿美元，出口金额为193.17亿美元，约占出口总额的1/5。纺织、服装业产值约占土耳其国内生产总值的5.5%，工业产值的17.5%；有11%的产业工人就业于纺织业。2009年，土耳其纺织品进口金额为84.64亿美元，纺织品的贸易顺差近110亿美元，纺织行业也成为土耳其贸易顺差的主要来源之一。土耳其纺织业在世界上同样具有重要地位。土耳其是仅次于中国、欧盟、美国和韩国的世界第5大纺织品、服装出口国，是世界第6大纺纱生产国，年产纱约150万吨，占世界纺纱总量的5%左右。[①] 土耳其纺织业有两大优势：一是拥有欧盟这一广阔的商品市场。由于邻近欧盟并与欧盟国家有密切的政治、经济关系，欧盟成为土耳其纺织品的主要市场。其70%以上的服装出口到欧盟，是仅次于中国的欧盟第二大纺织品供应国。东欧和西欧南部的国家，尤其是意大利、俄罗斯、德国、罗马尼亚、葡萄牙和西班牙，成为土耳其产品的主要销售市场。二是土耳其拥有世界领先的纺织技术。1980年以前，土耳其的纺织设备几乎都是从西方国家进口，此后开始自己生产中小型纺织设备。现在，从全自动设备到基本模具都有了土耳其人自己的产品，而且质量上乘，可与进口产品媲美。因此，土耳其在纺织业的许多领域，如纺纱、针织、色染、印花、装饰等，达到很高的技术水平。

① 商务部投资促进事务局编：《投资土耳其》（中国对外投资促进国别 / 地区系列报告），2010年，第32—33页。

汽车工业是土耳其仅次于纺织业和食品业之后的第三大行业，产值约占工业总产值的5%。1996年土耳其与欧盟签订关税同盟协议后，海外汽车厂商先后涌向土耳其，在当地投资设厂。许多大型汽车跨国公司，如丰田、本田、奔驰、雷诺、菲亚特、福特、现代以及五十铃等，纷纷与当地企业建立合资工厂。同时，为汽车生产零部件的厂家也随之而来，多数世界零部件巨头在当地成立了公司。海外厂家技术先进，管理严格，营销经验丰富，带来了先进的技术和管理经验，大幅推动了土耳其汽车制造技术水平的提高。土耳其的大型汽车制造厂共有20多家，生产小轿车、中型和大型巴士、皮卡及货车等。2007年汽车产量就超过了100万辆，2009年虽然受经济危机影响产量有所下降，但土耳其汽车制造商协会秘书长在2011年11月18日表示，由于商用车销量旺盛，土耳其汽车业仅用了一年时间就成功克服了2008年全球金融危机的消极影响。[①] 汽车工业的快速发展在很大程度上得益于土耳其与欧盟双方政策的推动。土耳其政府宣布对汽车企业从建立之日起给予15年以上的支持，对从事汽车科研开发工作的投资给予税收优惠。而土耳其与欧盟签订的关税优惠合作协议允许在土耳其生产的汽车等产品以比其他非签约国更低的价格进入欧盟市场，这刺激着许多国际厂商到土耳其设立工厂。土耳其汽车出口到全世界167个国家，约一半的出口额集中在德国、意大利、法国、英国等市场。

---

①　《2012年土耳其汽车制造业将呈现健康改善的局面》，中国客车网：http://www.chinabuses.com/overseas/2011/1124/article_7682.html.

钢铁业也是近年土耳其发展速度极快的一个行业。在20世纪80年代的经济自由化改革中，钢铁业打破了三家国有钢铁联合企业（Erdemir、Isdemir、Kardemir）一统天下的局面，私营钢厂如雨后春笋般涌现出来。到2006年，土耳其18座电炉小钢厂的产量占全国粗钢产量的73%。钢铁业的生产效率显著提高，1990年行业人均年产粗钢210吨，2006年提高到758吨。1998年土耳其的钢产量仅为1410万吨，2000年时其钢产量排在世界第17位，2007年其钢产量达到2650万吨，出口1400万吨，9年间土耳其钢产量增长了近1倍。到2007年年底，土耳其已成为世界上第11大产钢国。在2006年土耳其销售额100强企业中，钢铁企业占到21席。土耳其生产的钢铁制品种类丰富，几乎可以满足所有国内需求，还有一半多的钢铁产品供应海外市场。土耳其钢铁和钢铁制品的主要出口市场为阿联酋、西班牙、罗马尼亚、英国和德国等。[①]

土耳其农业有较好的基础，从事农业的劳动力占总劳动力人口的35%左右，为近东和北非地区最大的农产品生产国和出口国，农产品对外贸易多年保持顺差。其国土面积的60%适于农耕或植树，现有耕地2850万公顷，75%的可耕地主要种植小麦、大麦和玉米，棉花、甜菜、烟草、橄榄、向日葵、花生、马铃薯及其他豆类等经济作物占25%。地中海和爱琴海沿岸盛产柑橘类水果，如柠檬、橘（橙）、蜜柑、柚子等；黑海沿岸地

① 刘友存：《土耳其：全球钢铁业崛起的新势力》，《中国冶金报》2008年2月26日，C01版。

区的红茶年产量可达 75 万吨。土耳其的食用坚果和干果，如榛子、开心果、葡萄干、杏干、无花果干，在国际市场上享有盛誉，也是土耳其农产品出口中最重要的种类。

三、外资政策与投资环境

从 20 世纪 80 年代起，吸引外资以加快经济发展就成为土耳其历届政府的基本政策。2001 年 12 月土耳其成立了改善投资环境协调委员会，对全国的外商投资法律体系进行了评估、审核和修订，并于 2003 年 6 月 17 日公布了经国会批准的相关法律。在该委员会的努力下，土耳其将外商投资设厂的手续办理时间从原先的两个半月缩短为一天。近十余年来，随着土耳其经济的稳定发展及其长远发展目标的确立，外资在土耳其国家经济发展战略中扮演着更为重要的角色。根据土耳其政府制定的“2023 目标”，到 2023 年土耳其共和国成立 100 周年时，土耳其要跻身世界十大经济体之列，每年进出口贸易额要达到 10000 亿美元。① 目前，土耳其是全球第 16 大经济体，年贸易总额约为 4000 亿美元。要实现“2023 目标”，土耳其还需要付出艰苦的努力。也正因为如此，土耳其通过国内法规以及与其他国家签订的双边投资协议，为外国投资者提供了友善而又富有吸引力的投资政策和投资环境。

---

① ［土耳其］翟百驰：《土耳其外商投资的成长与机遇》，《中国投资》2014 年第 10 期，第 90 页。

土耳其负责审批外资的机构是经济部，该部由总理府直辖的一个副部级机构——外贸署发展而来。外贸署主要负责对外贸易及相关事项，包括制定、贯彻、协调国家外贸政策，针对外贸中出现的问题提出建议及对策，并提交立法机构审议等。根据 2006 年 2 月 8 日第 26074 号政府公告，土耳其专门设立了投资援助办公室，帮助投资者取得必要的许可并提供法律程序方面的协助。2011 年大选后，正义与发展党政府对政府机构进行了调整，将外贸署升级为经济部，全面负责国家的经济政策，其中也包括外商直接投资事务。经济部一成立就修订了投资激励计划，试图刺激当地投资及外来投资，促进经济的高速增长，减小地区间差异以及因商品大量进口带来的外贸逆差。土耳其的外资管理主要受《外商直接投资法》《外资框架法令》《关于外国投资框架法令的公报》等法律文件的规管，这些法律都经过多次修改，以符合经济发展的现实，便于吸引外资。除此之外，一些相关法律，如《土地注册法》《对外贸易法》《自由贸易区法》《进口加工机制》《出口加工体系法》《公司税收法》等，与外来投资也有密切关系。

土耳其的相关法律和政府的管理工作贯彻了其外资政策的基本原则。外国投资者享有国民待遇，除外资审批程序稍微复杂外，他们享有与土耳其本国投资者同样的权利与义务。对外国资本的参与没有限制，所有向土耳其本国私人企业开放的行业都向外商开放。外资企业可以聘请外籍经理和技术人员。在清算或销售得以保证的情况下，外商可自由转移利润、手续费、版权费和汇出资本。汇出或汇入资金没有限制，外币可存入外币账户，只有在成为注册资本时才需转换成土耳其里拉。

按照土耳其法律的规定，外国投资者与土耳其本国投资者一样，在符合法律规定的条件下可以设立独资公司、合资公司和合作组织。独资公司为个人独资开设的商业机构，要求条件相对简单。包括股份公司在内的合资公司有一些资格的要求，如至少要有五个股东（自然人和法人实体均可），股份持有人的责任与所拥有的股份数要对等，公司法定资本额不少于50000里拉。银行、私人金融机构、保险公司、外汇兑换所、仓储公司、受资本市场法律约束的上市公司、免税区的投资人和经营者，必须以股份制形式成立，并且要得到土耳其工商部的批准。合作组织是一种依照《合作组织法》组建起来的商业协会，由愿意提供自身职业技能及其他资源的人自愿组成，他们通过合作实现互利。

为了加大对外国客商的吸引力，土耳其政府也制定了同样适用于土耳其本地投资者的投资优惠政策。土耳其投资促进政策主要包括三方面：一般优惠政策、中小企业与特定行业的优惠政策、优先发展地区的优惠政策。

一般优惠政策包括对符合特定要求的机械设备给予关税和基金税减免、增值税减免或不同比例的投资信贷及经营信贷优惠。作为投资所需进口的机械设备一般免征关税，只有部分资本货物需缴纳5%—20%的基金税，但享受优惠的机械设备明细须得到国库署批准，而用于生产的原材料和半成品进口不享受此项优惠；对在当地购买投资项目所需机械设备者，不仅免征增值税，还发给相当于发票金额 10% 的奖励金；国库署批准的清单中的机械设备，不管是从国外进口还是在土耳其采购，均可免征增值税；投资者如承诺投资完成后出口达 1 万美元，投资可免相关的印花税、关税和手续费等。

中小企业与特定行业的优惠政策对政府希望发展的特定行业和规模较小的企业提供各方面的优惠。2006 年土耳其投资法律规定，在制造服务业和能源业进行投资和出口的厂商，可免除关税、融资征税，进口和在当地购买设备免除增值税；科技开发、模型研究、小型设备制造等研究可享受土耳其科技研究委员会的奖励政策。而中小企业因为在解决就业方面具有特别重要的作用，市场竞争力又不能与大型公司相比，政府对这类企业提供特殊优惠。根据土耳其方的规定，总资产不超过 9500 亿里拉、雇佣员工不超过 250 人的公司属于中小企业，凡投资制造业、农用工业、旅游业、教育和卫生、矿产业及软件业的中小企业，可享受关税减免、机械设备的增值税减免及特定比例信贷优惠等投资优惠政策。

优先发展地区的优惠政策指土耳其政府对在国内经济不太发达地区的投资提供能源优惠和土地使用优惠，以推动落后地区的经济发展，增加欠发达地区的就业机会。土耳其政府将全国分为四类地区，为其提供不同的补贴。发达地区的补贴为 30%，普通地区为 40%，次优先发展地区为 60%，优先发展地区为 100%。在优先发展的东部、东南部地区，因投资项目而进口的机械设备，如属于财政署外国投资理事会准许进口的机械设备，可减免海关关税及基金税；在投资激励证书规定范围内发生的费用，如：建设厂房、机械设备购置、运输及安装等费用，可以通过从未来应税利润中扣除的方式享受投资津贴，津贴额最高可相当于全部固定投资成本。在某些特定的优先发展地区，经投资方在投资证书有效期内提出申请，企业可享受半价电费的优惠；取得投资证书并雇佣 10 人以上的投资项目可免费使用土地。2009 年，土耳其政府还规定，能提供大量就业机会的企业将享受企业税减免、利率补贴、关税减免、增值税减免等优惠。

此外，在土耳其的地中海、爱琴海和黑海的主要港口城市成立有 20 个保税区。保税区实行特殊政策，免除关税、公司所得税、增值税、特殊消费税及其他税收。保税区内产生的收入和收益无需预先许可即可自由转移至任何国家或地区。与世界大多数保税区相比，土耳其保税区还允许产品销售到国内市场。保税区内的商品在价格、标准和质量上没有任何手续上的限制和规定。

出于维护国家安全的原因，土耳其对外商投资也设有一些投资壁垒。主要包括两种情况：限制投资和禁止经营。

外国投资进入某些特定行业或领域时要受到股比限制或许可证限制。如设立银行服务机构和石油企业都需要从当地政府获得特殊许可。广播、航空、海运、会计和审计、金融、矿产、房地产、电力、教育和私人雇佣业等行业要受到股比限制。如在广播业领域，外资最高持股比例为20%；航空和海运业的外资最高持股比例为49%；在邮政、电讯、电报行业，外国投资股份不得超过51%；在半导体、电视机领域，外资股份不得超过25%。

禁止外国人投资的情况比较少见，只限于个别领域。根据土耳其《渔业法》，外国人不能获得捕鱼许可，外国人也不能在土耳其注册捕鱼船，除非船只的所有权为土耳其人拥有。此外，根据《航空法》和《海运法》，尽管外国厂商可以投资土耳其航空、海运行业，但航空和海运许可证只能发放给决定权掌握在土耳其人手中的企业。[①]

土耳其水陆交通四通八达，基础设施完善，银行服务便利，劳动力勤劳敬业、训练有素、充满活力，平均年龄仅28岁。该国拥有良好的创业环境，按照世界银行对全世界营商环境的调查，经合组织国家创办一家公司平均需耗时13天，而土耳其仅需要6天。土耳其正在高速迈向未来，投资机会数不胜数。据土耳其经济部长翟百驰提供的数据，为了满足10年后的能源需求，土耳其需要在该领域投资1300亿美元，而在交通运输部门则需要投资超过1100亿美元。土耳其显然是一块极富吸引力的投资热土。

从中国企业和商人来说，投资土耳其或与土耳其商人进行

① 有关土耳其投资的情况主要参考了商务部投资促进事务局编:《投资土耳其》（中国对外投资促进国别/地区系列报告），2010年。商务部国际贸易经济合作研究院、商务部投资促进事务局、中国驻土耳其大使馆经济商务参赞处编:《对外投资合作国别（地区）指南——土耳其》2013年版。

经贸也有一些需要注意的风险。土耳其社会稳定，治安良好，投资经营不存在大规模的未知风险，小的风险突出体现在三个方面：一是中国商人难以及时获得或续签工作签证。土耳其内政部、劳动部对中资机构人员办理居留和工作许可态度趋严，有些常驻人员无法及时取得居住及工作许可。甚至有中资企业员工被认定为非法务工，予以拘押、遣返，对中国企业在当地的运营造成较大困扰。二是汇率的风险。从2001年起，土耳其实行货币汇率自由浮动制度，土耳其里拉与国际货币的兑换率受政治、经济各种因素的影响，时常处在变动中。如2012年全年，美元对里拉的汇率波动率约为2.16%，欧元对里拉的波动率约为3%。2013年6月1日，1里拉可以兑换人民币3.2741元，两年后只能兑换2.3392元人民币。事先将汇率波动的因素考虑进去，方可避免在经济合同中遭受不必要的损失。三是个别不法商人利用外人不了解土耳其法律蓄意诈骗货物。在义乌国际商贸城做小家电生意的鲍先生就有惨痛的教训。2009年上半年，他结识了一名自称阿里的土耳其商人，双方开始生意往来。对方每次交易都会主动支付定金，余款也会在货物运抵土耳其后及时支付。2010年年初，阿里向鲍先生订购了10个货柜的按摩器，拖欠货款近15万美元。货物运抵土耳其港口后，阿里以无钱为由迟迟不提货物。鲍先生决定自付运费将货物运回，但按土耳其法律，货物运抵港口后三个月内不提走就要被拍卖；如果货主想将货物运回，得经收货人同意。阿里不同意，货主无法收回货物。阿里通过这种方式骗取了包括鲍先生在内4位客户 43 万多美元的货物。[1] 由此可见，在对外经贸合作中，一定要熟知该国的法律规定。

第三节　土耳其的“欧盟梦”

一、土耳其“入欧”的艰难历程

土耳其自古与欧洲有着难解难分的复杂关系。安卡拉大学教授穆斯塔法·艾丁用一句话概括了两者之间的关系：“土耳其首先是作为欧洲的一个征服者和敌人而出现，接着作为一个组成的部分，后来作为一个敬慕者和不成功的模仿者，之后作为一个追随者和同盟军，因而与欧洲一直保持着千丝万缕的联系。”[2]

土耳其人对欧洲文明的羡慕、崇敬在凯末尔改革时期就得到了充分体现。凯末尔多次指出：“世界上有许多民族，但先进文明却只有一种，即欧洲的现代文明。尽管欧洲对土耳其人存

① 《一土耳其商人卷走货物　义乌商户跨国追债》，浙江在线：http://zjnews.zjol.com.cn/05zjnews/system/2011/11/28/018031807.shtml.

② 丁工：《土耳其与欧盟关系的发展探析》，《亚非纵横》2014 年第 3 期，第 20 页。

有偏见，但土耳其必须始终不渝地向往着欧洲……为了成为现代文明国家，我们别无选择。”[①] 而对他来说，土耳其摆脱落后的不文明状态的途径只有一条：“在废墟上建立起来的新土耳其只有融入欧洲，才能成为现代文明的组成部分。”[②]

第二次世界大战后土耳其与欧洲国家保持密切关系，并在欧共体成立不久后就表达了加入其中的愿望。1953 年，土耳其加入北约组织，成为美国、欧洲的盟友，在东西方冷战中坚定地站在西方一边。早在 1963 年，土耳其就与成立六年的欧洲经济共同体签署了联系国协定，共同体中的法国、意大利、联邦德国、荷兰、比利时、卢森堡六国答应土耳其以后可以成为共同体的成员，并允许土耳其公民从 1986 年起在共同体内自由迁徙。1973 年，土耳其与欧共体签订了“附加草案”，确定土耳其在 22 年内加入欧共体的关税同盟。欧共体对土耳其提供财政援助，帮助其在各个领域进行改革。1987 年，土耳其正式申请加入欧共体，但未获得欧共体方面的积极回应。1989 年年底，欧共体以土耳其政治民主化等方面的缺失为由，决定无限期拒绝考虑土耳其加入欧共体的申请。1993 年 1 月，建立欧洲经济货币联盟和政治联盟的《马斯特里赫特条约》正式生效，欧共体也正式升级为欧盟。对土耳其融入欧盟的一个有利因素是，1996 年 1 月 1 日，它获准正式加入欧洲关税同盟，其

---

① 丁工：《土耳其与欧盟关系的发展探析》，《亚非纵横》2014 年第 3 期，第 12—13 页。

② 周刚：《拥抱欧盟——土耳其的动机与机遇》，《改革与开放》2011 年第 16 期，第 24 页。

有关海外贸易的法律规定均按欧洲关税同盟的统一规则来制定。1997年年初，土耳其再次提出入盟要求，同年年底在卢森堡举行的欧盟峰会仍把土耳其排斥在第一、第二轮候选国之外。直到1999年12月，欧盟15国首脑在赫尔辛基会议上才正式将土耳其接纳为候选国。在土耳其政府的努力下，2005年欧盟启动搁置数年的双边谈判。但次年年底，欧盟又以土耳其未能满足联盟标准以及塞浦路斯领土争端问题为由，部分停止土耳其入盟谈判议程。2013年11月，欧盟终于再次重启土耳其入盟的部长级商谈，土耳其希望获得的欧盟成员身份却依旧没有着落。

从1987年土耳其正式提出加入欧共体到2013年，欧盟的成员国从12个变成28个，许多比土耳其提出申请晚得多的国家，包括原来社会主义阵营的国家，如波兰、匈牙利、克罗地亚等，都已成为欧盟成员，而土耳其仍然在欧盟的大门外徘徊。这种情况引发土耳其人的强烈不满，最突出地表现在他们对待1997年欧盟第58届首脑会议决议的态度上。这次在卢森堡召开的会议决定开始与波兰、捷克等东欧国家和塞浦路斯等10国进行入盟谈判，而将土耳其排除在外。土耳其人群情激愤，认为这是欧盟对土耳其的侮辱。应邀与会的土耳其总理耶尔马兹拒绝出席东道国的正式晚宴以示抗议，并接连发表谈话，抨击欧盟的做法，扬言要撤回土耳其的入盟申请。土耳其报刊将欧盟和土耳其形容为一对订婚已久却迟迟未能完婚的“恋人”。

二、土耳其“入欧”的障碍

1993年6月，欧盟哥本哈根首脑会议为其他国家加入欧盟设定了三项先决条件：第一，建立稳定的、制度化的国家机器，保障民主、法制秩序，保护人权，切实尊重少数民族权利；第二，建立行之有效的市场经济制度，能承受欧盟内部的竞争压力和市场力量；第三，履行成员国义务，恪守政治、经济货币联盟的宗旨。这三项条件也构成了土耳其加入欧盟的“拦路虎”，主要表现在下述问题上。

一是与库尔德人权利相联系的人权问题。库尔德人是土耳其人数最多的少数民族，但土耳其历届政府不承认其境内存在库尔德民族。土耳其的相关政策延续共和国第一部宪法第88条的规定：“凡土耳其公民，不分种族、宗教，皆称为土耳其人。凡土耳其人，必须进土耳其学校，习土耳其语，不悖于土耳其的礼俗文化。”1982年宪法第66条宣布：“凡是通过公民资格的纽带隶属于土耳其国家的人都是土耳其人。”第42条规定：“在教育和训练机构中，不得把土耳其语之外的任何一种语言作为母语传授给土耳其公民。”库尔德族议员在议会用库尔德语宣誓，就会被斥责为从事分裂主义活动。库尔德人不能学习本民族的语言，少数民族的地位得不到承认。而在1932年，土耳其大国民议会曾通过一项移民法令，将东部地区部分库尔德人迁往他乡，数以千计的库尔德人背井离乡，被强行迁徙到西部，这种做法给库尔德人造成了极大伤害。70年代末，土耳其库尔德工人党展开针对政府的暴力活动，遭到政府军的严厉镇压，东部库尔德人的权利也时常受到侵犯。

库尔德人的权利成为土耳其加入欧盟的一大障碍，因为土耳其的做法不符合欧盟关于保护人权的规定。1989年6月，欧洲议会宣称："土耳其拒绝承认库尔德问题的存在对土耳其加入欧盟构成了不可逾越的障碍。"1998年，欧盟委员会呼吁土耳其用政治和非军事的手段解决库尔德问题，提出土耳其应承认库尔德民族的文化认同，并最大限度地允许库尔德人表达这种认同。2006年，曾任欧盟委员会驻土耳其代表的汉斯·约格·克雷奇默提出，土耳其应承认库尔德人的民族认同，他们的国籍是土耳其公民，但民族属性却不是土耳其人，这一点不能否认。库尔德问题每年都出现在欧盟委员会对土耳其的评估报告中，2006年欧盟对土耳其的评估报告中指出，土耳其对待少数民族的方法仍然没有改变。[①]

说土耳其政府的库尔德人政策没有改变肯定不正确。库尔德工人党领导人奥贾兰于1999年被捕后，呼吁库尔德工人党使用和平手段达成目标，工人党也在那一年宣布停火。库尔德工人党与土耳其政府间的暴力冲突趋于缓和。土耳其领导人也改变了以往否认存在该问题的态度。2005年8月，土耳其总理埃尔多安承认土耳其存在库尔德问题，过去政府犯了很大的错误，

① 郑东超：《土耳其申请加入欧盟视角下的库尔德问题》，《西亚非洲》2011年第9期，第71页。

现在需要足够的民主来解决这个问题。为了符合欧盟的相关规定，土耳其政府多年来作出了各方面的努力。如 2001 年 10 月，土耳其议会通过了宪法第 34 条修正案，其中涉及言论、组织和集会自由、使用少数民族语言的权利等问题。土耳其大国民议会还于 2002 年 8 月通过了在和平时期废除死刑的决议。这些关于宪法上的修正和法律的修改，对改善库尔德人的人权有明显作用。近年来的形势发展对于维护库尔德人的合法权利更为有利：库尔德人不能用库尔德语为孩子命名的限制被取消，私人教学中可以用库尔德语教授课程，库尔德人私人开办的广播电台和电视台也可以用库尔德语进行广播。2004 年 6 月，土耳其国有库尔德语广播公司开始运营。2006 年 3 月，土耳其广播电视部门批准库尔德语广播和电视的区域性频道开播。

但是，土耳其的相关政策距离欧盟的标准还有不小的距离。欧盟认为，库尔德人的人权处境没有根本改善，有些改革措施只停留在纸面上。如修改后的土耳其宪法第 125 条规定，允许司法审查和复审，但最高军事委员会和高级法院却把处理库尔德问题作为例外。

二是塞浦路斯与希土关系问题。塞浦路斯是一个地中海东部的岛国，原为奥斯曼帝国的领土，第一次世界大战后被英国人控制，岛上居民中希腊人占 80%，土耳其人占 20%。1960 年，塞浦路斯共和国宣告成立，英国人撤出。1963 年，土、希两族发生冲突，土、希两国都向塞浦路斯增派驻军，分别支持岛上的土、希两族。1967 年 11 月 5 日，希腊驻塞浦路斯军队司令兼塞岛希族国民警卫队司令格里瓦斯在希腊军政权的唆使下，挑起了规模较大的希、土两族流血冲突。11月17日，土耳其议会授权政府派军队进入塞浦路斯。第二天，希腊政府命令武装部队全面进入戒备状态。土耳其和希腊因为塞岛问题剑拔弩张。虽然事态最终平息下来，但只是暂时的平息。1974年7月15日，塞岛希族军人发动政变，企图与希腊合并。四天后，土耳其也派军队进入塞岛，占据约占全岛36%的塞浦路斯北部领土，原居北部的约20万希族人被迫南迁，在南部居住的土族人也有一部分北移。塞浦路斯土、希两族杂居的状况从此基本上变为南北分治的局面。1975年2月18日，塞岛土族在塞浦路斯北部宣布成立“塞浦路斯共和国土族邦”，与塞岛希族主导的塞浦路斯共和国分庭抗礼。至此，塞浦路斯出现了两个政权并存的局面。

塞浦路斯的分治状态一直持续到今天，南、北两部分分别由希腊族和土耳其族控制。1987年、1996年，土、希两国又因爱琴海大陆架石油开采权问题和岛屿归属问题两度对峙，几乎发生军事冲突。1983年11月15日，塞岛土族宣布成立北塞浦路斯土耳其共和国，但只有土耳其一国承认。30多年来，欧盟和联合国为解决塞浦路斯问题做出许多努力，但进展甚微。土耳其和希腊两国在此问题上立场尖锐对立，各自为塞岛土族或希族说话，势必增加土耳其加入欧盟的难度。早在1981年希腊就已成为欧共体成员国，2004年国际社会承认的塞浦路斯共和国也成为欧盟成员国。在欧盟内，成员国对是否接纳新成员入盟拥有否决权。如果不能达成塞浦路斯的和平统一方案，土耳其加入欧盟很难获得希腊和塞浦路斯的同意。

三是土耳其与欧盟成员国的经济差距问题。同欧盟成员国相比，土耳其经济实力相对较差，远远低于欧盟的标准。以1995年的情况为例。当时欧盟成员国共有15个，经济实力最弱的葡萄牙人均GDP为6650美元，而土耳其仅有3150美元，不及葡萄牙的一半。1997年10月，即土耳其再次申请加入欧盟的这一年，土耳其总理耶尔马兹在接受法国《解放报》记者皮埃尔·阿斯基采访时也承认，土耳其在经济方面尚达不到欧盟的标准，土耳其人均年收入只有3000美元，远远低于欧盟其他成员国；土耳其的通货膨胀率高达85%，而欧盟的平均水平只有2%。他认为，土耳其要满足《马斯特里赫特条约》的各项标准至少需要5—10年时间。[①] 欧盟发布的《土耳其2006年进步情况的报告》指出，尽管土耳其经济增速较快，但就业岗位不足，失业率在8%—10%，人均收入只有欧盟平均水平的25%。

土耳其人关心的是，因为土耳其起点低，才要早日开始入欧谈判，以便做好准备。欧洲人担心的是，土耳其入欧会给欧洲国家带来额外的负担。2004年时，法国前总理、时任议会外事委员会主席的巴拉迪尔认为，吸收土耳其入欧要花费巨额开支。2005年欧盟就要为土耳其准备入盟开支2.86亿欧元，到2025年土耳其入盟后，欧盟每年要向土耳其提供280亿欧元的

---

① 陈德成：《土耳其与美国、欧盟、希腊关系刍议》，《西亚非洲》1998年第6期，第31页。

财政支持，相当于当时欧盟年预算的1/3，届时法国对欧盟财政分担额也将增加近30%。[①]对普通民众来说，土耳其大量的劳动人口如果可以在欧盟范围内自由流动，将会使欧洲本身已很严重的失业问题雪上加霜。

四是文化的冲突问题。欧盟成员国均为信仰基督教的国家，而土耳其是一个伊斯兰国家，历史上曾多次威胁欧洲。欧、土分别隶属于历史上曾发生多次冲突的两大文明圈，两者要融合在一个大规模的区域组织中有极大的难度。从现实问题来说，"9·11"事件后，欧洲国家发生过多次伊斯兰极端分子制造的恐怖活动，如2004年3月11日西班牙马德里的爆炸事件、2005年7月伦敦地铁爆炸案、2015年暴力袭击法国《查理》周刊事件等，这些案件加剧了欧洲人对基督教文化与伊斯兰文化难以融合的担心。而在欧洲国家穆斯林人口也占有不小的比例，2009年德国穆斯林人口总数接近400万，占其总人口的5%左右，其中约2/3是土耳其裔。如果土耳其成为欧盟的成员国，穆斯林人口在欧盟的比例将大大提高，不仅影响欧洲文化的同质性，还可能导致安全形势的恶化。尽管土耳其穆斯林总体上比较温和，但也不排除有一些极端分子。

土耳其入欧可能带来欧洲文化冲突的难题，一直是某些欧洲政治人物担心的问题。荷兰副首相兼外长范莱尔洛在谈到土耳其入欧问题时声称："存在着一个有很庞大的穆斯林人口的

① 《土耳其入盟　法国朝野大舌战》，2004年12月21日，人民网：http://www.people.com.cn/BIG5/guoji/14549/3068416.html.

国家的问题，我们希望它加入欧盟吗？这是一个不言自明的问题。”法国总理拉法兰也就此提出质疑：“难道我们想让伊斯兰的河水流进世俗的河道吗？”欧洲基督教民主党在1997年发表的声明中直言不讳地指出：“欧洲融合是一个文明的工程，像土耳其这样的国家在这里没有位置。”①

欧盟成员国对待土耳其入盟的态度参差不齐。英国、意大利、西班牙等大多数欧盟国家对土耳其持欢迎态度，塞浦路斯和希腊持反对态度，德国、法国等国对土耳其的要求尽量拖延，实际上不希望土耳其入盟。除了上述问题之外，法国和德国还有一个担心，那就是土耳其是一个7000多万人口的大国，人口数量超过法国、直追德国。欧洲议会是按各成员国人口比例来分配席位的，土耳其加入欧盟后有可能成为获得欧洲议会席位最多的国家，对德国和法国在欧盟理事会的主导权形成威胁。这当然是他们都不愿意看到的。所以，法国前总统德斯坦寻找了一个自认为合适的借口来否决土耳其的入盟申请，他说：“土耳其不是欧洲国家，它的首都不在欧洲，95%的人口在欧洲以外。若让土耳其入盟，摩洛哥也可以加入，那就是欧盟的终结。”②

---

① 李秉忠：《欧盟的扩大与土耳其入盟问题》，《南京大学学报》2007年第4期，第42页。

② 《土耳其入盟　法国朝野大舌战》，2004年12月21日，人民网：http://www.people.com.cn/BIG5/guoji/14549/3068416.html.

三、土耳其“入欧”的前景与影响

反对土耳其入欧的不仅是一些欧盟国家的政府，普通民众持反对态度的比例更高。2008年，欧洲晴雨表组织曾就这一问题在欧盟27个成员国中进行民意调查。调查显示，支持土耳其入欧的被访者只有31%，而反对者则高达55%，有14%的被访者未明确表态。强烈反对土耳其入盟的国家除了一贯对土耳其持反对态度的塞浦路斯（85%）、希腊（78%）外，奥地利（85%）、德国（77%）、卢森堡（75%）和法国（71%）等反对接纳土耳其的民众比例与塞浦路斯、希腊两国不相上下，甚至犹有过之。

土耳其民众对加入欧盟的态度也在变化，从过去的充满热情变为意兴阑珊。2004年入盟谈判即将开始时，有多达73%的公众支持土耳其入欧。入盟的希望不断破灭，沮丧和愤懑导致不少人转而成为入欧的反对者。到2009年，赞成加入欧盟的土耳其受访者仅剩不足33%。许多政界和学界人士甚至扬言要撤回入盟申请，社会舆论中弥漫着对欧洲的怀疑和怨恨情绪。2009年的一项民意测验的结果就显示：“土耳其国内76%的被调查者认为欧盟的动机是想制造土耳其的分裂，81%的人相信欧盟目的在于传播和推广基督教文明来抵消穆斯林文化腹地的外溢。”[①]

从上述情况来看，土耳其“入欧”前路漫漫，但土耳其政

① 丁工：《土耳其与欧盟关系的发展探析》，《亚非纵横》2014年第3期，第15页。

府不会放弃这一战略目标。因为加入欧盟符合土耳其的国家利益和发展战略，同时土耳其会面向全世界，借以实现自己的大国地位。多年前在土耳其智库战略交流中心举办的伊斯坦布尔论坛上，时任总理埃尔多安就清楚表述了自己的基本想法。他表示："土耳其本届政府决心继续推进加入欧盟的愿景目标，这是我们永恒不变的长期国策和毫不动摇的行动准则，但毫无疑问我们将无意表现得像个无助的乞求者。作为一个在东西方交界地带快速崛起的大国，土耳其已经回归到属于他的位置上，正在扮演与这种地位所赋予的相等同的角色。"①

为了实现与欧盟的市场接轨，符合欧盟的标准，土耳其进行了很多改革。如努力使本国的各项政策、法规甚至产品规格和安检尺度与欧盟保持一致；政治上也极力仿效欧洲的民主模式，在言论自由、网络监控、新闻审查、尊重妇女权利以及司法独立和选举程序等方面推出一系列修宪政改措施，公布行政体系和司法机构的改革路线图和进度时间表；甚至在与希腊领海划界、塞浦路斯争端问题上也做出适度松动退让，以尽力弥合同欧盟间的分歧。土耳其的这些做法并不是牺牲本国利益以迎合欧盟的举动，因为土耳其的社会发展也需要采取这些改革，这显示了土耳其社会的进步。同时，即使土耳其没有加入欧盟，从土欧经济联系获取的收益对土耳其的经济发展也至关重要。欧盟国家向来是土耳其最重要的贸易伙伴。土耳其 50% 以上的

① 丁工：《土耳其与欧盟关系的发展探析》，《亚非纵横》2014 年第 3 期，第 16 页。

对外贸易是同欧盟进行的，60% 以上的外资是由欧盟国家提供的。每年到土耳其旅游的近 2000 万欧洲游客，为土耳其带来了可观的就业机会和大量的外汇收入。而大量外资愿意来土耳其投资，也是看中了可以借道土耳其进入欧洲。德国总理默克尔曾提出一个建议，主张欧土之间建立享有实质优惠而无正式名分的特殊伙伴关系。不管土耳其是不是加入欧盟，密切土欧经济关系、从欧盟这个巨大的经济“蛋糕”中汲取营养一定是土耳其始终不变的目标。

与此同时，土耳其会将目光转向欧盟以外的地方，在更广阔的国际空间开展活动。欧盟是一个对土耳其非常重要的地区，但并不是土耳其外交的唯一重要的地区。事实也说明，加入欧盟也未必保证一个国家一定会实现富强的目标：希腊早就是欧盟成员，但在金融危机中希腊经济濒临崩溃的边缘，几乎沦为国际社会中的“乞丐”。土耳其没有加入欧盟，但土耳其经济持续保持稳定增长。在入欧问题上受挫反而给土耳其提供了一个契机，在维护本国利益的基础上，以更加独立自主的外交思维和指导思想处理对外事务，在更加广阔的国际舞台上发挥自己的影响力。如在巴以和平进程、哈马斯组阁执政等问题上，土耳其不再对欧盟过度迁就。在伊朗核问题上，土耳其明确表示，“我们是以自己的眼光看问题，而不是以西方的眼光看问题”，拒不执行欧美对伊朗谈判加制裁的双轨政策。[①] 土耳其一方面在

① 丁工：《土耳其与欧盟关系的发展探析》，《亚非纵横》2014 年第 3 期，第 15 页。

中东、黑海和巴尔干地区积极开展多边和双边外交，推行与周边邻国“零问题”政策，发挥地区大国的作用；另一方面把目光投向中亚以及远东亚太地区，利用与突厥语国家在民族、宗教、历史、文化和地缘等方面的联系拓展土耳其的影响力，并且对上海合作组织表示了浓厚兴趣。土耳其外交政策的变化为中土关系的快速发展创造了条件。

第四节　未遂军事政变及其对土耳其内政外交的影响

一、震惊世界的土耳其军事政变

2016年7月15日晚上10时，位于安卡拉的土耳其武装部队总参谋部传出激烈的枪声，一架飞在空中的直升机也朝着地面的人群开火。部分军官突然发动军事政变，先是扣押土耳其武装部队总参谋长阿卡尔，随后控制总参谋部。他们同时在首都安卡拉和土耳其最大城市伊斯坦布尔采取行动，占据伊斯坦布尔的各个要地，坦克、装甲车开上街头，关闭横跨博斯普鲁斯海峡的两座跨海大桥，控制阿塔图尔克国际机场。政变军人驾驶的飞机在博斯普鲁斯海峡大桥及首都安卡拉的上空低空盘旋。

政变军队很快控制了国家电视台等国内媒体，并冲入美国有线电视新闻网的土耳其频道（CNN Turk）的演播室。据土耳其广播电视协会电视台发表的政变军人的声明，一个自称“祖国和平委员会”的军人团体宣称已经控制土耳其政府，接管国家治理权。他们声称采用军事行动的目的是恢复宪法秩序，恢复土耳其民主和人权，恢复法律秩序。他们表示，土耳其所有的国际协定和条约将继续维持效力，希望继续保持土耳其与世界各国的友好关系。委员会将在全国范围实行宵禁并实施军事管制法，以便维护社会秩序，为制定新宪法创造条件。

政府方面迅速发起了反击行动。政变的消息刚刚传出，土耳其总理耶尔德勒姆就发表声明，谴责军方组织进行的非法行动，并表示政府仍然控制局面，将会组织力量对付非法力量。正在地中海马尔马里斯度假的埃尔多安总统迅即赶回安卡拉，他在机场对记者表示，那些参加政变的人会付出沉重代价。他刚刚离开度假地不久，他度假期间所住酒店就遭到参与政变的直升机的袭击。土耳其总统府网站 16 日凌晨发表声明，称总统埃尔多安安然无恙，“一小撮士兵”的政变图谋没有成功。

政变与反政变阵营在短时间内激烈对抗。政变分子除袭击埃尔多安的度假地酒店外，还在伊斯坦布尔和安卡拉实施空袭，武装直升机在土耳其国家情报部门大楼附近开火，土耳其议会大楼也被炸弹击中，伊斯坦布尔阿塔图尔克机场以及市中心塔克西姆广场均传出巨大的爆炸声。政府一方则由总统埃尔多安通过手机发表视频广播，呼吁支持者走上街头捍卫土耳其政府。在伊斯坦布尔和安卡拉，反对政变的民众组织大规模集会，向政变分子表示抗议，人们向政变分子的坦克扔石头。警察也组织起来与政变军人对抗。由于政变分子的飞机来自安卡拉东部的埃斯基谢希尔机场，土耳其总理宣布在首都安卡拉上空设立禁飞区，并下令击落任何被政变者劫持的军机。①

7月16日凌晨3时许，土耳其总统埃尔多安乘机抵达伊斯坦布尔，政府一方明显占据上风，政变分子还在困兽犹斗。安卡拉首席检察官办公室对叛乱分子发出拘捕令，支持政府的军方也开始采取行动。6:30，土耳其空军在戈尔巴斯击落了前来攻击土耳其通信卫星设施的政变分子的直升机。20多分钟后，政变军人的军机在土耳其总统府附近投下了两颗炸弹。第一军军长乌梅特·顿达尔将军被任命为代理总参谋长后，军方加强了反政变的协调行动。到7:35，已有750名军人因参与政变而被扣留。8:00刚过，疑似政变策划人、爱琴海军区司令门杜·哈比勒少将被捕。8:30，被政变分子劫持的土耳其总参谋长阿卡尔将军被营救出来。随后，前空军司令阿金·奥兹图克将军和陆军训练及战略思想司令部司令迈亭·艾伊德尔中将因叛国罪被捕。10:07，安卡拉有700名卷入政变的士兵向警察投降。

---

① 《热点问答：土耳其政变三问》，人民网：http://world.people.com.cn/n1/2016/0716/c1002-28559534.html. 雷东瑞、林杉：《跨国连线：土总统称军事政变并未成功　定让叛军分子付出代价》，人民网：http://world.people.com.cn/n1/2016/0716/c1002-28559470.html.

图 3-5　土耳其民众走上街头反对部分军人发动政变

政变分子仓促起事，不到 12 小时就陷于失败。政府方面继续追剿政变分子，16 日中午时分，总理耶尔德勒姆宣布，据初步统计，在未遂政变中为捍卫民主政体牺牲的烈士共有 161 位，受伤者 1440 人，2839 名军人因卷入“邪恶的企图”而被捕。晚上 8 时，地处安卡拉西北部、曾作为政变分子指挥部的阿肯基空军基地被军方收复。[①]

事后经过详细调查，土耳其军方在 7 月底宣布，参与未遂政变的军人共有 8651 人，占军人总数的 1.5%；共有 24 架战斗机、27 架直升机以及 37 辆坦克、246 辆装甲车参与了 7 月 15 日的政变活动。在未遂政变中，至少有 246 人被杀，2000 多人

① *Feto's Coup Attempt: A Timeline*, Istanbul, Anadolu Agency Publications, October 5, 2016, p. 7.

受伤。[①]

在土耳其战后历史上曾多次发生军事政变，并且多数政变获得成功。为何这次军事政变在短时间内就陷于失败？

首先，政变分子显然未能赢得军队的一致支持，至少是军队主流不赞同政变。与土耳其现代史上的其他政变不同，这次政变没有得到军方高层的支持，没有高级将领出面领导政变，政变分子要靠挟持、威逼军方领导人的方式来壮大声势，因而也没能在短时间内控制全国的局势。虽然政变军人在安卡拉和伊斯坦布尔两地协同行动，表明政变行动经过了一番严密策划并得到有效执行，但政变军队实力有限。政变军人攻击国会大厦等地时就遭到空军战机的拦截，安卡拉警察也成为狙击政变分子的一支重要力量。[②] 面对政府和民众的强力反抗，政变势力迅速瓦解。

其次，随着土耳其社会的变化，土耳其军队的地位和作用也在发生变化，军队已经无法扮演确立国家发展方向的重要角色。与许多国家不同，土耳其军队不仅扮演捍卫国家主权安全的角色，还承担着确保国家沿着正确道路前进的重任。军队以凯末尔主义的捍卫者自居，坚持世俗化的原则。每当社会发生大的动荡，或者政府的政策有威胁世俗化的危险时，军队就当

① “Turkish Military Says Coup Plotting Soldiers Account for 1.5 Per cent of Its Force”, https://www.headlines-news.com/2016/07/28/1574975/turkish-military-says-coup-plotting-soldiers-account-for-1-5-per-cent-of-its-force.

② 薛满意：《四大原因致土耳其政变失败　缺乏舆论是其一》，凤凰网：http://news.ifeng.com/a/20160716/49365512_0.shtml.

仁不让地出面干预。但随着21世纪后土耳其民众民主观念的普及，动辄发动军事政变推翻民选政府已经无法获得足够的合法性。尤其是正义与发展党执政以来，一直想方设法削弱军队的政治影响力。过去数年间，政府以企图政变为借口，在埃尔盖内孔（Ergenekon）审判中，将数以百计的军队高官投入监狱，包括前军队总司令、前海军司令及前空军司令等。军队以往的特权被剥夺净尽，无力扮演以往在国家政局中举足轻重的角色。

再次，政变分子没有把握住希望社会稳定、通过民主手段改善国家政治的主流社会民意，因而无法赢得民众的支持。在土耳其现代史上，凡是成功的军事政变都是在某种程度上顺应民意的产物，如激进分子到处放置炸弹，社会秩序陷于混乱，政府无力应对复杂的社会形势。军队的干预是民众预期的结果，因此，军人推翻政府后的行动得到反对党的支持或配合。但在此次政变中，尽管部分民众有强烈的社会不满，但政变军人并没有吸引民众支持的政治主张，也没有多少人将国家政治局势的改善寄托在军人政变上。因此，在这次未遂政变中，没有任何政治力量支持军方，哪怕是对埃尔多安持不同意见的国会议员、内阁部长以及反对派政党。[①]

① 薛满意：《四大原因致土耳其政变失败　缺乏舆论是其一》，凤凰网：http://news.ifeng.com/a/20160716/49365512_0.shtml.

二、埃尔多安与居兰：从盟友到政敌

土耳其军方的未遂政变到底是何人所为？不论是中国学者还是西方学者一开始都倾向于认为，如同以往土耳其的军事政变一样，这次也是坚持世俗路线的军人不满埃尔多安的伊斯兰主义倾向而采取的行动。西方媒体认为这是军方让国家重回世俗化道路的一次努力，即认为埃尔多安执政十多年来慢慢偏离了国父凯末尔设计的世俗化政治路线，军队要予以“拨乱反正”。[①]中国学者也大多持有类似的看法，如有人指出：“究其根本，土耳其军方发动政变恐怕还是要归根到世俗力量与伊斯兰力量之间的交锋上来。土耳其军方此次政变，在很大程度上就是不满埃尔多安的伊斯兰主义倾向。”[②]这种观点也有貌似可信的根据：埃尔多安的伊斯兰主义倾向很强烈，一度因朗诵暗含原教旨主义的禁诗被判处四个月的监禁。他当政后，推动宗教势力的发展，从2002年至今建造了17000座清真寺。在过去10年间，由于正义与发展党政府的偏向宗教学校的政策，宗教学校的学生增加了10倍。[③]而政变分子也同土耳其过去的政变军人一样，成立祖国和平委员会，宣称他们采取行动的原因是埃尔多安破

① 《昔日盟友反目成仇，土耳其政变到底是咋回事？》，凤凰网：http://news.ifeng.com/a/20160716/49365790_0.shtml.

② 《土耳其政变的原因是什么？》，环球网：http://world.huanqiu.com/hot/2016-07/9183797.html.

③ 同上。

坏了一个世俗的民主国家的法治。[①] 因此，有人明确指出："埃尔多安背离了凯末尔主义，挑战着土耳其军方的底线，是军事政变爆发的导火索。"[②]

图 3-6　土耳其总统埃尔多安

土耳其官方则一开始就将矛头指向了费图拉·居兰（Fethullah Gülen，一译"法图拉·葛兰"），认为政变是由居兰的追随者一手策动。

费图拉·居兰是当代土耳其著名的伊斯兰学者、思想家、教育家、社会改革家，在土耳其社会中拥有重要影响。他认为，

① Gönül Tol, Matt Mainzer and Zeynep Ekmekci. "Unpacking Turkey's Failed Coup: Causes and onsequences", 2016-08-17, http://www.mei.edu/content/article/unpacking-turkey-s-failed-coup-causes-and-consequences.

② 《总统挑战了军方底线：土耳其政变的深层原因》，凤凰网：http://finance.ifeng.com/a/20160716/14605449_0.shtml.

土耳其目前所进行的现代化建设是对传统的背离，因而只能是表面的现代化；站在宗教的立场认为现代化具有破坏性、因而是伊斯兰社会发展的阻碍的观点，同样是不正确的。居兰认为，应该整合传统与现代，伊斯兰的现代化方式应该是一种中间道路，既不反对科学，也不会盲目将其奉为神明。他主张宗教宽容，坚持信仰与民族平等；坚持和平与非暴力的理念，反对恐怖主义。他指出："伊斯兰教不支持任何形式的恐怖主义，也不会利用任何形式的恐怖主义来实现伊斯兰目标，恐怖主义者不可能是穆斯林，因为真正的穆斯林是不可能从事恐怖行为的。"居兰本人积极开展一系列有助于宗教交流和对话的活动，如设立民族宽容奖金、先后召开八次有关信仰对话的国际性研讨会等。①

图 3–7　费图拉·居兰

① 李艳枝：《法图拉·葛兰伊斯兰思想解析》，《世界宗教研究》2010 年第 3 期，第 162—172 页。

居兰不仅仅是一个具有浓厚理想主义色彩的伊斯兰思想家，他还极力寻找时代主题与伊斯兰话语的契合点，利用自己的宗教学说的影响力推动社会的变革。对现实存在的各种社会问题，他都形成了自己的观点，认为伊斯兰可以与民主相兼容，赞同土耳其加入欧盟，支持新自由主义的经济政策；主张通过现代教育来阻止伊斯兰世界的衰落，培养与政治伊斯兰复兴运动相对应的社会力量。从20世纪70年代起，居兰就以创办学校、社会服务机构的方式形成自己的宗教组织，并迅速成长为土耳其影响广泛的社会运动。到90年代，居兰运动的影响力扩大到国外，开始在中亚国家开设国际学校。居兰运动的迅速发展引起土耳其世俗势力的担忧。1995年，居兰受到“阴谋反世俗主义和企图建立神权国家”的指控，1998年他又因“企图改变土耳其政权的社会、政治、经济基础和创立秘密组织”的罪名被捕，但七个月后因证据不足获释。1998年，居兰以身体不适为由赴美就医，后定居在宾夕法尼亚州的一个小镇。

尽管居兰一再申明自己没有政治要求，反对利用宗教达到政治目的，反对加入任何政党，但他在21世纪初期土耳其社会变革中与埃尔多安代表的正义与发展党结成了政治盟友，极大影响了土耳其的发展方向。

居兰之所以能与埃尔多安结成盟友，是因为双方有相同的宗教倾向并面临着共同的敌人。1998年，居兰因为“通过伪装的民主和温和的假象企图颠覆世俗制度”而被捕，同年埃尔多安则因为在公开演讲时朗诵原教旨主义禁诗而以“反世俗罪”

被判处四个月监禁，被剥夺政治权利五年。居兰代表了宗教领域的伊斯兰主义，埃尔多安代表了政治上的伊斯兰主义，两者异曲而同工。2001 年当军方以宗教意识浓厚、挑战世俗原则为由取缔了宗教政党土耳其美德党后，埃尔多安等人随即成立了正义与发展党。正义与发展党在强调伊斯兰原则的同时，努力淡化本党的宗教色彩，以免军方干预。实际上，不论是军方还是居兰都很清楚，正义与发展党的得势就意味着宗教势力的抬头。因此，在 2002 年和 2007 年两次土耳其大选中，居兰要求其追随者投票支持正义与发展党，帮助正义与发展党在大选中脱颖而出，成为土耳其共和国成立以来第一个在议会占据多数席位并单独组阁的具有伊斯兰宗教背景的政党。

在正义与发展党执政期间，居兰与埃尔多安密切合作，不断侵蚀共同敌人——土耳其军方的势力范围。2008 年，军方试图向势力不断扩大的正义与发展党发起反击，土耳其总检察长以违反世俗主义原则为由向宪法法院起诉要求取缔正义与发展党。该要求被宪法法院驳回，不久后“居兰运动”与政府合作发起追查“埃尔盖内孔”（Ergenekon）组织的活动。据说，这个秘密组织由凯末尔世俗主义分子组成，他们隐藏在国家机构内部，形成一个具有重大权力和影响的军政影子网络——“深国家”（Deep State）。该组织被指在 2003 年参与了一个所谓的“大锤行动”（Operation Sledgehammer），企图发动政变推翻埃尔多安政府。结果，包括土耳其前陆、海、空军司令在内的大量军队高层被拘捕、受审，到 2012 年终审判决时，300 多名军官被判刑。有证据表明，“大锤行动”和“埃尔盖内孔”案件是建立在伪造的证据基础上对付埃尔多安政敌的冤案。[①]2012 年，居兰组织和正义与发展党又联手将 1980 年政变的主要策划人土耳其前总统凯南·埃夫伦将军和另一位主要参与者前空军司令塔赫辛·萨辛卡亚（Tahsin Sahinkaya）将军送上法庭，罪名是“发动政变推翻合法政府”。两人年事已高，身体虚弱，实际上无法接受审讯。2014 年，两人均被判处终身监禁。次年 5 月和 7 月，两位年过九旬的老人相继离世。与此同时，正义与发展党通过修宪议案，限制军事法庭的权力，军队人员也可由宪法法院审理。这些措施彻底否定了军方通过发动政变推翻政府的合法性，也根本否定了军方在土耳其政界的尊崇地位。

埃尔多安与居兰携手合作对付军方的政策对双方都带来了好处。正义与发展党稳固保持了执政权，并且顺利推行了修建更多清真寺、限制酒精类饮料等伊斯兰倾向的政策；“居兰运动”则在土耳其掌控了《时代报》、银河电视台等媒体资源，控制了阿斯亚银行及土耳其商人与企业家联合会等中小企业组织，开办了数以百计的各类学校和社会服务机构，其成员在警务、监察、情报等系统中的势力日益增大。更重要的是，在双方联手下，他们面对的最大威胁——军方已失去还手之力，悬在他们头上的达摩克利斯剑已被弃置一旁。

---

① Gönül Tol, Matt Mainzer and Zeynep Ekmekci. “Unpacking Turkey’s Failed Coup: Causes and onsequences”, 2016-08-17, http://www.mei.edu/content/article/unpacking-turkey-s-failed-coup-causes-and-consequences.

当共同的敌人已经不再成为威胁时，正义与发展党和“居兰运动”之间的亲密关系开始出现裂痕。“居兰运动”不像许多人想象的只是一个单纯的宗教、社会运动，“‘居兰运动’成员的目标不限于改造社会，他们也谋求在政府机构中占据关键职位，以扩大其势力范围。了解‘居兰运动’的人指出，该组织等级森严，行动诡秘，严格要求服从上级。”[①]2012 年，正义与发展党政府同“居兰运动”就库尔德人问题首次暴露出重大分歧，政府方面与库尔德人的谈判将“居兰运动”排除在外，引起后者的不满。检察官中的居兰分子向埃尔多安的亲信哈坎·费丹及其两位前任发布传唤令、逮捕令，要求他们就与库尔德工人党的秘密谈判进行听证。面对压力的埃尔多安政府颁布新的法规，使国家情报委员会的相关人员免于被起诉。随后，政府解除了参与调查的 700 多名检察官、警官的职务。正义与发展党和“居兰运动”的关系开始恶化。[②]

2013 年 12 月的官员腐败调查事件，标志着正义与发展党与“居兰运动”关系的正式决裂。居兰分子掌控的报纸刊出三名内阁部长贪污的调查报道，警方突袭了数十个牵涉到腐败行为的官员家庭，连埃尔多安本人也受到牵连。埃尔多安不得不将多名内阁部长撤职，但他认为这次行动是居兰分子发动的“司

① Gönül Tol, Matt Mainzer and Zeynep Ekmekci. “Unpacking Turkey’s Failed Coup: Causes and onsequences”, 2016-08-17, http://www.mei.edu/content/article/unpacking-turkey-s-failed-coup-causes-and-consequences.

② 《昔日盟友反目成仇，土耳其政变到底是咋回事？》，凤凰网：http://news.ifeng.com/a/20160716/49365790_0.shtml.

法政变”，指称居兰集团控制着一个包括军人、警官、法官和媒体从业员的“平行政府”。“居兰运动”的媒体则指控埃尔多安独裁贪污，背离民主。[①]政府方面决定强力反击，从司法、安全系统、媒体等各个方面打压居兰势力。自2014年1月至2016年7月，有约6000名警官因被怀疑为“居兰运动”的支持者而遭解职；一些知名专栏作家被捕，Twitter、YouTube等社交网站一度被关闭，异见人士受到压制；阿斯亚银行股东被强迫出售股份，土耳其商人与企业家联合会被调查，银河电视台被关停，并试图在国外设立学校来取代“居兰运动”的国际学校。土耳其政府还将“居兰运动”定性为恐怖组织，要求美国遣返居兰，甚至派律师赴美起诉居兰。[②]

未遂政变是居兰分子在面对政府不断逼迫下孤注一掷的产物。为了争取军方对反“居兰运动”的同情和支持，政府方面对“埃尔盖内孔”案件和“大锤行动”案件中的受害者予以平反，将责任归于居兰分子。“埃尔多安承认针对军队中许多凯末尔主义者的审讯是对这些人的诋毁。被告者获得无罪释放，已被判决者撤销裁决。”[③]埃尔多安早已在准备对军中的居兰派采取行动，一些官员已经被逮捕，有传言2016年8月最高军事委员会

---

① 《土耳其为何频发军事政变》，《钱江晚报》2016年7月17日。

② 《昔日盟友反目成仇，土耳其政变到底是咋回事？》，凤凰网：http://news.ifeng.com/a/20160716/49365790_0.shtml.

③ Gönül Tol, Matt Mainzer and Zeynep Ekmekci. “Unpacking Turkey’s Failed Coup: Causes and onsequences”, 2016-08-17, http://www.mei.edu/content/article/unpacking-turkey-s-failed-coup-causes-and-consequences.

将讨论对居兰派军官进行大规模清洗，[①]“居兰运动”将会受到重大打击，这一变化促使居兰分子决定铤而走险，发动政变。

政变计划准备不足，行事仓促。居兰分子在与正义与发展党携手对付军方时想方设法渗透到军队中，因为倾向于凯末尔主义的世俗派军官要么被捕，要么因为受到调查而在晋升中被打入冷宫，这给“居兰运动”成员提供了机会。在政变失败后的清查活动中，截至 2016 年 7 月 23 日，被捕的高级军官中至少有 83 人是准将或少将，其中大约有一半是 2013 年后晋升的。海军司令部的 58 名军官中有 24 人卷入了未遂政变。“居兰运动”成员虽然成功渗入军官队伍中，但因经营时间较短，居兰分子中缺乏具有号召力的高级将领，这给政变活动的顺利进行带来了困难。按照原定计划，政变本来应在 2016 年 7 月 16 日周六凌晨 4 点发动，但 15 日下午 4 时土耳其国家情报局就获得政变的消息。情报局迅速联系军队总参谋部，决定从下午 6 点起禁止军队离开基地，关闭领空。晚上 9 点政变军人涌到总参谋部，将总参谋长阿卡尔劫为人质，企图强迫他在政变声明上签字。晚 9:30 发出政变命令，比原定时间提前了五个半小时。[②]而在这段时间里，政府方面做出了相应的部署，致使政变分子无法成功实施政变计划。

---

① [美]丹尼·罗德里克：《土耳其政变失败将强化极权主义》，《南风窗》2016 年第 16 期，第 91 页。

② Gönül Tol, Matt Mainzer and Zeynep Ekmekci. “Unpacking Turkey’s Failed Coup: Causes and onsequences”, 2016-08-17, http://www.mei.edu/content/article/unpacking-turkey-s-failed-coup-causes-and-consequences.

三、政变对土耳其内政外交的影响

未遂政变发生在土耳其政治变迁的一个敏感时期，因为土耳其执政党的强势领导人埃尔多安正谋求改变国家的政治体制，扩大总统的权力。2014年8月，担任总理11年的埃尔多安当选土耳其总统。因为土耳其实行的是总理内阁制，总统没有管治实权。埃尔多安极力推动修改宪法，改行总统制，将礼仪性的总统变成掌握实质性权力的总统。埃尔多安的扩权行为引起许多人的怀疑和反对，政变的发生和失败恰好给了他扩大权力、清除异己的机会。因此，有人甚至怀疑政变很可能是埃尔多安自导自演的"苦肉计"，其目的就是要抓军内的居兰分子，并帮助埃尔多安推动其政治图谋。[①] 也有人认为，即使不是埃尔多安发起了政变，他也默许了政变的发生。居兰本人就声称埃尔多安发起了政变。[②] 政变发生后的变局对土耳其的内政、外交都产生了重大影响。

作为政治经验丰富的政坛老手，埃尔多安充分意识到政变带来的历史机遇。他将政变称为"上帝的礼物"，"因为这将是

---

① 《昔日盟友反目成仇，土耳其政变到底是咋回事？》，凤凰网：http://news.ifeng.com/a/20160716/49365790_0.shtml.

② Joe Lauria, "The Mystery of Turkey's Failed Coup", http://commondreams.org/views/2016/08/04/mystery-turkeys-failed-coup.

清洗我们的军队的理由”。[①] 政变“允许埃尔多安以政变前不可能的方式改造土耳其的公共机构。政变前埃尔多安面对实质性的反对，政变给予他重组军队、情报机构和其他机构的机会”。[②] 他利用国民要求社会稳定、反对军方干政以及国际社会的同情，采取措施强化政府权力。土耳其政府宣布国家进入三个月的紧急状态，暂时终止《欧洲人权公约》，甚至考虑恢复死刑，以处死被捕的发动政变的军人。埃尔多安不仅要清除军队中的异己分子，而且要借机消除社会各个领域的政敌，真正确立正义与发展党一统天下的地位。

军警、司法机构是正义与发展党首先要清洗的目标。据土耳其《晨报》（*Daily Sabah*）2016 年 7 月 26 日报道，有 143 名将军、3168 名其他级别的军官以及 736 名军校学员被拘捕。约有 918 名警官也被拘留，同时还有 825 名行政官员（包括一些省长）也被逮捕。同时，至少有 100 名最高法院法官、国家委员会（另一个高级法律机构）的 34 名成员、数百名低级法院的法官及 737 名检察官被拘留。[③] 而此前一周，土耳其副总理库尔图尔穆什就声称，被拘留和逮捕的人数达到约 9000 人，还有 7850 多名警察被停职审查，2700 余名司法界人员、超过 10000 名财政

① [美]丹尼·罗德里克：《土耳其政变失败将强化极权主义》，《南风窗》2016 年第 16 期，第 91 页。

② George Friedman, “Beyond the Turkish Coup”, *Huffington Post*, 2016-11-08.

③ “Number of detained coup plotters, accomplices nears 10,000”, *Daily Sabah*, 2016-07-26.

部、内政部人员被停职等待审查。[1]

肃清行动迅速扩大到教育界和新闻界。土耳其教育部7月19日宣布，15200名教育部所属人员被停职，私立教育机构中21000名教师的职业许可证被吊销。土耳其高等教育委员会要求全国公立和私立大学的1577名大学院长辞职，并禁止所有学者出国。另外，土耳其总理办公室的257名雇员和情报部门100名雇员被停职。[2]随后，埃尔多安在实施“紧急状态”后首次签署的总统令中，以与居兰有关为由，宣布关闭1043所私立学校、1229家协会与基金会、19家贸易联合会、15所大学和35家医疗机构。[3]据土耳其记者协会秘书长提供的资料，从7月到10月，已有170家媒体被关闭，105名记者被捕。此外，700多名记者被吊销记者证。[4]

进一步的清洗目标是土耳其的非政府组织。土耳其内政部11月12日宣布，他们停止了370个“与恐怖组织有联系”的非政府团体的活动，其中153家组织与“居兰运动”有关，190家与库尔德工人党有关，19家为“激进左派”，8家与“伊斯兰国”有关。土耳其副总理库尔图尔穆什为政府的立场辩护，表示“土耳其不得不在多条战线上与恐怖主义作战，我们正试图清除国

① 《土耳其教育界也遭肃清　全国大学院长“被辞职”》，环球网：http://world.huanqiu.com/hot/2016-07/9204608.html.

② 同上。

③ 《土耳其关闭千所“污点”学校》，《天津日报》2016年7月25日。

④ Gretel Kauffman, “Turkey coup crackdown widens as government detains journalists”, *Christian Science Monitor*, 2016-10-31.

家机构中的居兰分子，同时我们要打击库尔德好战分子和‘伊斯兰国’”。[①]

与正义与发展党政见不合的库尔德人也受到牵连。由于与库尔德人的关系恶化，土耳其政府在未遂政变后借机对库尔德势力进行打击。2016 年 9 月 11 日，土耳其内政部发表声明称，土耳其政府当日解除了 24 名库尔德地区的民选市长，政府怀疑他们与库尔德工人党有关联。另有四个地区的市长被指称与未遂军事政变有关联，同样被解除职务。亲库尔德的人民民主党（HDP）当日发表声明，将解除库尔德人市长职务这一举动称为“政变”。该党认为，土耳其政府此举忽略了民意，库尔德族区域内的政治人士是政府此举的主要目标。土耳其政府的相关举措引发库尔德地区民众不满，多地发生游行示威活动，并引发警民冲突。[②] 土耳其政府对库尔德工人党武装展开全面的清剿活动，对方也以在重要城市制造爆炸活动作为报复。

从政变发生到 10 月底，土耳其有近 37000 人被捕，超过 10 万名政府官员或雇员被停职或开除，土耳其国内形势趋于紧张，不满的情绪在积聚。反对党和人权组织指责政府利用政变来压制所有持不同意见者，而不只是卷入政变的人。主要反对党共和人民党领袖凯末尔·齐力克达洛格鲁（Kemal Kilicdaroglu）

---

① “*Turkey halts activities of 370 groups with suspected ‘terrorist’ links*, middle east monitor”, https://www.middleeastmonitor.com/20161113-turkey-halts-activities-of-370-groups-with-suspected-terrorist-links.

② 《土耳其解除 28 名市长职务　称涉库尔德武装和未遂政变》，搜狐：http://news.sohu.com/20160912/n468281226.shtml.

谴责政府在未遂政变之后不是加强民主，而是采取反民主的措施。“我们面对这样一种形势：政变被当作一个迫使知识分子沉默和对媒体加大压力的机会。”①

未遂军事政变对土耳其外交也产生了重大冲击，使土耳其与主要盟友及重要邻国的关系面临挑战或变化。

政变导致土耳其与美国的关系出现紧张。土耳其从第二次世界大战以来一直是美国的盟友，两国同属于北约成员国，保持着密切的军事同盟关系。但这次未遂政变导致两国关系出现裂痕，使此前两国在美国支持伊拉克、叙利亚库尔德人打击“伊斯兰国”武装问题上的分歧进一步加大。双方的矛盾主要表现在两个问题上：

第一，土耳其对美国对待政变的表态不满。美国国务卿克里在政变发生后只是表示，“希望土耳其尽快恢复和平稳定”，对政变本身未进行谴责。而且在美国驻土耳其大使馆网站的新闻中，起初还将这场政变形容为“起义”（uprising），而不是“政变”。美国使馆后来作出解释，说“起义”是援引土耳其媒体的报道，但此举仍然引起土耳其对美国的不满。②土耳其保守派媒体《新曙光报》甚至报道称，美军退役上将约翰·坎贝尔是此次土耳其军事政变的幕后主谋之一。他曾借助美国中央情报局的关系，通过设在尼日利亚的非洲联合银行，向发动政变的土

① Gretel Kauffman, “Turkey coup crackdown widens as government detains journalists”, *Christian Science Monitor*, October 31, 2016.

② 郑东超：《“7·15军事政变”后土耳其的外交政策选择》，《当代世界》2016年第8期，第64页。

耳其军方人士发放了20多亿美元的经费。不过，这则消息遭到美国军方的断然否认，认为这种说法“荒谬至极”。坎贝尔本人也表示这个报道“荒唐透顶”。[①]

第二，土耳其对美国政府在引渡居兰问题上的态度不满。土耳其政府认为此次政变完全是居兰幕后策划的结果，因此，务必要将居兰从美国引渡回国，绳之以法。美国对此的反应是，要求土耳其拿出相关证据，再经美国法律程序审定。土方对美方坚持要求证据感到不满。土耳其司法部长贝基尔·博兹达说：“关于居兰，我们有的是证据，比你们要求的还要多。所有证据都显示，这场未遂政变按照他的意思和命令发动。”埃尔多安的发言人说：“如果美国坚持不交出他，人们会认为，美国是在保护他。”[②] 土耳其总理耶尔德勒姆将这一问题提高到检验两国友谊的高度，他表示：“居兰问题将是对土耳其和美国之间友谊的检验，任何支持居兰的国家都不是土耳其的朋友。”[③]

土耳其阿特勒姆大学国际关系系主任哈桑·于纳尔认为:“很明显，美土关系在政变后出现信任危机。如果美国拒不引渡居兰，可能会导致双边关系出现‘结构碎片’，毕竟美国在历史上

---

① 胡向春:《土耳其政变前后的美土军事关系》,《现代军事》2016年第9期，第41页。

② 《土耳其教育界也遭肃清　全国大学院长“被辞职”》，环球网：http://world.huanqiu.com/hot/2016-07/9204608.html.

③ 郑东超:《“7·15军事政变”后土耳其的外交政策选择》,《当代世界》2016年第8期，第64页。

曾经参与过土耳其政变。”[1] 事实上，在因契尔利克空军基地问题上，美国已经感受到美土之间信任危机的后果。该基地是美军在中东地区的重要基地，也是美军打击“伊斯兰国”行动的重要支撑点。美国在该基地储存了 50 多枚 B-61 核弹头。在此次军事政变中，该基地曾有1架土耳其空军KC-135加油机起飞，为空袭国会的数架叛军 F-16 战斗机加油。在平定政变过程中，土耳其政府逮捕了卷入政变的军人，关闭了因契尔利克空军基地，并且切断基地一周的电力供应。该基地被关闭，美军用于打击“伊斯兰国”行动的战斗机和无人机立即处于停摆状态。[2]

政变之后土耳其政府的政策也引发了欧盟与土耳其在人权问题上的争执。欧盟与土耳其关系密切，加入欧盟是历届土耳其政府坚持不懈的目标。由于双方在诸多问题上的差异，土耳其“入欧”之梦一直未能实现。2016 年 3 月，欧盟成员国领导人同意与土耳其重启谈判，交换条件是土耳其同意协助减少通过该国涌入欧盟的难民潮。当时，双方在难民问题上达成协议，欧盟也同意在 2016 年 10 月前实现土耳其公民赴欧免签的目标。但是，未遂政变后土耳其政府严厉清洗政敌的方式引发欧盟的不满，认为土耳其压制人权，距离欧盟要求的标准越发遥远。欧盟对土耳其的不满主要表现在土耳其国内有关恢复死刑的讨论、限制言论自由和媒体的讨论、对亲库尔德人的人民民主党

---

① 胡向春：《土耳其政变前后的美土军事关系》，《现代军事》2016 年第 9 期，第 42 页。

② 同上。

议员的拘留等。土耳其 2004 年废除死刑，成为民主改革的重要成果。在欧盟看来，如果恢复死刑，将是土耳其在民主人权上的倒退。[①]而拘捕记者、压制媒体更与欧盟的基本价值观相冲突，土耳其政府的一系列做法引起欧盟的强烈批评。大赦国际欧洲人权专员约翰·达尔辉森（John Dalhuisen）谴责土耳其政府拘捕记者的行动是“有步骤消除一切反对声音的企图”，而压制反对派媒体的做法是“公然滥用紧急状态的授权”。他呼吁土耳其当局释放被捕的记者。欧洲议会主席马丁·舒尔茨在 Twitter 上指责拘留记者“越过了土耳其新闻自由的又一道红线”。德国总理默克尔的发言人也表示：“我们已经强调并且还会继续强调，新闻自由对我们来说不仅仅是有重大价值，而且是每个民主法治国家的核心价值。”[②]2016 年 11 月 24 日，在斯特拉斯堡举行的全体会议上，欧洲议会通过决议，称鉴于土耳其当局的作为，呼吁欧盟暂停土耳其“入欧”谈判。有人认为：“欧盟的这一系列表态，实际上给土国当头一棒，等于宣判土耳其入欧梦碎，短时间内土国不再有加入欧盟的可能。”[③]

在土耳其对外关系上，政变带来的一个重大利好就是土耳其与俄罗斯的关系出现了重大突破，两国关系从冰冷转向炽热。

---

① 郑东超：《“7·15 军事政变”后土耳其的外交政策选择》，《当代世界》2016 年第 8 期，第 64 页。

② Gretel Kauffman, “Turkey coup crackdown widens as government detains journalists”, *Christian Science Monitor*, October 31, 2016.

③ [香港]《加入欧盟已成空　土耳其前路迷茫》，《东方日报》2016 年 11 月 28 日。

2015年11月24日，土耳其在土叙边境地区以侵犯土国领空为由，出人意料地击落一架俄罗斯战机，导致一名俄罗斯飞行员身亡，土俄关系瞬间跌入低谷。俄罗斯随即宣布对在土耳其的投资、旅游、交通、贸易、劳工和关税等方面实行制裁。如在农业方面，俄罗斯在商店货架上撤下土耳其出产的肉类和水果；在经贸方面，加强对土耳其货物的监管，一度造成数百辆土耳其卡车停在俄罗斯边境之外，无法驶入。制裁给原本不景气的土耳其经济造成了巨大损失，土耳其仅在旅游方面的损失就达到100亿美元。2016年6月底，土耳其总统埃尔多安写信给俄罗斯总统普京，就击落军机一事向俄方道歉，土方还愿意为此做出赔偿，表明两国都有修补关系的强烈愿望。①

未遂政变后土俄两国关系进一步改善。与西方国家的态度不同，俄罗斯总统普京在政变后第一时间与埃尔多安通话，表达了对土耳其政府的支持。有消息指，土耳其方面之所以能挫败政变阴谋，是因为得到了俄罗斯的帮助。伊朗媒体报道称，俄罗斯军方在叙利亚拉塔基亚截获电报，土耳其军人准备在安卡拉发动政变。俄方随后将此事转告土耳其情报部门。土耳其官方消息人士向伊朗刊物Farsnews证实，土耳其收到了俄罗斯的警告，倘若没有得到俄方的情报，不知道政变结果会是怎样。②俄土关系在政变后持续升温。即使2016年12月19日俄罗斯驻

① 《对不起！就击落战机一事土耳其总统向俄写信道歉还愿进行赔偿》，《新文化报》2016年6月29日。

② 《俄媒：土耳其政变未遂多亏俄罗斯事前通风报信》，参考消息网：http://www.cankaoxiaoxi.com/world/20160722/1240368.shtml.

土耳其大使安德烈·卡尔洛夫在安卡拉出席一个摄影展并发表讲话时遭枪击身亡，也没有阻止俄土的接近。双方宣布将组成联合调查委员会，共同就这起恐怖袭击事件展开调查。12月28日，俄罗斯、土耳其在排除欧美的情况下就叙利亚全面停火达成一致。第二天，叙利亚政府与叙利亚主要反对派武装签署了停火协议并同意启动和谈。12月31日，联合国安理会一致通过决议，核可由俄罗斯和土耳其促成的叙利亚停火协议。这是俄土合作取得的最重要的外交成果。

土耳其在未遂政变后的外交动向只是在特殊情况下的政策调整，不应该是外交政策的全面转向。土耳其从国际战略、周边环境考虑，与俄罗斯改善关系相信会继续下去，但不可能完全改变亲欧美的政策。即使土耳其与欧美关系出现龃龉，土方有所不满，双方也极力淡化矛盾的性质。在2016年7月20日的一次电视讲话中，即使在土耳其人对美国极端不满的气氛中，埃尔多安仍然强调，“土美关系很重要，不是基于感性基础之上的”。而同一天，美国国防部长卡特也表示：“政变后美土之间的盟友关系依旧牢不可破。数十年来，土耳其一直是美国的强大盟友，尽管现在两国面对许多问题，但盟友关系依旧强大。”[①]而在欧洲议会通过呼吁暂停土耳其入欧谈判的决议后，土耳其欧盟事务部长欧默尔·契利克也极力淡化决议的重要性。他指出，议员们屈从于排外情绪，他们不理解土耳其在未遂政变后

① 郑东超：《“7·15 军事政变”后土耳其的外交政策选择》，《当代世界》2016年第8期，第66页。

面临的威胁有多严重。他声称，土方认为该投票结果无效，也不意味着土耳其和欧盟之间的关系出现危机。

相形之下，土耳其内政方面的变化具有更大的影响，也更值得关注。从政变的情况来看，以往在土耳其政治中扮演核心角色、以维护凯末尔主义为己任的世俗派军人，已经被排挤到政坛的边缘。他们曾屡屡通过政变确定国家发展方向，而在这次政变中，他们几乎没有发挥作用的空间。土耳其政坛似乎已完全把持在正义与发展党和居兰分子这些伊斯兰倾向的人手中。这种情况只是暂时现象抑或会长期化？未遂政变后埃尔多安的集权努力能否顺利实现？会不会激化不同势力之间的矛盾致使政局出现动荡？尤其是土耳其国父凯末尔开创的世俗化、西方化的现代化道路是否从此发生逆转？这些问题都有待时间来回答。

— 第四章 —

远邻近亲：日益密切的中土关系

从古代起，中国与土耳其就通过丝绸之路发生了联系，中国古籍中也留下了相关记载。奥斯曼帝国建立后，不时派出使节前来中国。新中国成立后，中土之间经历了最初的敌对、改革开放后的关系正常化以及进入21世纪后的伙伴关系，两国关系正向全面、纵深的战略伙伴关系发展。中土距离遥远，从北京到土耳其首都安卡拉近7000公里，但土耳其的主体民族——土耳其人在隋、唐时期就是中国的邻居——突厥人，只是后来他们辗转迁移到小亚细亚。在多民族构成的中华民族大家庭中，维吾尔、哈萨克、柯尔克孜、乌兹别克等少数民族与土耳其人一样都属于突厥民族，因此，也可以说土耳其是中国的“远邻近亲”。

第一节　源远流长的中土历史联系

一、罗马帝国时期中国与小亚细亚的文化、经济交流

中国是古代东亚地区最为发达的古典文明，影响波及周边众多地区，小亚细亚则长期受到希腊文化、罗马文化、两河流域文明以及波斯文明的影响，历来为文化荟萃之地，两地从罗马帝国时期就发生了直接或间接的接触。小亚细亚是罗马帝国的重要组成部分，而到拜占庭帝国时期，现在土耳其所属的小亚细亚和东色雷斯成为帝国的核心统治区。因此，中国同古代小亚细亚的联系当时主要体现在与罗马帝国的联系上。

汉武帝元狩四年（公元前 119 年），张骞在第二次奉派出使西域期间，曾分遣副使出访大宛、康居、月氏、大夏等国。汉朝派出的使者到过安息（波斯）、身毒（印度）及黎轩（附属大秦的埃及亚历山大城）等地，建立起汉与西域的交通。这一时期丝绸之路已经开通，丝路的终点罗马帝国被中国称为“大秦”。东汉时期曾试图与罗马建立直接联系，在汉和帝永元九年（97 年），西域都护班超派遣部下甘英出使大秦，但限于条件，甘英

最远只到达安息西界的西海（今波斯湾）沿岸。透过来往罗马与中国的商旅，《后汉书·西域传》留下了有关罗马帝国的记载："大秦国一名犁鞬，以在海西，亦云海西国。地方数千里，有四百余城。小国役属者数十。以石为城郭。列置邮亭，皆垩塈之。有松柏诸木百草。""其王无有常人，皆简立贤者。国中灾异及风雨不时，辄废而更立，受放者甘黜不怨。其人民皆长大平正，有类中国，故谓之大秦。"

罗马皇帝君士坦丁一世当政时期（306—337 年），将首都从罗马迁往拜占庭（即今伊斯坦布尔），号为新罗马。中国将拜占庭多音译为"拂菻"，有时译为"蒲林"，双方往来渐多。晋穆帝（345—361 年）时，已有罗马使者到达东晋都城建康（今南京）。363 年，东晋哀帝司马丕为表示答礼，派出使者经河西走廊前往君士坦丁堡。《晋起居注》说："兴宁元年闰月，蒲林王国新开通，前所奉表诣先帝，今遣到其国慰谕。"① 这是中国史籍中有关中、罗外交来往的最早记载。

初唐时期，中国与拜占庭的联系增多，中国史籍中曾留下拜占庭使者来华的多次记录。这一时期恰逢拜占庭帝国的多事之秋。阿拉伯帝国崛起后，对拜占庭帝国形成了严重威胁。655 年阿拉伯人在西亚海岸的菲尼克斯大败拜占庭军队，668 年冬至 669 年夏发起对君士坦丁堡的大规模围攻。674—680 年阿拉伯军队连续七年在爱琴海和马尔马拉海发动攻势，君士坦丁堡摇摇欲坠，拜占庭最终依靠希腊火才勉强解围。面对阿拉伯人

① ［宋］《太平御览》，卷七八七。

的威胁，拜占庭人来华的一个目的是争取唐朝的援助，解除阿拉伯入侵的危机。唐太宗贞观十七年（643 年），拜占庭以教皇狄奥多尔一世（642—649 年在位）的名义派出使者抵达长安。《旧唐书·拂菻传》记载："拂菻王波多力遣使献赤玻璃、绿金精等物，太宗降玺书答慰，赐以绫绮焉。"乾封二年（667 年），拂菻王遣使进献西亚一种以鸦片为主要成分的名贵药物底也伽。开元七年（719 年）正月，拜占庭又通过吐火罗大首领献狮子、羚羊各二。当年又派大德僧（景教僧正）来华。从贞观十七年（643 年）到天宝元年（742 年）的 100 年间，拂菻国向中国派遣使者前后共七次，有些可能是拜占庭王室直接派遣，有些可能是中亚景教团体假托拜占庭的名义来华。[①] 不论哪一种情况，都反映出中国与小亚细亚的关系较以往密切。

宋朝元丰四年（1081 年）十月，在与中国隔绝三个世纪后，拜占庭使节经过重重困难，抵达宋朝都城汴梁（今开封）。拂菻国使节为宋朝皇帝进献了鞍马、刀剑和珍珠。元祐六年（1091 年），拂菻国使者又两次来访，宋朝回赠其玉帛 200 匹、白金瓶、袭衣、金束带。此后，中国史籍中再无拜占庭使节来访的记载。

与官方往来相比，民间商贸往来应该更为频繁。经由与中国的丝绸贸易，西方逐渐了解了养蚕缫丝的方法。公元前 4 世

① 沈福伟：《中国与西亚非洲文化交流志》，上海人民出版社 1998 年版，第 327 页。张绪山：《唐代拜占庭帝国遣使中国考略》，《世界历史》2010 年第 1 期，第 108—120 页。

纪，亚里士多德就曾提到科斯岛的丝织品，公元前1世纪凯撒大帝曾使用丝绸遮蓬，公元前1世纪埃及女王克利奥帕特拉也曾穿着丝织品，这些情况说明丝绸很早就传入西亚和罗马地区。1世纪完成的老普林尼的《博物志》记载："养蚕的工作包括抽丝及织绢。其丝织品极纤细，贵妇多用以为衣，质透明，穿之各体毕露如裸。"[①] 显然，当时西方人还不了解丝绸生产的全过程。中国文献中曾提到大秦生产的一种类似丝绸的"杂色绫"，如《魏略·西戎传》中提到，大秦国"有织成细布，言用水羊毳，名曰海西布。此国六畜皆出水，或云非独用羊毛也，亦用木皮或野茧丝作"。而在公元前4世纪的古希腊文献中就有指称丝绸之国——中国的"赛里斯"一词。当地人除输入中国丝织品之外，还将中国的丝织品分解开来，重新加工成他们喜欢的图案。《魏略·西戎传》曾提及大秦人的一个做法："又常得利中国丝，解以为胡绫，故数与安息诸国交市於海中。"据拜占庭史料，直到6世纪罗马人在中亚获得蚕种，才最终掌握了养蚕缫丝的技术。

君士坦丁堡从拜占庭时期起便是欧亚贸易的中心，是东方丝绸、香料等货物通向西方的重要集散地。据清华大学历史系张绪山教授研究，拜占庭时期帝国及欧洲对中国的丝绸需求量很大，主要有三个原因：一是拜占庭帝国是等级社会，而衣着丝绸是贵族身份的象征；二是拜占庭还向欧洲输出丝绸，将丝

---

① 沈爱凤：《从青金石之路到丝绸之路——西亚、中亚与亚欧草原古代艺术溯源（上册）》，山东美术出版社2009年版，第609页。

绸作为外交礼物送给邻国；三是教堂及王宫装饰以及教会贵族的裹尸布都用丝绸，所以丝绸的消耗量很大。中国丝绸这一时期大量输往罗马统治下的地区。老普林尼在《博物志》中写道，为了购买中国的丝、印度和西亚的宝石和香料，罗马每年流入印度和中国的金银钱币相当惊人。这一情况被在中国发现的大量罗马金币所证实。近代以来，中国各地发现的可考订时代的罗马（包括罗马帝国与拜占庭帝国）金币 25 枚，再加上中国钱币博物馆馆藏的可辨识的 17 枚罗马金币，明确帝王时代的罗马金币总数达到 42 枚。这些金币分属 20 个罗马帝王时期，时间跨度长达 700 年左右。从罗马金币的数量与性质来看，流入中国的罗马金币铸造时间最早的始于 4 世纪后期，铸于 350—400 年的金币只有 2 枚，其后逐步增加，5 世纪上半期和下半期各有 5 枚金币，6 世纪上半期数量达到高峰，这一时期的金币数量多达 11 枚，其后又逐步下降，6 世纪下半期减少到 5 枚，7 世纪上半期略微增加到 7 枚，到 7 世纪下半期减少到 2 枚。此后流入数量急剧减少，从 700 年到 1100 年只发现 5 枚罗马金币。4 世纪后期至 7 世纪后期这 300 年左右的时间是罗马金币最集中的流入期，大致相当于两晋南北朝至唐前期，流入数量最高的时期是北朝的北魏晚期。中国学者金德平、于放认为，这些金币进入中国大致有两种原因，一是丝路商贸的交往带来了这些西方的金币；二是罗马金币流入中国的高峰期是在北魏，这段时期正是五胡乱华时期，西北民族入侵、内迁，中国北方战乱频发，入侵和内迁的西北民族可能带来了西方的货币，并将带来的金币使用于多种用途。当然，罗马与中国及周边地区的贸易联系仍然是罗马金币流入中国的根本原因。850—1000年的150年间，中国未发现流入的罗马金币，而在11世纪又发现了3枚罗马金币，这时正当拜占庭使节三次来访的北宋时期。[①]

二、奥斯曼帝国时期的中土关系

创立奥斯曼帝国的土耳其人即中国史书上的突厥人，是一支原活动于阿尔泰山地区的游牧民族，很早就与中国中原各政权发生了联系。6世纪中期，西魏宇文泰遣使联络突厥人，谋求联手袭击对中原形成威胁的柔然汗国。552年，突厥人击败柔然，正式建立起突厥汗国，并成为西域强国。据史书记载，突厥汗国的疆域“东自辽海以西，西至西海万里，南自沙漠以北，北至北海五六千里，皆属焉”。[②]突厥人有时对中原发动袭扰，有时成为中原政权的藩属，两地交往越来越频繁。

突厥汗国的命运在很大程度上取决于他们与隋、唐政权的关系。隋朝建立之初，突厥利用中原局势未定之机，多次对隋发动袭击。583年，突厥大军再次来袭，隋军在充分准备的基础上，一举击溃突厥人。突厥的战败加剧了其内部矛盾，导致突厥汗国分裂为“东突”厥与西突厥两部分。“东突”厥南下降

① 金德平、于放：《考说在中国发现的罗马金币——兼谈中国钱币博物馆17枚馆藏罗马金币》，《中国钱币》2005年第1期，第43—44页。

② [唐]《周书》，卷五十列传第四十二。

隋，获得隋文帝册封。西突厥渐趋瓦解。在隋末的混乱中，东、西突厥东山再起。唐朝兴起后，“东突”厥站在隋朝立场上对抗唐政权，西突厥则与唐朝结成同盟，共同抗击“东突”厥。贞观四年（630年），唐朝大军大败“东突”厥，“东突”厥颉利可汗被俘，“东突”厥宣告灭亡。唐朝的日益强盛引起西突厥的不安，转而采取与唐朝敌对的政策，结果导致西突厥的覆灭。其后偶有突厥政权再度崛起，但已不复往日盛景。7世纪阿拉伯人进据中亚后，突厥人皈依伊斯兰教，成为穆斯林。此后他们辗转西移，落脚在小亚细亚，先在11世纪建立起昙花一现的塞尔柱帝国，接着在14世纪建立起延续五个多世纪的奥斯曼帝国。

奥斯曼帝国攻占君士坦丁堡之前就开始与明朝有官方往来。15世纪初，奥斯曼军队被帖木儿的军队击败，素丹巴耶济德被俘后自杀，他的四个儿子展开权力争夺战。到1413年，穆罕默德赢得胜利，获得奥斯曼人的效忠。1419年（永乐十七年），他派出的使团抵达北京。中国当时将奥斯曼译为“阿速”，《明史》曾对此事加以记载：“阿速，近天方、撒马儿罕，幅员甚广。城倚山面川。川南流入海，有鱼盐之利。土宜耕牧。敬佛畏神，好施恶斗。物产富，寒暄适节。人无饥寒，夜鲜寇盗，雅称乐土。永乐十七年，其酋牙忽沙遣使贡马及方物，宴赉如制。以地远不能常贡。天顺七年命都指挥白全等使其国，竟不复再贡。”[①]《明史》对奥斯曼赞赏有加，称其为“乐土”。天

① ［清］《明史》，卷三百三十二列传第二百二十。

顺七年（1463年），明政府派遣都指挥佥事白全等人出使阿速，此后在明朝的史籍中再无阿速朝贡的记录。

实际上，从1453年起，奥斯曼帝国攻占了君士坦丁堡，奥斯曼帝国与中国的往来采用了“鲁迷”的名称。嘉靖三年（1524年），鲁迷使臣取道赫拉特、吐鲁番抵达北京。《明史》卷三三二记载：“鲁迷，去中国绝远。嘉靖三年遣使贡狮子、西牛。”两年后，鲁迷使臣又向明廷进贡狮子、西牛，并且对赏赐给他们的礼物表示不满，因为他们长途跋涉，花费多达22000余金，希望能增加对他们的赏赐。嘉靖二十二年（1543年）、二十七年（1548年）、三十三年（1554年），鲁迷使团又三次来访，贡物有马匹、珊瑚、琥珀、金刚钻、花瓷器、锁服、撒哈剌帐、羚羊角、西狗皮、舍列狲皮、铁角皮等。其中1543年出访中国的使团成员多达90余人，回国途中在甘州遇到入侵的蒙古人，他们在抵抗中有9人战死。嘉靖皇帝亲自过问，将战死者厚葬。[①]这些官方交往中，尽管明政府内对应该如何对待鲁迷使团、是否接受他们进献的狮子、对鲁迷使节应该厚赏还是薄赏、甚至对于鲁迷使团的真伪，都存在不同意见，但这些来往对推动中土两国关系的发展还是发挥了重要作用。尤其是奥斯曼帝国派出的使团都发生在雄才大略的苏莱曼大帝时期（1520—1566年），显示出奥斯曼帝国对中国的重视。

清政府实行对外闭关锁国的政策，与奥斯曼帝国的官方接

① 沈福伟：《中国与西亚非洲文化交流志》，上海人民出版社1998年版，第331页。张铁伟：《中国和土耳其友好关系小史》，《西亚非洲》1987年第6期，第69页。

触较少。目前所知的一起官方接触是，1901 年适逢素丹阿卜杜勒·哈米德二世登基 25 周年，清政府以光绪皇帝的名义派员赠送金银、珊瑚等制作的精美工艺品以示祝贺。①

奥斯曼帝国与中国之间的民间来往颇为频繁。1540 年左右，鲁迷人朵思麻带着奥斯曼制造的火铳，历经八年时间到达北京，被明廷任命为锦衣卫指挥，可惜他献上的火器未得到充分利用。鲁迷人可马鲁丁及其子孙曾主持南京净觉寺长达一个世纪之久，从 14 世纪后期的洪武年间一直延续到弘治五年（1492 年）。一些中东人士游历中国后留下了有关中国的著述，其中与奥斯曼帝国关系最密切的要数赛义德·阿里·阿克巴尔·哈塔伊（Seid Ali Akbar Khatai）的《中国志》。阿里·阿克巴尔原籍波斯，后长期生活在奥斯曼帝国。该书手稿 1516 年年初完成于伊斯坦布尔，分为 20 章，详细介绍了中国的历史变迁和现实情况，对明朝法律、礼仪、军队及社会情况的描述尤为细致。作者对中国社会的井然有序做了高度评价，他指出："在世界上除了中国以外，谁也不会表现出那样一种井井有条的秩序来。毫无疑问，如果穆斯林们能恪守他们的教规——虽然这两件事无共同之处——他们无疑地都能按真主的良愿成为圣人。"② 该书据说曾引起号称"立法者"的苏莱曼一世及其继承者穆拉德三世的注意，但直到 1853 年才在伊斯坦布尔刊出第一个石印本。1988

① 张铁伟：《中国和土耳其友好关系小史》，《西亚非洲》1987 年第 6 期，第 69 页。

② [波斯]阿里·阿克巴尔：《中国纪行》，张至善编，张至善、张铁伟、岳家明译，三联书店 1988 年版，第 57 页。

年，三联书店出版了由张至善编译的该书中译本，书名改为《中国纪行》。乾隆十五年至十七年（1750—1752年），土耳其人墨克目德罕治到广州游学，住在先贤古墓礼拜寺内。

随着交通条件的改善，踏足土耳其并留下记载的中国人开始出现。清朝乾隆年间旅行多国的广东人谢清高在《海录》一书中对土耳其有如下记载："土古国疆域极大，本回回种类，人民强盛，穿大袖衣，裹头，服皮衣。"1845年1—7月，云南著名经师马德新携弟子马安礼、马开科等人在赴麦加朝觐途中曾在伊斯坦布尔度过了半年的时光，这期间曾受到奥斯曼素丹阿卜杜勒·麦吉德的接见，并应邀参加素丹的姐姐的婚宴，还在宫廷官员的陪同下游览伊斯坦布尔城，参观皇家太医院。回国后他将自己的经历写进《朝觐途记》一文中。[①] 十余年后，另一名云南伊斯兰宗教学者马联元随舅父赴麦加朝觐，途经土耳其时曾跟随当地宗教学者尔不都哈米德（Abdal Hamid）学习《奈格施邦定记刻尔》。1906年，北京著名阿訇王宽教长到麦加朝觐后，赴埃及、土耳其等地进行考察，在伊斯坦布尔受到素丹阿卜杜勒·哈米德二世的礼遇，并获赠经书千余卷。第二年回国时，王宽聘请土耳其经学专家哈夫苏·哈桑和阿里·里达一同来华传授《古兰经》诵读学及诵读方法。[②]

地处丝路两端的中国与土耳其的贸易往来在这一时期更加

① 张铁伟：《中国和土耳其友好关系小史》，《西亚非洲》1987年第6期，第69—70页。

② 沈福伟：《中国与西亚非洲文化交流志》，上海人民出版社1998年版，第344页。

兴旺。从元代起，就有许多土耳其人来华经商，广州、泉州、杭州等地都有客居的土耳其商人。马可·波罗途经伊斯坦布尔时，就看到商场里摆放着大量中国丝绸和瓷器，有许多奥斯曼工匠在采用中国的技术制造瓷器。摩洛哥旅行家伊本·白图泰在游历中国杭州时，也见到过许多奥斯曼商人和学者。明清时期，中土贸易继续发展，奥斯曼的物品，如玻璃、玛瑙、珊瑚、硼砂、香料、犀角等源源不断运入中国，中国的瓷器和丝绸则大量行销奥斯曼，并且通过土耳其销往欧洲和非洲等地。中国瓷器受到土耳其人的特别喜爱，16世纪以前，奥斯曼帝国宫廷宴会主要使用纯金、银器餐具，而到16世纪中叶以后，中国瓷器取而代之。据说，当时的人相信中国青瓷具有遇毒变色的奇异功能，用作餐具更加安全。[①] 在奥斯曼托普卡帕王宫中收藏的众多珍贵瓷器中，有8000—10000件为中国瓷器，其中宋、元、明青瓷1300件，元、明青花瓷约2600件，清代瓷器4000多件。[②] 全世界现存的元青花只有300件，托普卡帕王宫就收藏了40件。2001年，一批中国古瓷研究专家抵达土耳其，对这批元青花瓷进行考察。专家们认定，托普卡帕老王宫的这批元青花从质量和数量上均为世界第一，其中不乏举世孤品，如直径41.5厘米的蓝底白花麒麟飞雉双凤图菱口大盘为全世界最大；高达70厘米的牡丹纹葫芦瓶为世界仅有；高60.5厘米的一对多棱葫芦瓶

---

① 赵玫玫：《土耳其王宫藏着上万件中国古瓷》，《决策与信息》2008年第2期，第64页。

② 沈福伟：《中国与西亚非洲文化交流志》，上海人民出版社1998年版，第340页。

为传世价值最高的瓷器。①

图 4-1　托普卡帕王宫中收藏的大明弘治年间的中国瓷器

瓷器的贸易促成了中土两国在瓷器制作方面的技术交流与相互学习。据中国学者马文宽研究，从 15 世纪前半叶起，奥斯曼土耳其开始仿制中国瓷器，尤以仿元、明青花瓷烧制的青花陶最为有名，在伊斯兰世界达到了极高水平。奥斯曼土耳其仿制中国瓷器主要表现在纹饰上，在葡萄纹、束莲纹、缠枝花叶纹、青花狮纹、贴花螭纹、印花菊瓣纹、刻花缠枝莲纹等 13 种纹饰上模仿了中国纹饰。而明代晚期景德镇和漳州窑烧造的瓷器也在器形和纹饰上借鉴了土耳其的瓷器，如仿制土耳其长颈

① 龙迎春、陈小雁：《广州人买土耳其毯一掷百万　被大赞“很有信誉”》，《广州日报》2015 年 1 月 29 日。

瓶，模仿土耳其瓷器的郁金香纹和波浪纹等，显示中土两国文化交流达到非常密切的程度。[①]

三、土耳其共和国时期的中土联系

近代中国被西方视为“东亚病夫”，奥斯曼帝国则被视为“西亚病夫”，两国面临的形势相同，都同样面对摆脱殖民压迫和封建专制的历史任务。因此，第一次世界大战后凯末尔领导的民族革命受到中国人的高度关注。土耳其民族主义者在民族独立斗争中的胜利使中国民众深受鼓舞，孙中山在演讲中多次提及土耳其人民的反帝斗争，称赞土耳其与苏俄的友好关系。《东方杂志》1923 年第 19 卷连续发表化鲁的长文，介绍土耳其革命的情况，文章称赞凯末尔领导土耳其人民“以血战赢得土耳其的新生”，是“土耳其的华盛顿”。该文高度评价了土耳其革命的世界性意义，文章指出：“土耳其改建共和，足以表示世界历史中一大专制帝国的崩坠，这委实是德谟克拉西的最后大胜利。”[②]

凯末尔领导的民族独立斗争一开始就吸引了新生的中国共产党的目光。1922 年，中共中央机关刊物《向导》第 3 期发表蔡和森等人的文章，把凯末尔称为“伟大而有胆有识的将军”，

---

① 马文宽：《中国瓷器与土耳其陶器的相互影响》，《故宫博物院院刊》2004 年第 5 期，第 82—88 页。康青：《互动互文的青花——透过元青花看土耳其伊兹尼克与景德镇青花瓷的文化互涉》，《中国陶瓷》2013 年第 12 期，第 103—105 页。

② 彭树智：《现代民族主义运动史》，西北大学出版社 1987 年版，第 121 页。

希望中国人民学习土耳其人民的反帝革命精神，“推翻帝国主义在中国的压迫”，将中华民族从“东亚病夫”变成神州大地上的“东亚巨人”。蔡和森在《向导》第 12 期、第 14 期、第 15 期还撰文分析了土耳其局势，但他关注的重点在于说明被压迫民族联合苏俄的重要性，他认为，凯末尔革命成功的原因有两个：“第一，是立脚在被压迫民族的群众势力上面；第二，是改变各派政党倚狼拒虎或倚虎拒狼的帝国主义的外交政策而毅然决然与全世界被压迫民族之好友——苏维埃俄罗斯联合。”土耳其在反帝战场获胜是因为有苏联的支持，土耳其在外交谈判桌上改变“异常困难”的处境也是因为“洛桑会议中土耳其民族唯一的帮助者”——“劳农俄国”。因此，对被压迫民族来说，正确的外交政策就是“始终与苏维埃俄罗斯结合”。他呼吁四万万同胞“快快起来促起我们革命的政党统率我们与苏维埃俄罗斯联合，以推翻国际帝国主义在中国的压迫呀！！！”①

1925 年 10 月，根据土耳其共和国政府的指令，土耳其驻比利时代办拜访了中国驻比利时公使王景崎，表达了土耳其政府发展土中关系、签订两国通商条约的愿望。中国北洋政府予以积极回应，授权王景崎公使与土耳其方面进行磋商。但由于土方要求在条约中采用最惠国条款，遭到北洋政府的强烈反对，谈判陷于停顿。1926 年 3 月，北洋政府新任外交部长王儒堂认为中土之间可以先进行友好条约的谈判，并指令中国驻俄国大

① 吴海勇：《国共合作决策关键期土耳其革命对中共的影响》，《上海党史与党建》2013 年第 7 期，第 23 页。

使与土耳其驻俄大使展开谈判。因两国对条约的一些条文意见不一，再加上新疆省长杨增新担心土耳其可能利用中土条约对新疆地区穆斯林产生影响，谈判工作再次中断。

1928 年 9 月，土耳其华侨代表王曾善、马宏道、赵洪堃等人联名向刚成立一年多的南京国民政府请愿，恳请与土耳其签订通商条约，以利侨民。国民党驻土耳其支部也向国民党中央党部表达了同样的愿望。1929 年 2 月，国民政府向中国驻美大使伍朝枢颁发委任状和全权证书，授权他与土耳其驻美大使商讨、签订友好条约和通商条约。由于双方立场不一，谈判一波三折。1930 年 6 月，土耳其派出代表，抵达南京，双方正式磋商条约的签订工作，但迟迟没有进展。1934 年 4 月 1 日，中国驻瑞士大使胡世泽出席开罗万国邮政会议后，绕道土耳其与其外长会晤，表达了中国政府尽快签订中土友好条约的意见，土耳其政府表示同意。第二天，南京政府授权胡世泽为签订条约的全权代表。4 月 4 日下午，中土友好条约在安卡拉签订。两国同意按照国际公法的原则，建立外交关系，并保持两国的友好关系。1934 年 5、6 月间，中土两国立法机构和政府分别批准条约。8 月 17 日，土耳其驻瑞士代办和中国驻荷兰公使在日内瓦交换经本国政府批准的文件，并约定自 9 月 1 日起友好条约开始生效。①

中土友好条约虽然耗时持久，从开始谈判到签订条约用去

① 黄维民：《中土关系的历史考察及评析》，《西亚非洲》2003 年第 5 期，第 54—55 页。

了近九年的时间，但条约的签订确实推动了中土两国关系的发展。据中国海关的统计数字，当年中国对土耳其的贸易出口额达到 10.5325 万银元，比上年的出口额增加了一倍。中土之间的人员交往大幅度增加，不论是来华考察访问的土耳其人，还是赴土经商、学习的中国人，数量都远超以往。[①] 为了推动中土之间的相互了解，在土耳其总统凯末尔的建议下，1935 年安卡拉大学成立了汉学院，该学院成为中东地区规模最大、历史最久的汉学研究中心，对推进中土文化交流发挥了重要作用。[②]

图 4–2　安卡拉纪念馆所藏蒋中正送凯末尔总统像

① 黄维民:《中东国家通史：土耳其卷》, 商务印书馆 2002 年版，第 371 页。

② 张铁伟:《中国和土耳其友好关系小史》,《西亚非洲》1987 年第 6 期，第 70 页。

在民国时期尤其是杨增新执政新疆时期（1912—1928年），土耳其与中国新疆的教育交流非常频繁。主要表现为新疆维吾尔人赴土耳其留学、土耳其人到新疆办教育。新疆伊犁人、1947年成为新疆省主席的麦斯武德和南疆阿图什富商玉山巴依的一些亲属等都曾在土耳其留学。有些维吾尔族富商聘请土耳其人担任教师，一些土耳其人担任了当地学校的校长，负责阿拉伯语、波斯语和古兰经的教学。1914年2月16日，土耳其“团结与进步委员会”成员艾买提·卡马尔受命从伊斯坦布尔出发前往新疆喀什噶尔，联络当地富商创办师范学校。由于奥斯曼政府积极传播泛伊斯兰主义和泛突厥主义，对新疆局势产生了不良影响，引起中国政府和新疆地方当局的担心。在杨增新的过问下，在南疆十分活跃的艾买提·卡马尔一度遭到监禁。1933年11月12日，以沙比提大毛拉为首的“东突”分裂势力在喀什噶尔成立“东突厥斯坦伊斯兰共和国”，其中很多地方反映出土耳其的影响：其国旗为蓝色背景上有一颗白色星星和一轮新月，目的是表现出与土耳其星月国旗之间的联系；沙比提大毛拉的顾问中有两名土耳其人，帮其起草了很多计划；土耳其报纸对南疆的分裂活动大肆宣扬。虽然土耳其政府否认与“东突厥斯坦伊斯兰共和国”有任何合作，但土耳其人中较为浓厚的泛突厥主义思想给中土合作留下了一丝阴影。[①]

---

① 许建英：《近代土耳其对中国新疆的渗透及影响》，《西域研究》2010年第4期，第39—45页。

第二节　从敌对关系到战略伙伴

一、从敌对到关系正常化（1949—1971年）

中华人民共和国成立后，中土关系受东西方冷战的影响陷入敌对状态。新中国刚成立时，土耳其政府有意与台湾国民党政府“断交”，承认中华人民共和国。土耳其总统拜亚尔在内阁会议上也讲：“中国是一个潜在大国，应该和它发展关系。”[①]他还指令土耳其驻苏联外交官设法与中国驻苏联外交官接触，商讨两国建交问题。但随着东西方冷战的加剧，土耳其认为苏联是自身的最大威胁，而中国又是苏联的亲密盟友；美国是土耳其最重要的战略盟友，中美关系又极度紧张。土耳其最终选择与美国站在一起，继续承认台湾国民党政权，反对新中国。

中土关系在很长时间内处于敌对状态。1950年朝鲜战争爆发后，土耳其与美国立场一致，谴责中国是“侵略者”，并派出部队直接参与美国领导的所谓“联合国军”，与中国军队在战场

① 丁工：《中土关系四十年：回顾与展望》，《阿拉伯世界研究》2011年第3期，第22页。

上兵戎相见。1952 年，土耳其正式加入北约，50 年代长期执政的民主党政府总理曼德列斯被中国视为跟在美帝国主义后面亦步亦趋的"走狗"。中国政府公开支持土耳其国内的左派运动。

进入 60 年代后，随着中苏两国关系逐渐走向紧张和对抗，中土两国根据国际、国内形势的变化也考虑对外交政策进行微调。1960 年土耳其极端亲美的曼德列斯政府倒台，新上台的人民党政府的外交政策与以往有所变化。土耳其国内也有声音抨击政府紧随美国、反对中国，要求根据现实情况调整外交政策。中国方面也放弃以往的"一边倒"政策，希望通过依靠亚非拉国家来贯彻自己的外交宗旨，土耳其也在争取之列。中国和土耳其都在寻找改善关系的渠道，双方的民间接触增多，从 1965 年到 1971 年，中土记者及贸易代表团有多次互访，传递出两国希望改善关系的信息。1966 年 7 月，土耳其《和平报》记者苏克鲁·艾斯梅尔访华并受到周恩来总理的接见，这一不寻常的高规格接待显示出中国对发展中土关系的重视。同年，土耳其发生大地震，中国红十字会代表中国政府和人民向灾区民众提供了捐款和物资，改善了土耳其民众对中国的印象。随后，中国国际贸易促进会也出访土耳其，双方签订了贸易协定和经济技术合作协定。中土关系得到明显改善。

中土关系的改善与中国国际地位的提高以及国际形势的重大变化密切相关。中国的国际影响力不断增大，中苏关系破裂并走向军事对抗，中国有必要争取更多的朋友。西方国家及其盟友也逐渐改变对中国的态度，不再把中国视为威胁，而认为在反对苏联霸权主义的斗争中有必要与中国携手合作。1964 年，法国在西方国家中率先与中国建交，加拿大、意大利、奥地利紧随其后。1971 年，中国政府总理周恩来两次接见土耳其客人，两国关系正常化进入了快车道。

1971 年 8 月 4 日，中国与土耳其在巴黎签署建交公报，宣布建立外交关系。同日，土耳其与台湾当局“断交”。台湾驻安卡拉“使馆”降格为“经济与文化代表处”，驻伊斯坦布尔“领馆”降格为“商贸办事处”。1971 年 9 月，土耳其在第 26 届联大上对恢复中国合法席位的 2758 号决议投了赞成票。1972 年 4 月，中、土两国互设大使馆，两国关系实现了正常化。

二、中土关系的稳步发展（1972—1999 年）

中土建交后，两国关系开始平稳发展。在整个 20 世纪 70 年代，两国关系推进到政治、经济、文化各个领域，两国官方互访增多。1973 年，中国首次参加土耳其伊兹密尔国际博览会。1974 年土耳其外交部长图兰·居内什访华，受到邓小平副总理的接见。1978 年 6 月，黄华外长访问土耳其，这是中土建交以来新中国外长第一次踏上土耳其的土地，受到土方的重视。土耳其总理埃杰维特与黄华外长亲切会见，外长厄克钦与黄华外长举行会谈。1979 年，中国派出由 97 名艺术家组成的艺术表演团赴土耳其演出。1981 年，北京各界人士集会纪念土耳其共和国创始人凯末尔诞辰一百周年。可以说，在中土建交的最初十年内，两国关系发展顺利，但是发展速度不快，不论是政治关系还是经济关系都缺乏深度合作。

80年代中期左右，中土关系出现了一个小高潮。1982年12月，土耳其总统埃夫伦访华，这是自土耳其共和国建立以来土耳其国家元首首次访华。邓小平等国家领导人亲切会见了埃夫伦总统。作为对埃夫伦访华的回访，1984年3月中国国家主席李先念访问了土耳其。1985年7月，土耳其厄扎尔总理访华，同年10月，土耳其议长卡拉杜曼访华。两国高层频繁的互访，推动中土关系迅速升温，两国建立了不定期政治磋商机制。推动中土两国关系的主要因素是两国国际利益的一致，尤其是双方在当时都面临苏联的威胁，在联合防苏这一问题上两国达成了战略默契。黄华外长1978年访问土耳其时就在一系列国际问题和地区问题上同土方达成了一致，包括：必须维护世界和平，推进核裁军和裁减常规军备；必须建立公正合理的国际经济与政治新秩序；必须恢复巴勒斯坦人民的合法民族权利，包括建立一个独立国家的权利；必须消除种族歧视和种族隔离制度；必须以和平谈判方式和外交手段解决国际冲突。1982年邓小平在会晤埃夫伦总统时也说："我们在重大国际问题上的看法几乎都是一致的，从现在起，我们应该增进彼此了解，扩大两国合作。"埃夫伦则表示，土耳其人民对中国人民有着特别友好的感情，对中国更加稳定和繁荣感到高兴。土中两国之间有着悠久的历史联系，建交以来关系发展很好，双方关系将会有广阔的发展前景。

除了国际战略的合作外，改革开放的中国也希望推动中土经贸关系的发展。1981 年两国签订了《中土贸易议定书》（5 月 18 日）和《中土经济、工业和技术协定》（12 月 19 日）。根据协定，两国将在平等互利的基础上加强经济、技术合作，两国同意设立混合委员会，以检查和确定双方在工农业、贸易、旅游等方面的合资、合营项目。1982 年，中土经济、工业和技术合作委员会草签了一份备忘录，决定增加两国的贸易，同时在水力发电和火力发电方面加强合作。虽然双方有加强经济合作的良好愿望，但由于两国经济结构相似度较高，互补性较差，直到 1985 年中土双边贸易额仅为 1 亿美元。

苏联解体后，中土以往面临的苏联威胁不复存在，两国可以从更广阔的层面推动双边关系的发展。两国政治关系发展顺利，90 年代中期后高层互访增多。1995 年 5 月德米雷尔总统访华，1996 年 8 月卡莱姆利议长访华，1996 年 11 月乔石委员长访土，1998 年 5 月埃杰维特总理访华，1999 年 4 月李鹏委员长访土，1999 年 10 月国务委员兼国防部长迟浩田访土。双方签订了一系列重要协议，包括：《中土领事条约》（1989 年 3 月 6 日），《中土互免签证协议》（1989 年 11 月 24 日），《中土民事、商事和刑事司法协助协定》（1992 年 9 月 28 日），《中土海运协定》（1992 年 10 月 23 日），《中土避免双重征税和防止偷漏税协定》（1995 年 5 月 23 日）等。良好的政治关系为经贸关系的发展创造了条件，90 年代后中土双边贸易发展迅速，1988 年中土贸易额仅为 3 亿美元，1999 年接近 10 亿美元。

三、中土战略伙伴关系（2000—）

进入21世纪后，中土政治交往频繁，在各个领域的互利合作水平不断提高。中土关系提升到伙伴关系状态。

2000年可以说是中土关系进入新阶段的标志性的一年。这一年，中土高层互访密度大大超越以往：2月，土耳其内政部长萨德丁·坦坦、大国民议会议长耶尔德勒姆·阿克布鲁克先后访华；4月，土耳其副总理兼能源部长朱姆胡尔·埃尔苏迈尔访华。2000年4月18—21日，应苏莱曼·德米雷尔总统邀请，江泽民主席对土耳其进行国事访问。江主席先后与德米雷尔总统、阿克布鲁克议长、埃杰维特总理举行了会谈。中土双方就两国在新世纪建立新型合作伙伴关系达成共识。其大体框架为：政治上相互尊重，相互信任，互不干涉内政，积极开展各层次的往来；经贸上平等互利，共同发展，为两国和两国人民造福；在文化、教育、科技等领域加强接触，扩大交流，增进两国人民之间的了解与友谊；在安全领域进一步开展合作，致力于打击一切形式的国际恐怖主义、民族分裂主义和宗教极端主义；就国际问题开展磋商，协调立场，致力于维护国际和地区的和平与稳定。

根据新型伙伴关系的要求，中土合作深入到各个领域。在当时发表的中土联合公报中，两国同意加强双方在政治、经贸、旅游、新闻等领域的合作。双方在安卡拉召开了中土经贸科技联委会第13次会议，并签署《会议纪要》和《中土能源合作框架协议》。2000年9月，土耳其国防部长萨巴哈廷·查克马克奥卢率团访华，两国军事交流也在深入进行。2001年，经双方友好协商，妥善解决了“瓦良格”号大吨位船舶通过黑海海峡事宜，该船于11月初顺利通过博斯普鲁斯海峡、马尔马拉海和达达尼尔海峡。[①]2002年4月，朱镕基总理访问土耳其期间，两国签署了《中土关于海关事务的合作互助协定》、《中国农业部与土耳其农村事务部农业合作谅解备忘录》、《中国信息产业部与土耳其交通部关于在信息技术领域合作谅解备忘录》和《中国五金矿产进出口总公司购买土耳其汽车合同》。

2009年6月24—29日，土耳其总统居尔应邀访华，与胡锦涛主席、吴邦国委员长和温家宝总理先后会晤，并赴陕西、广东和新疆参观访问。居尔访华期间，中土双方签署了七个政府间合作文件，内容涵盖外交、能源、文化、传媒、贸易等领域。双方企业界签署了六份合作协议，涉及基础设施建设、电力、矿产、农产品进出口等领域，合作金额约15亿美元。

两国关系的良好发展为双边关系的提升创造了条件。2010年10月，温家宝总理访问土耳其，双方发表联合声明，决定正

① 1998年，澳门创律旅游娱乐公司从乌克兰购买了苏联未完成的“瓦良格”号航空母舰，受外部势力的压力及出于保护海峡地区的考虑，土方一直拒绝该船通过黑海海峡地区。2001年中土两国经过友好谈判、协商，最终解决了这一问题。“瓦良格”号后来改建为中国第一艘航空母舰“辽宁”号。有关“瓦良格”号来华的曲折经历，中央电视台曾详细报道。《深度揭秘瓦良格来华曲折　斡旋两年通过土耳其海峡》，2011年8月8日，人民网：http://military.people.com.cn/GB/15355821.html.

式将两国关系提升为战略合作关系。双方签署了《中土关于进一步扩大和深化双边经贸合作关系的框架协定》、《中土关于启动双边经济贸易合作中长期发展规划联合研究的谅解备忘录》等八项合作文件。2010 年 11 月土耳其外交部长艾哈迈德·达武特奥卢在中国人民大学发表演讲时曾提到，居尔总统访华期间同胡锦涛主席一起确定了中土下一阶段的双边关系。在温家宝总理访土期间，两国领导人决定建立和发展战略合作关系。两国决定，将双边贸易额从当时的 170 亿美元提高到 2015 年的 500 亿美元。达武特奥卢表示，土耳其高度重视发展对华关系，坚定奉行一个中国政策，坚决反对任何人在土耳其境内从事破坏中国主权和领土完整的活动，愿与中方共同努力，不断充实两国战略合作关系内涵，进一步拓展双方在政治、经济、外交和文化等领域友好合作，使土中关系沿着快速发展轨道持续推进。

此后，中土关系得到全面快速的发展。2012 年 2 月，时任国家副主席习近平访问土耳其；同年 4 月，土耳其总理埃尔多安访华，并在新疆参观访问。2015 年 7 月 29 日，土耳其总统埃尔多安正式开始对中国的国事访问，受到国家主席习近平的欢迎。两国元首一致认为，中土双方要明确两国关系发展大方向，筑牢政治互信根基，在彼此重大关切问题上相互支持，实现两国发展战略对接，拓宽和充实中土战略合作内涵。2015 年 11 月 15—16 日，中国国家主席习近平出席了在土耳其安塔利亚举行的“二十国集团”（G20）领导人第十次会议，并与土耳其总统埃尔多安举行了会晤。

2016年土耳其出现了未遂军事政变及恐怖袭击等安全问题，但中土关系的发展没有受到影响。政变之后的10月31日，中国商务部组织由近30名企业代表组成的中国贸易团，赴土耳其开展为期五天的经贸交流活动。双方在伊斯坦布尔举办两国企业贸易对接会，共签署36项贸易协议，合同金额近3亿美元。11月4日，国务院副总理汪洋在安卡拉与土耳其副总理希姆谢克共同主持召开中土政府间合作委员会首次会议。双方均表示，要坚持平等、互利、共赢的原则，推进“一带一路”和“中间走廊”倡议对接，加快推进东西高铁、核能等大项目合作，创新贸易方式，扩大双向投资，促进贸易自由化便利化，努力实现双边贸易平衡、稳定增长。11月7日，中国国际广播电台系列新媒体产品落地土耳其；土耳其银行监理署主席阿克班（Mehmet ALI Akben）表示，中国银行可能很快将开始在土耳其开业。11月13—14日，外交部长王毅出访土耳其，在安卡拉与土耳其外长查武什奥卢举行了中土外长磋商机制首次会议，并受到埃尔多安总统的接见。埃尔多安对“中方在土国家安全处于关键时刻给予的坚定支持”表达了感谢。土耳其总理耶尔德勒姆在与王毅外长会谈时也表示，土方愿与中方加强安全反恐合作，相互支持对方为维护国家主权、安全和稳定所做的努力，不允许在本国发生损害对方国家安全的事情。王毅对土方的立场予以赞赏。① 在中土交往中，双方都认识到对方的战略利益与需求，因而能够为两国的政治互信奠定更加稳固的基础。中土战略合作关系正迎来更好的历史机遇。

第二节　经贸联系与合作

一、双边贸易

中国和土耳其建交前就有经济来往，两国的直接贸易始于1965年。建交后，两国政府制订了便利双方进行贸易的政策，尽可能为发展两国经贸关系创造条件。1974年，中土签订双边贸易协定，规定以现汇进行贸易，并成立贸易联合委员会。20世纪60—70年代，中国自土耳其进口的商品主要是棉花、铬矿砂和硼砂等原材料和矿物材料。1981年，中土两国签订贸易议定书。1985年6月，签署了关于经济技术、贸易、民航和电讯合作会谈纪要。1982年，两国正式建立经济贸易科技联合委员会机制。因两国经济发展程度和经济结构近似，产品互补性不

① 李怡清、杨一帆：《大外交：中国土耳其关系加速升温，“时机已经成熟”》，2016年11月17日，澎湃：http://www.thepaper.cn/newsDetail_forward_1562768.

强，双边贸易发展速度较慢。1985 年中土贸易额仅为 1 亿美元，在各自的外贸总额中都不占重要地位。

随着两国经济实力的增长和经贸关系的发展，中土贸易额稳步增长，1988 年中土贸易额达到 3 亿美元，1998 年接近 9 亿美元。1999 年 3 月，中土双方签署了建立贸易磋商机制的谅解备忘录，同意就两国贸易及经贸关系中出现的问题进行磋商。世纪之交中土两国高层的密集互访以及 2000 年中土宣布建立新型伙伴关系，为中土贸易的发展增添了动力，两国经贸关系进入高速发展阶段。

据土耳其统计局的数字，从 1998 年到 2014 年，中土贸易经历了三次跨越式发展。第一次发生在 2000 年，中土贸易额首次突破 10 亿美元大关，双边进出口贸易总额达 14.41 亿美元（中方统计为 12.05 亿美元）。第二次发生在 2006 年，中土贸易额突破 100 亿美元。从 2002 年到 2006 年，中国对土耳其的出口额以每年超过 50% 以上的速度迅猛增长。安卡拉贸易署（ATO）在 2005 年发布的《中国报告》中，将这种情况称为中国在土耳其市场上正以“喷气式飞机”般的速度发展：“10 年前，在那些我们从之进口最多的国家中，中国位居第 18 位。在 2005 年，中国已经上升为第 4 位。”2006 年，两国贸易额为 103.62 亿美元。第三次发生在 2011 年，中土贸易额突破 200 亿美元。在 2010 年温家宝总理访问土耳其时，中土两国领导人决定争取在 2015 年时将两国贸易规模提升至 500 亿美元、2020 年要超过 1000 亿美元。这一新目标成为中土贸易强劲发展的驱动因素，2011

年两国贸易额为241.59亿美元。截至2015年，中土贸易额为272.87亿美元。

表4-1 中土贸易额

（单位：百万美元）

年份	土从中进口	土向中出口	贸易平衡
1998	846	38	808
1999	895	37	858
2000	1345	96	1249
2001	926	199	727
2002	1368	268	1100
2003	2610	505	2105
2004	4476	392	4084
2005	6885	550	6335
2006	9669	693	8976
2007	13234	1040	12194
2008	15658	1437	14221
2009	12677	1600	11077
2010	17181	2269	14912
2011	21693	2466	19227
2012	21295	2833	18462
2013	24686	3600	21086
2014	24918	2861	22057
2015	24873	2414	22459

资料来源：土耳其统计局：http://www.turkstat.gov.tr.

从中土两国的经济发展过程来看，两国都处在工业化高度发展并向后工业化过渡阶段。土耳其的服务业已经稳居国民经济的主导地位，中国正在从工业与服务业基本均衡向服务业为主导过渡。这也是中土两国外贸不均衡的主要原因。

表 4-2　中土产业结构的变化

（单位：%）

国家	农业		工业		服务业	
	2005	2014	2005	2014	2005	2014
中国	11.7	9.2	46.9	42.7	41.4	48.1
土耳其	10.8	8.0	28.5	27.1	60.7	64.9

资料来源：世界银行：http://data.worldbank.org.cn/indicator/NV.SRV.TETC.ZS?end=2014&start=2005&view=chart.

伴随着两国贸易的迅猛发展，中国在土耳其对外经贸联系中的地位日益重要。2008 年，中国为土耳其第 4 大贸易伙伴，第 23 大出口目的地和第 3 大进口来源地。2011 年，中国为土第 15 大出口市场和第 3 大进口来源地。2014 年，中国为土耳其第 3 大贸易伙伴、第 19 大出口市场和第 2 大进口来源地。据土耳其方面统计，2015 年，中土双边货物进出口额为 272.87 亿美元，其中，土耳其对中国出口 24.14 亿美元，土耳其自中国进口 248.73 亿美元。中国为土耳其第 18 大出口市场和第 1 大进口来源地。但由于近两年中土经济发展趋缓，两国贸易发展出现暂时的停顿。据中国海关统计，2015 年，中土双边贸易额 215.65 亿美元，同比下降 6.3%；其中中国出口 186.17 亿美元，同比下降 3.6%，进口 29.48 亿美元，同比下降 20.6%。[1] 而在 2016 年上半年的中国海关统计中，中土双边贸易额为 100.68 亿美元，同比下降 6.9%；其中，中国对土耳其出口 87.98 亿美元，

① 商务部亚洲司：《中国土耳其经贸合作简况》，商务部：http://yzs.mofcom.gov.cn/article/t/201602/20160201250084.shtml.

同比下降 6.9%，自土耳其进口 12.70 亿美元，同比下降 7.1%。[①]

在中土贸易构成中，矿产品一直是土耳其对中国出口的最主要产品，在土耳其对华出口额中所占比例达六成以上，其中主要是矿砂、大理石和矿物燃料。以大理石为例，2012 年中国从土耳其共进口了重 417 万吨、货值 7.82 亿美元的大理石。土耳其全年的大理石产量为 790 万吨，其中的 52% 出口中国大陆，中国成为土耳其最大的大理石买家。化工产品为土耳其对中国出口的第二大类产品，在出口中的比重占一成左右。纺织品及原料为土耳其对中国出口的第三大类产品，在对中国出口中的比重接近一成。机电产品也是土耳其出口中国的重要产品，近年来增长速度较快。土耳其自中国进口的主要商品为机电产品、纺织品和贱金属及制品。20 世纪 90 年代初，纺织品是中国对土耳其出口的最大宗商品，1995 年起，机电产品超过纺织品成为中国对土耳其出口的最大类商品，约占土耳其自中国讲口产品的一半。除上述产品外，化工产品、家具玩具制品等也为土耳其自中国进口的主要大类商品，在进口中的比重均超过 6%。

中土贸易发展速度快，但波动大。受各种因素的影响，从 1998 年到 2014 年，中土贸易也出现了两次比较大的波动：第一次是 2001 年，土耳其发生严重的经济危机，外贸进口大幅下降。加上土耳其政府频繁地利用贸易保障措施和反倾销手段对中国出口商品进行限制，导致中国对土耳其出口大幅下滑。当

① 商务部亚洲司：《中国土耳其经贸合作简况》，商务部：http://yzs.mofcom.gov.cn/article/t/201609/20160901384789.shtml.

年两国贸易额从上年的14.41亿美元减少到11.25亿美元，下降幅度达21.9%。第二次是2009年，2008年全球金融危机对土耳其贸易产生了较大负面影响，殃及中土双边贸易，导致2009年中土贸易从2008年的170.95亿美元减少到142.77亿美元，减少幅度达16.5%。这表明两国贸易还不够稳定。

与此相关的一个更重要的问题是中土贸易不平衡。因为中国对土耳其出口远远大于土耳其对华出口，中土贸易中出现极端不平衡的现象。以1998年为例，中国对土耳其出口额为8.46亿美元，土耳其对华出口只有3800万美元，土耳其贸易逆差为8.08亿美元。随着两国贸易额的提升，土方的贸易逆差日益加大。到2009年，对华贸易逆差占同期土耳其逆差总额的28.6%，中国成为土耳其第二大贸易逆差来源，仅次于俄罗斯。2014年两国贸易额为277.79亿美元，土方的贸易逆差达220.57亿美元。中土贸易不平衡成为土方关注的一个重点问题。几乎每位访华的土耳其高官都要谈到贸易逆差问题，敦促中方采取措施，实现贸易平衡。土耳其方面有人认为中国的高关税是导致贸易不平衡的原因之一，土耳其平均关税只有3%—3.4%；中国则高达20%—40%。土方对中国商品采取了包括反倾销调查在内的多种限制性措施，从1995年至2004年，在土耳其发起的89件反倾销调查中，有34件目标针对中国产品。[①] 在两个重要国家的经济关系中偶尔出现小摩擦也在所难免。2016年7月

① 肖宪:《构建中国与土耳其新型战略合作关系》,《西亚非洲》2011年第9期，第19页。

1日，土耳其经济部发布公告，对自中国进口的光伏产品发起反倾销调查。而在近一年前，中国商务部发布2015年第22号公告，决定对原产于土耳其的进口腈纶进行反倾销立案调查。2016年4月1日，商务部初步裁定土耳其进口腈纶与韩国、日本进口腈纶一样存在倾销，决定对土耳其相关公司征收10.7%的保证金。[①] 这种情况在中土贸易中只是微不足道的枝节现象，而非主流。为了促进中土贸易的健康发展，两国都做出了努力，中方也配合土方采取了一些促进从土耳其进口的政策。如2007—2011年，中方先后4次组织企业赴土采购，采购金额总计超过8亿美元，采购商品包括大理石、羊毛、橄榄油、腈纶等，还在各种商品展览会上举办专门的土耳其商品展等。这些措施有效带动了土耳其对华出口，2010年土耳其对华贸易逆差已经降到土耳其逆差总额的20.9%。但是，贸易不平衡主要是中土经济结构较为相似造成的，要真正解决尚需双方再做努力。

二、相互投资

相互投资是中土经贸关系的重要组成部分。在中土建交后的很长时间内，因为两国都是资金输入国，加上距离较远，对对方外资政策所知不多，两国相互投资数量较小。据统计，截

① 商务部贸易救济调查局：《中华人民共和国商务部公告2016年第9号，对原产于日本、韩国和土耳其的进口腈纶反倾销调查的初步裁定》，商务部：http://www.mofcom.gov.cn/article/b/g/201605/20160501329737.shtml.

至2002年6月，中国对土耳其投资企业只有13家，协议投资总额1900多万美元。在2001年这一年，中国新批在土耳其设立企业2家，协议投资总额只有210万美元。中国投资主要倾向于设立贸易类公司，生产企业仅有一家注塑厂和一家打火机生产厂。[①]为了推动两国的相互投资，两国政府也都做出一些努力，在政府层面商定了一些协议。1990年，两国签署相互投资保护协定。1991年10月，中土各自成立了双边企业家理事会。1995年，两国签署避免双重征税协定。这些协议为两国经贸关系的发展做好了法律方面的铺垫。

从中国商务部的统计数据来看，从2003年到2008年，中国在土耳其投资数额仍然没有起色，每年投资额只有100多万美元，2005年还一度减少到只有24万美元。但从2008年起，情况发生变化，这一年中国在土耳其投资猛增到910万美元，是前一年的5倍多。2009年，投资额又再度猛增到近3亿美元。此后投资额大幅减少，不过还是远远超过几年前100多万元的水平，2001年的投资额仍然超过1亿美元。截至2014年年底，中国在土耳其非金融类直接投资存量8.86亿美元；其中2014年新增投资流量2.19亿美元，同比增长12.7%。[②]与中土贸易情况类似，2015年后两国投资额也有所减少。2015年，中国对土耳其非金融类直接投资流量1.86亿美元，同比下降14.8%。

① 中国驻土耳其大使馆经济商务参赞处：《中土经济贸易合作简况》，搜狐：http://2008.sohu.com/20080314/n255715623.shtml.

② 中国驻伊斯坦布尔总领事馆经济商务室：《中土双边经贸合作简况》，商务部：http://istanbul.mofcom.gov.cn/article/zxhz/hzjj/201501/20150100872848.shtml.

2016年上半年，这种情况仍在继续，中国对土耳其非金融类直接投资流量仅为822万美元，同比下降95.1%。截至2016年6月，中国累计在土耳其直接投资10.76亿美元。[①]

表4–3　中国对土耳其投资情况

（单位：万美元）

年份	投资金额流量	投资金额存量
2003	153	153
2004	158	289
2005	24	423
2006	115	1038
2007	161	1199
2008	910	2236
2009	29326	38617
2010	782	40363
2011	1350	40648
2012	10895	50251
2013	17855	64231
2014	21900	88600
2015	18600	106800

注：因存在年末根据实际情况进行调整的因素，存量不等于流量的直接相加。2015年数字来自商务部网站。

资料来源：国家统计局贸易外经统计司编：《中国对外经济统计年鉴》，中国统计出版社2003—2005年版。《中国贸易外经统计年鉴》，中国统计出版社2006—2015年版。

中国企业在土耳其投资涉及交通、航运、能源、通讯、采矿、摩托车组装、贸易、旅游等多个领域。据土耳其经济部长

① 商务部亚洲司：《中国土耳其经贸合作简况》，商务部：http://yzs.mofcom.gov.cn/article/t/201602/20160201250084.shtml.

翟百驰在2014年年底提供的数字，共有606个含中国资本的公司在土耳其运作。其中以交通、通讯、金融、能源等为主。[①]多数中资企业将总部设在伊斯坦布尔。2016年5月24日，伊斯坦布尔中资企业协会召开成立大会暨第一次全体会议。24家中资企业成为协会的首批成员。

在交通通讯方面，中国海南航空公司投资6025万美元参与设立ACT航空公司和MRO飞机维修厂，通信技术公司华为投资7000万美元设立华为伊斯坦布尔研发中心和实验室，铁道设备制造公司中国南车集团承建了价值3.5亿元人民币土耳其伊兹密尔市的新型轻轨列车，中国三家大型企业联手斥巨资购买土耳其集装箱码头是其中最突出的例子。南车集团的轻轨列车展示了中国企业世界级的制造水平，斥巨资购买土耳其集装箱码头则显示了中国企业投资土耳其的魄力和实力。2009年年底，凭借先进技术指标、有亲和力的设计和完善的系统解决方案，南车株洲电力机车有限公司自主创新的轻轨列车在与欧美、日、韩企业的角逐中胜出。2011年8月10日，当土耳其伊兹密尔市长艾则孜·括扎沃鲁等人启动机车下线装置后，一列带有明显异域文化风情的新型轻轨列车驶出厂房。列车外观和内饰大量融入伊斯兰宗教建筑、爱琴海风情等主题元素。为了让列车适合伊兹密尔坡陡弯多、地形复杂的特点，列车的“腿部”安装了磁铁装置。磁铁与轨道相吸，快速制动，每秒可减速1.7米。

① [土耳其]翟百驰：《土耳其外商投资的成长与机遇》，《中国投资》2014年第10期，第90—92页。

作为旅游度假胜地，客流量波峰、波谷差别很大。为此，量身定制的列车每辆车均具有单独运行动力，可根据早晚客流多少任意组合、灵活编组。轻轨列车的脱轨系数等安全指标比国际同类车型高两个等级。土耳其派驻中方的监造工程师诺卡见证了整个车辆制造过程，对列车每个制造环节和整体品质都很满意。轻轨列车具有多项自主知识产权，标志着中国轨道交通装备制造具备核心竞争力，已达到世界先进水平。[①]2015 年 9 月 16 日，招商局国际有限公司、中远太平洋有限公司和中国投资有限责任公司组成中方联合体，与土耳其菲巴集团（FIBA）在伊斯坦布尔正式签署收购协议，中方以 9.4 亿美元收购土方企业持有的伊斯坦布尔康普特（Kumport）码头 65% 股权，并获得经营主控权。康普特是土耳其第三大集装箱码头，位于欧亚两大洲连接点和“一带”与“一路”交汇点。2014 年，该码头共处理集装箱 141.4 万标准箱，占土耳其全国港口集装箱吞吐量的 17%。该项目是中国企业在土耳其成功投资的首个码头项目，项目金额也一举创下中国对土耳其单个项目直接投资的新纪录。[②]

在金融方面，中国主要是通过设立金融机构、提供融资等方式为中国企业及中土合资企业提供服务。2011 年 6 月，土耳其副总理兼国务部长阿里·巴巴詹在伊斯坦布尔举行的首届土

① 彭雅惠：《土耳其，为“中国制造”欢呼》，《湖南日报》2016 年 1 月 14 日。

② 中国驻伊斯坦布尔总领事馆经济商务室：《中方联合体收购土耳其第三大集装箱码头 65% 股份，创中国企业对土直接投资新纪录》，中国—土耳其经贸合作网：http://www.ctc.mofcom.gov.cn/article/ctcsbdt/201509/102605_1.html.

耳其—中国商业论坛上表示，土耳其和中国将互设银行，开启金融合作，以积极推动两国经贸关系的发展。土耳其金融管理局已经批准中国银行在土耳其开设办事处。他还透露，土耳其国库署与中国国家开发银行就土耳其高速铁路项目融资贷款事宜进行了卓有成效的谈判，目前商务谈判即将结束，不久将签署框架协议。2012 年 2 月 21 日，中国人民银行与土耳其中央银行在土耳其首都安卡拉签署了中土双边本币互换协议。根据协议，双边本币互换规模为 100 亿元人民币 / 30 亿土耳其里拉，有效期三年，经双方同意可以展期。当年 9 月 25 日，中国银行与土耳其阿克银行在伊斯坦布尔共同开设“中国柜台”，为中资企业和机构提供金融和咨询业务，并根据客户要求提供定制业务服务。2014 年，中国工商银行宣布以 3.16 亿美元收购土耳其纺织银行 75.5% 的股份，在伊斯坦布尔金融区正式挂牌营业。2015 年 5 月，中国工商银行宣布该项交易已完成出资。中国银行和国家开发银行在土耳其设立了营业点并提供本币结算业务。[①]

在能源建设方面，2014 年 6 月，上海上电电力投资有限公司拟入股土耳其 EMBA 发电有限公司，开展土耳其煤电项目合作，中方占近 60% 的股份。在首届土耳其—中国商业论坛上，中国驻土耳其大使宫小生说，中国企业还在积极研究以建设—经营—转让形式（BOT）参与投资土耳其发电、交通设施等大型项目。

---

① 《中国工商银行收购土耳其纺织银行股份》，新华网：http://news.xinhuanet.com/world/2015-05/26/c_1115410711.htm.

除上述投资领域外，不少中国知名企业看重土耳其的发展前景，在土耳其投资或设立代表机构。如中兴公司、中钢集团、中化集团、五矿集团等知名企业都在土耳其有投资项目，吉利汽车则率先在土耳其设立了代表处。而中国纺织品生产商天虹纺织集团有限公司在 2013 年 5 月与土耳其西部的巴勒克埃西尔省工业区管理部签署了一项协议，在该省建设一个投资 1.8 亿美元的纱线生产厂。该厂全部建成后将雇佣 1500 名员工，产品将通过土耳其与欧洲的便利渠道出口到欧洲市场。[①]2017 年 1 月 2 日，北方重工集团与土耳其科林集团在土耳其首都安卡拉签订了 6 台直径土压平衡盾构机的销售合同，将用于土耳其伊斯坦布尔地铁项目。这是北方重工继 2015 年获得土耳其乌萨克省贝勒翰地区开工建设两条日产 6700 吨新型干法水泥熟料生产线的水泥厂总包项目之后，再次获得的一个重要订单。[②]

土耳其对华投资开始时间较早，进入 21 世纪的最初几年里，土耳其对华投资规模也比中国对土耳其投资规模大，直到 2009 年，土耳其对华投资规模才被中国对土耳其投资超越。1999 年，多年被评为“土耳其最佳银行”的土耳其担保银行在上海设立代表处，其首席代表是在武汉大学获得历史学硕士学位、长期担任土耳其驻上海总领事馆副领事的诺杨·罗拿。该办事处不仅着眼于中土两国银行业的联系，而且也将推动中土两国贸易

① 《中国纺织生产公司在土耳其建纱线生产厂》，中国行业研究网：http://www.chinairn.com/news/20130509/170740518.html.

② 《北方重工获土耳其六台盾构机大单》，《沈阳日报》2017 年 1 月 3 日。

关系作为自己的目标。截至 2002 年 3 月，土耳其对华投资签约项目数 60 个，合同外资金额 5131 万美元，实际利用外资金额 1594 万美元。到 2002 年年末，土耳其投资的在华外资企业共 35 家，登记投资额为 4272 万美元。[①]

表 4–4　土耳其对华投资情况

年份	投资项目数量（个）	实际投资金额（万美元）	年末登记企业数（个）	年末登记投资额（万美元）
2000	8	148	23	1894
2001	8	337	34	4544
2002	8	243	35	4272
2003	22	1270	51	8432
2004	35	745	73	13072
2005	31	2216	90	16171
2006	32	1345	108	19477
2007	29	984	124	26733
2008	56	729	160	25642
2009	28	1864	157	40590
2010	42	986	178	38863
2011	43	1485	211	50872
2012	54	1556	244	56921
2013	77	4004		
2014	58	1272		
2015	56	2701		

注：2015 年数字来自商务部网站。

资料来源：国家统计局贸易外经统计司编：《中国对外经济统计年鉴》，中国统计出版社 2003—2005 年版。《中国贸易外经统计年鉴》，中国统计出版社 2006—2015 年版。

① 《土耳其投资环境》，2015 年 5 月 28 日，深圳市陶瓷行业协会：http://www.szcia.cn/_d276789508.htm.

2003年之后，土耳其对华投资增长较快，但波动不定。2003年投资额猛增到1270万美元，投资额是上一年的5倍多，2004年又降到745万美元，降幅达41%。2005年又猛增到2216万美元。总的趋势是土耳其对华投资在不断增长。到2010年中土宣布建立战略伙伴关系后，土耳其对华投资稳定增长，2011年、2012年均在1400万美元左右，2013年达到4000万美元以上。据中国商务部统计，截至2012年年底，土耳其在华企业共244个，年末登记投资金额为5.6921亿美元。实际投资额小于登记投资金额。据商务部在2016年9月的统计，截至2016年6月，土耳其累计在华投资663个项目，实际投资额2.32亿美元。[①]

据土耳其—中国工商总会主席欧乃介绍，截至2014年6月，土耳其在华已经开展几个大型投资项目，其中之一是在沈阳开业不久的星摩尔沈阳购物广场。该项目由土耳其商业地产开发商特克莫公司（Turk Mall）、国际著名综合集团菲巴集团（FIBA Group）和阿曼素丹国家总储备基金共同投资组建，总投资3亿美元。广场坐落于沈阳铁西区最繁华的商业地带，总占地面积32.5万平方米，出租面积12.8万平方米，室内外停车场可容纳3000辆车。商场内云集了来自20个不同国家和地区的121个品牌和本地特色零售商，为沈阳民众提供了国际化的购物环境

① 商务部亚洲司：《中国土耳其经贸合作简况》，商务部：http://yzs.mofcom.gov.cn/article/t/201609/20160901384789.shtml.

和独具特色的商业文化。[①]

总起来看，尽管中土两国都有吸引对方前来投资的意愿，但实际的投资额在两国吸引的外来投资额中所占比重不大。

三、工程承包

中国有一支工作认真、负责，价格公道、合理，技术先进、实用的工程建设队伍，在世界各地的工程建设中发挥着重要作用，也成为中国与其他国家经贸合作的重要组成部分。这支队伍同样在土耳其与中国的经济合作中扮演了重要角色。中国在土耳其承包工程始于20世纪80年代初。据中国对外经贸部门统计，截至2002年6月底，中国公司在土耳其累计签订承包劳务合同152项，合同金额6354万美元，完成营业额3628万美元。其中承包工程合同14项，合同额4642万美元，营业额2320万美元。[②]这一时期的工程规模较小，14项承包工程平均每项只有331万美元，这些工程主要是煤矿和小水电项目。因为土耳其本身就是输出工程建设人员的重要国家，再加上经济形势不稳定对工程建设产生直接影响，1999年和2001年中国公司在

① 《中国和土耳其为构建丝绸之路经济带共同发力》，人民网：http://world.people.com.cn/n/2014/0612/c1002-25139207.html.《土耳其在华最大投资项目——星摩尔沈阳购物广场即将开业》，人民网：http://sh.people.com.cn/n/2014/0515/c134768-21213187.html.

② 中国驻土耳其大使馆经济商务参赞处：《中土经济贸易合作简况》，搜狐：http://2008.sohu.com/20080314/n255715623.shtml.

土耳其没有拿到一个承包工程合同。

土耳其是一个经济建设蓬勃发展的国家，需要兴建大量的重要工程，中国工程建设公司强大的实力无疑可以满足土方的需要。能源、电力特别是水电领域是土耳其今后一二十年的投资重点，铁路、电讯等领域的工程市场也颇具潜力。在这些方面，中国工程建设队伍非常富有经验，可以为土耳其完善基础设施建设提供帮助。从 2005 年起，中国在土耳其承包工程有加速的趋势，当年中国企业在土耳其承建承包工程 100 项，工程合同金额 5521 万美元，比上年增长近 68%；承包工程营业额为 7170 万美元，比上年增长 60%。2006 年，承包工程数目增加到 169 项，工程合同金额 4.6239 亿美元，是上年的 8 倍多；承包工程营业额为 8699 万美元，比上年增长 21%。为了进一步推动中土承包工程企业的合作，2007 年 3 月 27 日至 4 月 4 日，由中国对外承包商会和九家承包工程企业代表组成的承包工程企业代表团访问了土耳其。代表团拜访了土耳其政府公共工程部（公路总局、建筑司）、港口机场铁路建设总局、能源部、发展计划署等政府主管部门，了解了土耳其未来几年基础设施建设各部门的规划情况和部分重要项目的情况。[①] 当年中国在土耳其承包工程出现了跳跃式增长，承包工程数量增加到 213 个，工程合同金额猛增到 24.1448 亿美元，是前一年的 5 倍多；承包工程营业额为 3.4558 亿美元，是前一年的近 4 倍。2008 年、2009 年受西方金融危机的影响，中国在土耳其承包工程急剧减

① 商务部投资促进事务局：《投资土耳其》2010 年版，第 55—56 页。

少，2010 年后恢复稳定发展，合同金额为 8.5 亿—26.6 亿美元，但承包工程营业额变化不大，从 2008 年之后都保持在 8 亿美元以上。

表 4–5　中国在土耳其承包工程统计

年份	合同数量（个）	合同工程金额（万美元）	承包工程营业额（万美元）	从事承包工程人员（人）
2000	5	2686	473	45
2001	*	*	623	219
2002	19	3477	2339	400
2003	7	8176	1895	219
2004	20	3288	4464	124
2005	100	5521	7170	310
2006	169	46239	8699	133
2007	213	241448	34558	626
2008	6	333	80812	911
2009	6	166	123207	1232
2010	66	266071	81928	1237
2011	67	258679	84201	1481
2012	75	85705	105698	1944
2013	64	92185	194266	4528
2014	38	177611	180958	3495
2015		316500	133900	

注：2015 年数字来自商务部网站。“*”表示 2001 年无相关统计。

资料来源：国家统计局贸易外经统计司编：《中国对外经济统计年鉴》，中国统计出版社 2003—2005 年版。《中国贸易外经统计年鉴》，中国统计出版社 2006—2015 年版。

据中国对外经贸部门统计，截至 2014 年年底，中国在土耳其工程承包合作累计签订合同额 142 亿美元，完成营业额 91.3 亿美元，其中 90% 以上的合同额和营业额为 2008 年以来实现的。2014年，新签合同额17.8亿美元，完成营业额18亿美元。①中国商务部在2016年9月发布的统计数字表明，2016年1—6月中方在土耳其新签工程承包合同额4.06亿美元，同比下降72.7%，完成营业额5.77亿美元，同比增长1%。截至2016年6月，中方在土耳其累计签订工程承包合同额177.71亿美元，完成营业额110.49亿美元。②

与承包工程相联系，中国在土耳其从事承包工程的人员也在缓慢增长。2000年，在土耳其中国工程人员只有45人，2002年增加到400人。由于土方对中国工程、劳务人员限制较为严格，其后人员数量逐渐减少，最少时到2004年只剩下124人。此后又开始回升。2012年，中国在土耳其工程人员共有1944人。

土耳其工程承包市场潜力巨大，中土对双方在这一领域的合作抱有很高期望。2015年6月，中国驻土耳其大使馆经商处参赞朱光耀接受《第一财经日报》记者采访时指出，“现在最火的是工程承包。土耳其目前是中国最大的海外承包市场之一，累计合同金额超过100亿美元。据去年的统计数据，我们跟踪的项目中，中国企业参与投标的，总额就超过了105亿美元。现在更加引人注目的主要是几个超大型项目，都正在酝酿中，包括投资额超过300亿美元、横贯土耳其全国的‘东西高铁’，由国家电力投资集团参与、标的超过200亿美元的土耳其第三

① 中国驻伊斯坦布尔总领事馆经济商务室：《中土双边经贸合作简况》，商务部：http://istanbul.mofcom.gov.cn/article/zxhz/hzjj/201501/20150100872848.shtml.

② 商务部亚洲司：《中国土耳其经贸合作简况》，商务部：http://yzs.mofcom.gov.cn/article/t/201609/20160901384789.shtml.

核电站项目，还有中国铁路工程总公司中标并已经开工建设的60亿美元的伊斯坦布尔机场第三候机楼项目等。”[①] 中国承建的一些工程项目受到土方的高度赞赏。2007年，中国机械进出口（集团）有限公司、中国铁道建筑总公司与土方公司组建联合体，以BOT方式承建安卡拉—伊斯坦布尔高速铁路二期工程项目。路段全长157公里，项目总金额约12.7亿美元。中国进出口银行为工程提供了7.2亿美元的优惠贷款。这是到当时为止中国与土耳其最大的经济合作项目，是中土经贸合作中的里程碑式项目。[②] 中国高铁的成就给土耳其官员留下了深刻印象。2010年在北京召开的世界高铁大会上，土耳其交通及通信部长毕纳里·聂尔德勒姆指出，“中国在高铁建设方面打破了纪录，我们为此感到骄傲，我们为中国所取得的成绩感到骄傲。”2014年7月，安卡拉—伊斯坦布尔高速铁路二期工程正式建成通车，成为中土经贸合作的重要标志之一。这也是中国在海外建设的首个高铁项目。中国驻土耳其大使宫小生认为这一工程“意义重大”，“这是中国高铁技术第一次真正输出国外，而土耳其是一个技术门槛很高的国家，这为中国高铁进一步走向国外奠定了基础。”[③]2014年7月25日，在高速铁路二期工程全线通车的当天，中国驻土耳其新任大使郁红阳与土耳其总理埃尔多安及多位土耳其内阁部长共同搭乘首列高铁，全程体验高铁旅途。

---

① 王蕾：《中企在土投资少但潜力大》，《第一财经日报》2015年6月8日。

② 商务部投资促进事务局：《投资土耳其》2010年版，第42页。

③ 《中国和土耳其为构建丝绸之路经济带共同发力》，人民网：https://world.people.com.cn/n/2014/0612/c1002-25139207.html.

埃尔多安在开通仪式上表示，感谢中国朋友的辛勤劳动，感谢中国政府和企业为土耳其发展作出的贡献。[①] 中国企业通过高质量、严要求、高水平的工程建设赢得了土耳其方面的赞赏。目前，中国在土耳其规模较大的在建项目包括阿特拉斯（Atlas）燃煤电站（合同额 7 亿美元）、BOTAS 地下天然气储库（合同额 6 亿美元）等。

第四节　人员往来与文化交流

一、人员往来

中国地处东亚，与地处西亚的土耳其相隔遥远，两地人员往来相对较少。据估计，土耳其约有华侨华人 8 万人。基本上是新疆各少数民族移民，其中维吾尔族 5 万人，3 万在开赛利城，1.5 万在伊斯坦布尔；哈萨克族 2.5 万人，基本上聚居在伊斯坦布尔。此外还有少量乌兹别克、柯尔克孜、塔塔尔和汉族人。这些人多数是 20 世纪 40—60 年代辗转中亚来到土耳其的，

① 高泽华：《中国驻土耳其大使：两国可探索打造“四大走廊”》，人民网：http://finance.people.com.cn/n/2014/0918/c387602-25687428.html.

还有一些人是改革开放后利用朝觐和留学的机会留在了土耳其。土耳其不同民族的华侨华人之间基本没有来往。[①]

土耳其华人受到较好的对待，他们不仅可与当地人一样享受同等权益，甚至受到优待。如土耳其实行优待祖籍为中亚的少数民族政策，新疆籍华人在大学入学等方面享受同等优先的待遇。当地华人第三代大学入学率高达 80% 以上，有不少人到西方国家留学。不同时期来到土耳其的华人从事职业差别较大，经济状况也有明显不同。三四十年代赴土耳其者大多经营商铺、杂货店，属于较为富有的阶层；新中国成立后前往土耳其者多从事中土之间的服装、丝绸、瓷器和中药贸易，也有人开设中餐馆和中医针灸诊所，经济状况略逊于前者；90 年代后以探亲、朝觐身份出国后经亲友担保居留土耳其的新移民约有 5000 人，他们大多经营中医诊所、旅行社、餐馆，或在跨国公司供职，收入较高。总体来说，华人在土耳其安居乐业，生活较宽裕。

土耳其华人多数已经是第二代移民和第三代移民，对国内情况有所了解，并与新疆保持着一定往来。第一代和第二代部分新疆籍维吾尔族华人华侨仍保留使用母语，但不再使用维吾尔文字。维吾尔族华人华侨母语与土耳其语接近，掌握土耳其语言较容易，只是新疆籍维吾尔族华人华侨彼此交流时才使用

① 朱慧玲：《新疆籍华侨华人在西亚》，《八桂侨史》1999 年第 4 期，第 9 页。土耳其驻华大使穆拉特·萨利姆·埃森利 2011 年接受记者采访时指出，土耳其外交部长提供的材料显示，当时约有 30 万维吾尔族人生活在土耳其。张旭：《中土建交四十周年专访土耳其驻华大使　中国经济进步，世界都将获益》，《小康》2011 年第 6 期，第 47 页。

其母语。[①] 自中国改革开放至今，他们中不断有人到新疆、甘肃省亲，感受到祖国的繁荣进步和家乡的变化。土耳其华人普遍认为，中国是其祖居地，新疆是其故乡。他们热爱祖籍国，对家乡怀有深厚的感情，希望与中国开展各种贸易往来。除极少数“东突”分裂分子外，绝大多数华侨华人均反对“东突”搞民族分裂。

当代中土两国的人员往来主要体现在旅游方面。2001 年 12 月 14 日，中土两国签署《中华人民共和国国家旅游局和土耳其共和国旅游部关于中国公民组团赴土耳其旅游实施方案的谅解备忘录》，土耳其成为中国公民旅游目的地。此后赴土耳其旅游的中国游客逐年增加。尽管从土耳其统计局的调查中无法看到中国游客的具体数字，但从有关机构透露的零星信息中也能看出中国赴土耳其游客在迅猛增长。[②] 如仅 2008 年，中国公民赴土耳其旅游人数就达 6 万多人次。中国游客在土耳其的切实体验使越来越多的中国人认识到，土耳其融合了欧洲、亚洲以及地中海文化的独特文化特色，拥有优美的自然景观，是一个充满魅力的旅游目的地。同时，土耳其人民热情、友好，旅游设施完善。2012 年，在葡萄牙南部旅游胜地阿尔加维举行的第

---

① 李德华：《新疆籍华人华侨的特点》，《新疆社科论坛》2013 年第 2 期，第 69 页。

② 土耳其统计局按游客数量公布排名前 25 位的国家的游客人数，中国游客人数较少，只能归类到东亚国家中。2013 年中土文化年之后中国游客大幅增加，在这个统计中也有所反映。如 2012 年东亚游客为 148225 人，2014 年增长到 260248 人，2015 年猛增到 365302 人。增加的游客相当多应该是中国游客。

19届世界旅游奖（World Travel Awards）颁奖典礼上，土耳其在72项奖项中获得了14项“欧洲最佳”，来自土耳其的酒店、旅游目的地、国内航空公司、旅游公司以及土耳其文化旅游部分别获得了“欧洲最佳”的称号，一时间土耳其成为所有国家羡慕的焦点。土耳其政府非常看重中国这个巨大的潜在游客市场，在吸引中国游客方面也做了许多工作。土耳其驻华大使穆拉特·萨利姆·埃森利先生在2013年接受《中华建设》杂志记者采访时说，为了促进人文交流，土耳其方面在2013年5月开始对中国公民开放网上电子签证，实实在在地让签证申请变得更加便利。[①]到2015年，中国游客申请土耳其电子签证更加便利，以前尚需先有一个经合组织（OECD）国家签证才可以网上申请土耳其签证，现在则无须这一手续，只需网上申请并支付60美元签证费即可拿到电子签证。数据显示，2012年有12万多名中国游客赴土耳其旅游，同比增长了19%，而2013年春节期间，受两国文化交流热络的影响，更多中国游客涌到伊斯坦布尔，人数同比增加了83%，创下历史新高。[②]2014年，前往土耳其的中国游客达到了20万人次，同比增长了43%。越来越多的中国游客被土耳其丰富而独特的人文、自然景观吸引，赴土耳其旅游的人数呈稳定增长的态势。在过去25年间，土耳其旅游业保持了年均两位数的增速，但在2015年，赴土耳其旅游的国

① 黄晨：《推进历史建筑保护与合作　共同开创丝绸之路新未来——访土耳其驻华大使穆拉特·萨利姆·埃森利先生》，《中华建设》2013年第12期，第22页。

② 胡心媛：《探访丝路终点　土耳其会奖旅游吸引中国客》，《中国贸易报》2013年7月30日。

际游客数量出现首次下降。据土耳其文化和旅游部发布的数字，2015 年赴土耳其旅游的外国游客数量为 3620 万人次，较上年减少 1.61%。不过，来自中国的游客大幅增长，中国游客数量达 31.4 万人次，同比增长 57%。[①]

中国游客赴土耳其旅游起步晚，增长快，土耳其游客赴中国旅游则保持持续、稳定的增长。1998 年来华土耳其游客只有 7438 人，第二年超过 1 万人，2000 年超过 2 万人。此后有反复，但增长趋势不变，2004 年超过 3 万人，2005 年超过 5 万人，2006 年超过 6 万人，2010 年超过 8 万人，2011 年超过 9 万人，2013 年超过 10 万人。

表 4–6　入境土耳其的中国游客数量

（单位：人）

年份	游客数量
1998	7438
1999	12139
2000	20570
2001	16511
2002	24787
2003	24253
2004	37066
2005	50110
2006	63082
2007	73803
2008	60360
2009	64362

① 《综述：土耳其国际游客数量 2015 年首次下滑》，新华网：http://news.xinhuanet.com/world/2016-01/29/c_1117938860.htm.

续表

年份	游客数量
2010	84460
2011	98787
2012	96053
2013	103947
2014	106163

资料来源：国家统计局贸易外经统计司编：《中国对外经济统计年鉴》，中国统计出版社 2003—2005 年版。《中国贸易外经统计年鉴》，中国统计出版社 2006—2015 年版。

两国历史上的密切联系以及两国民众的往来加深了中土人民之间的友谊，凡是去土耳其旅游、工作的人都能感受到土耳其人对中国人的友好情谊。一位采访土耳其中国文化年的记者描绘了自己的感受：中国客人在土耳其所到之处，都可以遇到主动打招呼的热情友善的土耳其人，从天真无邪的孩子到阅历丰厚的老人，"你好""再见"的中文问候声不绝于耳，甚至宾馆里的普通服务员也会热情地对我们说："我爱中国！"[①] 笔者和朋友也有切身的体会，在土耳其自驾过程中每当遇到困难时都会有土耳其人热情相助，帮忙指路时不厌其烦：在布尔萨导航指引着我在迷宫一般的大街小巷中转来转去，就是找不到预订的宾馆，一位土耳其老先生让一个小伙子坐在我们的车上当向导，直接把我领到宾馆；在萨夫兰博卢这一幕再次重演，当我因无法找到宾馆四处求助时，又一位土耳其人坐上车把我带

① 张小兰：《中国　土耳其　跨越时空的和谐对话——土耳其中国文化年开幕活动见闻》，《中国文化报》2011 年 12 月 20 日。

到直通宾馆的道路；在美丽的安塔利亚，White Garden Pansion 宾馆的老板怕我在曲曲弯弯的老城中迷路，就直接帮我把车开出老城，将我送到老城外的宽阔马路上！

图 4–3　笔者在格莱梅遇到的热情的土耳其老人（范若兰摄）

关于中土人民之间的深情厚谊有很多佳话，其中最有名的是土耳其总统埃夫伦与中国烤鸭以及他的中国孙女的故事。埃夫伦是历史上第一位访华的土耳其国家元首。1982 年他访问中国时表示，土耳其人民对中国人民有着特别友好的感情，对中国更加繁荣和稳定感到高兴。他指出，土中友谊之树业已种下，希望今后它能茁壮成长。他在北京品尝到烤鸭等中国名菜，对烤鸭赞不绝口。1984 年 3 月，时任中国国家主席李先念回访土耳其，埃夫伦又兴致勃勃地谈起当年在北京品尝烤鸭的情景，李先念当即表示愿赠送一些北京种鸭。不久 10 只北京种鸭在土耳其西部旅游胜地安塔利亚的水产研究所安家落户。后来，埃夫伦曾亲自邀请中国驻土耳其大使馆的厨师到土耳其总统府表演烤鸭技艺，并以烤鸭款待各国政要。[①]1982 年访问中国时，埃夫伦总统还结识了自己的中国孙女。据当时担任土耳其语译员、后任中国驻伊斯坦布尔总领事的徐鹍讲，埃夫伦非常喜欢孩子，总统及其女儿参观上海市少年宫时，陪同参观的 11 岁上海小姑娘王晴聪明、伶俐，待人彬彬有礼，给他留下了深刻印象。他一回到国内就向中国驻土耳其使馆提出，希望认这位小姑娘为孙女，并资助她来土耳其学习，以便她长大后能为土中友谊大厦添砖加瓦。在埃夫伦的安排下，王晴高中毕业后进入土耳其伊斯坦布尔的海峡大学留学。学习期间，王晴几乎成了埃夫伦家的一员，埃夫伦一家从学习到生活各方面都给了她无微不至的关怀。从海峡大学经济管理系毕业后，她进入土耳其最大财团属下的一家商贸公司工作，从事对中国和东亚地区的进出口工作。她和埃夫伦一家一直保持着密切的联系和深厚的情谊。[②]

二、文化交流

中土两国的文化交流与合作关系也在不断发展。1993 年 11 月，中土签署了两国政府文化合作协定，交流项目包括文化、

① 《土耳其前总统埃夫伦的中国情缘》，国际在线：http://gb.cri.cn/27824/2009/08/08/2945s2586909.htm.

② 徐鹍：《土耳其总统和他的中国小孙女》，《湘潮》2015 年第 2 期，第 44—46 页。

体育、教育、新闻等各个领域。文化部长王蒙1988年3月访问土耳其，土耳其文化和旅游部长梯梯兹（1988年6月）、文化部长萨拉尔（1992年9月）先后访华。此外，北京、上海、天津、西安、日照、鞍山、南京、蚌埠、镇江和盘锦等23个省市分别与安卡拉、伊斯坦布尔、伊兹密尔、科尼亚、特拉布松、布尔萨、梅尔辛、辛姜、伊兹密特和亚洛瓦等城市结为友好城市。最能体现中土两国文化交流深度和广度的是2012年在土耳其举办的“中国文化年”、2013年在中国举办的“土耳其文化年”以及两国教育交流。

中土互办“文化年”，是2009年土耳其总统居尔访华时与胡锦涛主席达成的重要共识。2010年温家宝总理访问土耳其期间，中土发表两国建立战略合作关系的联合声明，正式确定2012年在土耳其举办“中国文化年”，2013年在中国举办“土耳其文化年”。

土耳其“中国文化年”以2011年12月举办的“丝路新语”晚会、“彩绘丝路”展览拉开序幕。丝路新语晚会节目极为精彩，开场舞蹈《敦煌伎乐》、琵琶艺术家赵聪独奏曲《新编十面埋伏》、青年小提琴演奏家高参与赵聪合作演奏的《飞天乐舞》、男高音歌唱家薛皓垠的《牧歌》、集体舞《六月清荷》、京剧艺术家演出《盗仙草》、舞蹈《青花瓷上的鱼》、中国杂技团的《十三人顶碗》、杂技演员曹凯的《球技》、北京舞蹈学院充满西域风情的集体舞《麦西来甫》和新疆艾尔肯乐队的演唱，给土耳其观众带去东方的艺术品位和不同凡响的艺术享受，激起观众们的阵阵掌声。[①]“彩绘丝路”汇集了40多位当代中国著名画家创作的60多幅丝路写生作品，在安卡拉拉杰尔现代艺术博物馆展出，其中有王西京的《土耳其之父》、刘健的《土耳其大风车》、朱乃正的《蓝色清真寺》、姜宝林的《道尔玛巴切赫王宫门外所见》、王胜利的《土耳其风采》和《土耳其风情》、万纪元的《伊斯坦布尔蓝色的海洋》和《土耳其烤房》、郭全忠的《土耳其农夫和他的四轮马车》、李洋的《快乐土耳其》、吴云华的《伊斯坦布尔金角湾》等。这些写生画将土耳其人眼中的普通场景做了艺术上的升华，引起当地民众的强烈兴趣。[②]

“中国文化年”内容异常丰富，活动贯穿2012年全年：1—2月有“欢乐春节”系列文化活动，4月有中国电影节和土耳其国际儿童节中国主宾国活动，5—7月有伊斯坦布尔国际艺术节中国主宾国活动，9月有《中国当代艺术大展》，10月有中土两国国庆日活动，11月20日《印象敦煌——中国文化大展》和《华夏瑰宝展》同时在伊斯坦布尔开幕，12月有“中国文化年”闭幕式。其中，在土耳其托普卡帕王宫博物馆展出近百件中国文物精品的《华夏瑰宝展》，是两国建交40年来最重要的一次文物交流，也是中国兵马俑第一次在亚非地区展出。

2012年12月4日，以“古道欢歌”为主题的“中国文化年”闭幕式晚会在安卡拉大剧院举行。晚会节目分为两部分。第一

① 李玉东：《“丝路新语”让土耳其沉醉》，《光明日报》2011年12月15日。
② 张小兰：《中国　土耳其　跨越时空的和谐对话——土耳其中国文化年开幕活动见闻》，《中国文化报》2011年12月20日。

部分以中国传统乐器、中国传统音乐为主，第二部分囊括东西文化，包括中国民族特色舞蹈、中国民族歌曲、杂技、小提琴独奏、歌剧等精彩节目。来自中国歌剧舞剧院、中国中央歌剧院、中国东方演艺集团等国内一流艺术院团的知名艺术家应邀参加演出，为土耳其观众表演了世界名曲《夜莺》、经典杂技《东方天鹅——芭蕾对手顶》、中国古典舞精品《牡丹七仙》、二胡独奏《葡萄熟了》等精彩节目，整台晚会内容丰富、格调高雅、气氛热烈，为“中国文化年”画上了圆满的句号。[①]

据中国驻土耳其大使馆文化处不完全统计，在文化年框架内，中国赴土耳其交流项目与团组共计87个，赴土耳其参与中国文化年活动人员1700余人次，进行了近400场文艺演出和交流活动。土方现场参与观众近24万人次，项目覆盖安卡拉、伊斯坦布尔、伊兹密尔、安塔利亚等40多座城市，内容丰富多彩、形式多种多样，涉及杂技、影视、教育、舞蹈、音乐、戏剧、展览、青少年、美食、图书出版、新闻媒体、宗教、智库和动漫交流等各大领域，成为两国自建交以来中国在土耳其举办的规模最大、历时最长、项目最多、门类最全、层次最高、延伸地区最广的系列文化活动。[②]

2013年是中国的“土耳其文化年”。“土耳其文化年”的相关活动在许多城市举行，主要集中在北京、银川和上海。

---

① 袁晞：《丝路吹来“中国风”——土耳其中国文化年侧记》，《人民日报》2012年12月13日。

② 李洁、董涛：《土耳其中国文化年在安卡拉闭幕》，《中国文化报》2012年12月21日。

北京的主要活动是举办“2013 土耳其电影周”。2013 年 8 月 15 日，北京当代 MOMA 百老汇电影中心举行“2013 土耳其电影周”开幕式。电影周由中国国家新闻出版广电总局、土耳其文化旅游部共同主办，由中国国家新闻出版广电总局电影局、土耳其伊兹密尔电影协会承办。开幕式展映了《广场童心》《寂静的夜晚》《粒子》《到此为止》《戴红头巾的女孩》《我父亲和我儿子》《深海》共七部来自土耳其的精品力作。其中，拉希特·切利凯泽导演的《广场童心》曾获得圣丹斯电影节等多项国际大奖和提名，雷伊斯·切利克导演的《寂静的夜晚》曾经在第 25 届东京国际电影节、第 62 届柏林国际电影节上获得最佳影片奖。来自土耳其的电影艺术家与中国同行进行了交流。

银川的主要活动是在 2013 年 9 月 13 日举办为期一周的“2013 中国·土耳其伊斯兰文化展演”。展演活动由中国国家宗教事务局与土耳其国家宗教事务局联合主办。活动主题为“传承历史、共创未来”，包括《古兰经》诵读、中土伊斯兰文化展、中土书法艺术展演、文艺演出等四项主要活动。展览以文字、图片、视频等形式介绍了中国、土耳其两国的伊斯兰教历史和古老的伊斯兰文化，还展示了两国穆斯林书法家的阿文书法作品等。土耳其宗教事务部为中国穆斯林带来了奥斯曼时代的书法作品、土耳其老王宫重要文物的照片、著名的湿拓艺术作品和细密画、具有几百年历史的《古兰经》手抄本等珍贵物品和艺术品。中国伊斯兰教协会也制作了反映中国穆斯林宗教、文化、经济生活的大型图片展，参观者可以从中了解当代中国穆斯林的宗教生活。在《古兰经》专场诵读活动中，宁夏伊斯兰教经学院宗教课老师张学川、土耳其展演团诵经师、新疆伊宁市艾孜买提·库尔班塔依、宁夏吴忠市管勤付等依次进行了诵经演示，展示了中、土两国诵经师高超的艺术水准，受到了观摩者的高度赞誉。在文艺演出环节，土耳其艺术家在银川回乡文化园演艺大厅为当地民众奉献了具有浓郁宗教和民族特色的梅乌拉那旋转舞和被认为是世界上最早的军乐梅赫泰尔。土耳其方面派出宗教部长率领的土耳其政府高访团以及76名艺术家组成的展演团，显示对此次展演活动的重视。[①]

上海的活动内容更加丰富，包括了土耳其文物、美术及饮食文化等众多内容。2013年10月6日，以“发现蓝色土耳其”为主题的土耳其文化与美食节在上海世贸商城开幕。参观者既可现场品尝独具风味的土耳其美味佳肴，又可观看土耳其的亚欧跨海大桥、蓝色清真寺、棉花堡、特洛伊木马等著名景点的模型，还可欣赏梅乌拉那旋转舞、世界上最早组建的军乐团——奥斯曼军乐团、土耳其民间的传统舞蹈、芦笛、土耳其的湿拓画和书法等艺术表演。尽管当天大雨持续，依旧挡不住参观者领略异国风情的脚步，参观现场人流汹涌。一个月后，11月19日，“安纳托利亚文明：从新石器时代到奥斯曼帝国”展览在上海博物馆开幕。这是土耳其首次在中国办文物展，展览从2013年11月19日持续至2014年2月20日。托普卡帕

① 刘阳：《丝路著新语　文化展风姿——2013中国·土耳其伊斯兰文化展演随记》，《中国宗教》2013年第10期，第10—12页。

老王宫博物馆、土耳其及伊斯兰艺术博物馆、伊斯坦布尔考古博物馆等3家博物馆为中国观众呈现了122件精美文物。由伊斯坦布尔考古博物馆选送的《阿卡狄奥斯大帝头像》、公元前2000—前1750年的《婚姻契约》碑刻、《清真寺青花陶灯》等，反映了璀璨的安纳托利亚文明，给中国观众留下了深刻印象。[①]2013年12月22日，《新大陆——土耳其当代影像艺术展》在上海民生现代美术馆开幕。展览呈现了来自伊斯坦布尔现代艺术馆的影像艺术佳作，包括6位不同时期艺术家的7件作品。

土耳其驻华大使穆拉特·萨利姆·埃森利在2013年接受《中华建设》杂志记者采访时说，在“土耳其文化年”相关活动中，土方已经举办了20多场活动，包括音乐会、舞蹈演出、摄影展、电影周等。土耳其艺术家还尝试采用土耳其的传统乐器演奏中国民乐，用中国的民族乐器演奏土耳其的传统音乐，并专门举办了土中传统音乐演奏会。土方一直致力于加强人与人之间的交流，因此，这些文化交流活动在“文化年”结束之后还将继续推进。[②]2013年和2014年，中国和土耳其分别担任了第32届伊斯坦布尔国际书展和第21届北京国际图书博览会的主宾国，推动了中土图书出版的交流与合作。

2016年参展安塔利亚世园会是中土文化交流史上浓墨重彩的一笔。2016世界园艺博览会于当年4月23日至10月30日

---

① 《土耳其122件国宝做客上博　尽显安纳托利亚文明》，《解放日报》2013年11月19日。

② 黄晨：《推进历史建筑保护与合作　共同开创丝绸之路新未来——访土耳其驻华大使穆拉特·萨利姆·埃森利先生》，《中华建设》2013年第12期，第22页。

在土耳其安塔利亚市举行，共有53个国家和地区参加展览。中国方面在展览活动中充分展示了中国发达的花卉文化和生态文明，加深了土耳其民众对中国文化的了解，促进了两国民众之间的友谊。中国在世界园艺博览会建设的“中国华园”，面积达3150平方米，是中国赴境外参加历届世界园艺博览会参展面积最大的室外展园。“中国华园”将牡丹、荷花、菊花、竹子、桂花、茶花、槭树等100多种中国特色植物、盆景以及书画等，精心布置在带有浓郁中国风味的江南古典园林中，营造了一个展现中国悠久历史文化和现代花卉成果的美丽世界。世界园艺博览会期间，具体负责参展的中国花卉协会还举办了一系列文化交流活动，如中国国家馆日、2019北京世园会宣传推介、丝绸之路生态文化万里行、中国野生花卉摄影展、中国传统插花艺术表演等，给土耳其民众留下了美好而深刻的印象。世界园艺博览会开幕当晚，土耳其总统雷·埃尔多安和夫人来到“中国华园”参观，并给予高度评价。展会期间，“中国华园”累计接待游客25万人次。“中国华园”的精美设计和花卉布置获得游客和世界园艺博览会名誉评审团的一致好评，一举荣获国际园艺生产者协会（AIPH）大奖和2016土耳其安塔利亚世界园艺博览会组委会金奖两个最高奖项。山东菏泽市牡丹产业化办公室选送的牡丹“紫二乔”“月宫烛光”“百园红霞”“鲁荷红”“银红巧对”，江苏如皋绿园有限公司选送的盆景“洋艾”“黄杨”“雀舌罗汉松”，宁夏回族自治区银川市林业局选送的盆景菊“故乡情”“和平”“异国风情”“友谊长存”和多本菊“紫强大”，分别获得组委会特别奖。为了表达中国人民对土耳其人民的深情厚谊，中国政府将“中国华园”赠送给土耳其政府，作为为中土建交 45 周年献上的一份厚礼。[①]

在中土关系日益紧密的氛围中，土耳其出现了一些以发展中土友好关系，推动中土社会、文化交流为己任的热心人士。

土中友协主席巴伊塔什曾担任土耳其旅游部部长，在任时与中国就有较多接触。退休后，他于 1991 年创立了土耳其中国友好协会，致力于促进两国之间的友好交流。土中友协共有约 150 名会员，都是活跃在各自领域的成功人士。巴伊塔什几乎每两年就来华访问一次，迄今已有十几次。2008 年 4 月初，当北京奥运会圣火在伊斯坦布尔传递时，80 多岁的巴伊塔什不顾脚部伤病，一手拄拐杖一手持火炬坚持完成了圣火的传递。2003 年，他被中国人民对外友好协会授予“人民友好使者”的称号。2011 年，他获得中国人民对外友好协会颁发的“人民友好贡献奖”。[②]

土耳其—中国工商总会主席雅乌兹·欧乃是一个致力于加强中土经济交流的“中国通”。他少年时因喜欢李小龙的功夫片对中国产生了兴趣，大学的专业就是中文。大学毕业后，他来到北京语言大学和复旦大学深造，并与一位中国女孩相恋并结婚。欧乃随后被任命为土耳其驻北京商务办事处首席代表。回

① 《中方出色完成 2016 安塔利亚世园会参展工作》，2016 年 11 月 1 日，中华人民共和国驻土耳其共和国大使馆：http://tr.china-embassy.org/chn/xwdt/t1411979.htm.

② 《一个土耳其老人的中国情结》，国际在线：http://gb.cri.cn/27824/2009/09/28/1845s2634882.htm.

国后，他担任土耳其—中国工商总会主席、对外关系协会中国委员会副主席。工商总会拥有上千家会员，在两国的招商引资、经济交流和企业合作方面发挥着积极的桥梁作用。作为工商总会主席以及土耳其国内精通中国事务的人士，欧乃在推动土中合作方面更是发挥了带头作用。①

在新生代中也涌现出一些热衷于土中文化交流的年轻人。萨立和胡塞飞·本利是其中的突出代表。2007 年，萨立从土耳其来到中国留学，在武汉大学和华南师范大学各读完两年本科，在广东外语外贸大学攻读了汉语国际教育硕士学位。2011—2012 年，萨立在广东土耳其商人协会担任秘书长，随后担任项目部负责人。在学习之余，他开始组织中土文化交流活动。2013 年，他参与组织了中国一百名文化人赴土耳其访问，他自己也应邀在几所土耳其大学举办“认识中国社会”的主题讲座。2014 年，他参与了中央电视台举办的大型跨国文化交流节目《丝绸之路》。他准备继续在中国攻读博士学位，一边读书一边做促进中土文化交流的工作，他的志向就是做一名中土文化交流的使者。② 胡塞飞·本利（中文名“阿福”）与萨立同年来到中国留学，先在深圳读了两年大学，2009 年来到西安，在西北大学新闻传播学院广告系读硕士。2011 年 10 月到 2012 年 1 月，他组织一个团队，出版了一本用土耳其语介绍中医养生、中国电

① 《一位土耳其的“中国通”》，新华网：http://news.xinhuanet.com/world/2015-03/11/c_1114607488.htm.

② 《“我愿做中土文化交流的使者”》，《南方日报》2014 年 8 月 7 日。

影、民俗等中国文化内容以及中国商业政策及市场分析的杂志《中国风》，自费印刷3000份，发放给土耳其政府部门、商业协会，引起热烈的反应。2013年9月底，阿福在大唐西市风情街开设了一间土耳其馆，让更多西安市民认识土耳其。他还在西安注册了一家广告传媒公司，主要负责中土文化交流，为商界提供广告服务。他还筹划在土耳其建一个“中国文化村”，让土耳其人了解中国的传统文化和现代商贸。[①]

中土教育交流与合作主要体现在两个方面：主办孔子学院和协助土方进行中文教育。

2008年全国政协主席贾庆林访问土耳其期间，出席了中东技术大学孔子学院揭牌仪式，第一所孔子学院在土耳其落成。2008年、2013年又分别成立了海峡大学孔子学院和奥坎大学孔子学院。截至目前，土耳其共设立三所孔子学院。

三所孔子学院运作良好。中东技术大学孔子学院由该校与厦门大学合作运营。该校孔子学院自2009年年初正式招生，2012年年底注册学员达到3000余人。该孔子学院每年举办各种文化推广活动20余场次。海峡大学孔子学院是在中国国家汉办支持下，由上海大学和土耳其海峡大学共同组建，截至2013年年底在学学员达到近500人；每年举办各种文化推广活动30余场次，接待土中访问团组30余个。2012年，由于业绩突出，

① 《土耳其小伙爱上中国文化　策划在土建中国文化村》，西部网：http://news.cnwest.com/content/2014-05/19/content_11155237.htm.

海峡大学孔子学院被授予“年度先进孔子学院”荣誉称号。[①] 奥坎大学孔子学院由中国国家汉办、土耳其奥坎大学和北京语言大学共同筹建。据人民网“行走新丝路”前方报道组的实地采访，奥坎大学孔子学院与该学院的中文翻译专业配合教学，取得明显成绩。2013 年学院共培训了 100 多名学生，其中该校毕业的 60 名学生在孔子学院的帮助下多数获得赴中国进修的奖学金。孔子学院还举办各式各样与中国相关的文化活动，如在“孔子学院日”举办摄影、剪纸比赛等活动；组织土耳其学生包饺子、唱中文歌。学院还策划了中土经贸论坛，邀请中土两国企业家畅谈“一带一路”建设等话题。孔子学院中方院长刘强告诉记者，“中文翻译专业的学生很好就业。很多公司主动给我们打电话，希望我们能帮助推荐学生。”[②]

孔子学院得到中方的大力支持和配合，为学院提供教师和教材。如国家汉办每年给中东技术大学孔子学院派出 5—6 名教师。为了方便土耳其人学习汉语，国家汉办 2011 年推出了中土双语版《当代中文》《跟我学汉语》《快乐汉语》《汉语乐园》等 24 种涵盖了大中小学以及幼儿教育等的系列教材。国家汉办总部为几所孔子学院和孔子课堂赠送配备了这些教材。另外，中方也为学生来华实地学习、调研提供方便。2013 年，在土耳其海峡大学孔子学院推荐下，有 18 名土耳其学生来中国进行为期

① 苗福光：《土耳其汉学研究与孔子学院发展现状》，《阿拉伯世界研究》2014 年第 2 期，第 118 页。

② 《探访土耳其奥坎大学孔子学院》，人民网：http://sd.people.com.cn/n/2014/0924/c366019-22420557.html.

一年的学习。中国驻土耳其大使郁红阳在2014年9月接受采访时表示，土耳其的三所孔子学院得到中国的大力支持，除了给这些学校派遣17名汉语教师外，中方还向学习汉语的学生每年提供几十个前往中国进修汉语的奖学金名额。此外，双方每年还相互提供30个政府奖学金名额。土耳其教育部门也连续参加在华举办的国际教育展活动，吸引越来越多的中国学生前往土耳其留学深造。[①]

随着中国国际地位的提高和中土关系的日益密切，土耳其政府积极鼓励学生学习中文，愿意学习中文的学生大幅增加。2004年，土耳其教育部门决定把汉语作为中小学第二外国语备选语种，激发了青少年学习中文的积极性，大学中开设中文课程的学校也在增加。土耳其目前有五所大学开设汉语专业课程，分别是安卡拉大学东方语言文学学院汉学系、埃尔吉耶斯大学中文系、法提赫大学中文系、奥坎大学翻译系和伊斯坦布尔大学文学院。安卡拉大学汉学系设立于1935年，历史悠久，实力雄厚。该系学科体系完备，不仅有汉语本科专业，还设有硕士和博士学位授权点。汉学系从建立至今，已经为土耳其培养了2000余名汉语专业人才。法提赫大学文理学院中文系，是土耳其第一所私立大学开设的中国语言文学专业，目标是培养精通中国语言、熟悉中国文化的商贸、导游和为政府相关部门服务的专业人才，迄今已有二三百名中文专业毕业生。随着中土

① 高泽华：《中国驻土耳其大使：两国可探索打造“四大走廊”》，人民网：http://finance.people.com.cn/n/2014/0918/c387602-25687428.html.

经贸关系的日益密切，一些学生看好中文专业的就业前景，中文成为比较热门的专业。埃尔吉耶斯大学中文系 2013 年原本计划招生 20 人，但报考人数超过 400，最后招生规模扩大到 40 人。[①] 土耳其年轻人也感受到中国游客不断增加、中土联系日益紧密的趋势，因而愿意去学中文。据《广州日报》记者 2015 年年初在伊斯坦布尔的采访，23 岁的图林·卡雅在一家专门接待中国游客的旅游公司做办公室秘书，她毕业于安卡拉一所大学的中文系，2013 年，曾到苏州大学作为交换生交流了半年。在她看来，学习中文成为越来越多土耳其年轻人的选择，“学中文很好找工作，我当时选择学中文就是在伊斯坦布尔看到很多中国的东西，公司每年接待的中国游客和商务方面的客人大概有五六千人左右。”[②]

中方对土耳其大学的中文教育提供了各种帮助，主要是提供教师和合作培养学生。安卡拉大学汉学系常年聘请中国籍汉语教师 2 名，同北京外国语大学、台湾国立政治大学有合作关系。埃尔吉耶斯大学中文系共有 8 名教师，其中 3 名为中国汉语教师。该校同武汉大学、上海外国语大学和大连民族学院签有合作协议。截至 2015 年，该校中文系已有 123 名学生在中国学习过。法提赫大学中文系常年与西北师范大学合作，同时中

① 苗福光：《土耳其汉学研究与孔子学院发展现状》，《阿拉伯世界研究》2014 年第 2 期，第 112—118 页。

② 龙迎春、陈小雁：《广州人买土耳其毯一掷百万　被大赞“很有信誉”》，《广州日报》2015 年 1 月 29 日。

国国家汉办公派 3 名汉语教师在该系工作。[①]

相互了解越多，中国对土耳其语言与文化感兴趣的人数也越多。中国有四所大学开设了土耳其语言专业，即北京外国语大学、中国传媒大学、解放军外国语学院、上海外国语大学，上海大学还成立了“土耳其研究中心”。

世纪之交时有 500—600 名中国留学生在土耳其留学，这些人中以维吾尔学生为主。为鼓励和资助在土耳其留学的新疆籍学生，新疆维吾尔自治区人民政府在 2011 年设立了专项奖助学基金，每年向优秀的新疆籍留学生发放。2012 年 12 月 26 日，中国驻土耳其大使馆在安卡拉土中友好基金会举行仪式，向在土耳其学习的 20 名新疆籍留学生颁发 2012 年下半年度新疆维吾尔自治区政府留学生助学金和荣誉证书，勉励他们认真学习，学有所成，回国后为建设家乡出力，做一名中土文化交流的使者。2013 年度，来自安卡拉大学、中东技术大学、海峡大学等多所土耳其高校的 37 名新疆籍留学生获得了奖学金和助学金，其中 6 人获得奖学金，31 人获得助学金。[②]

---

① 苗福光：《土耳其汉学研究与孔子学院发展现状》，《阿拉伯世界研究》2014 年第 2 期，第 112—114 页。

② 《中国驻土耳其大使馆向中国新疆自费留学生颁发助学金》，新华网：http://news.xinhuanet.com/world/2012-12/27/c_114175961.htm.《中国新疆籍在土留学生获颁奖助学金》，新华网：http://news.xinhuanet.com/world/2014-02/15/c_119351248.htm.

第五章

丝路新友：改革开放以来粤土友好往来

广州是古代海上丝绸之路的起点，土耳其是古代海陆丝绸之路的终点；广东是中国改革开放的前沿地带，有吸引外资、发展对外经济的丰富经验，伊斯坦布尔是土耳其经济地位最重要的城市，全国 50% 的进出口贸易通过这里进行。这种历史与现实的联系将广东与伊斯坦布尔吸引到一起。伊斯坦布尔既是广东省的友好省，又是广州市的友好城市。两市密切的经贸关系、友好往来随后迅速发展为广东省与土耳其全国的密切联系。两地日趋紧密的相互贸易、投资、人员往来、文化交流，成为中土关系中富有活力的组成部分。

第一节　粤土官方往来

一、广东省与土耳其的交往

改革开放后，广东省与土耳其的官方往来逐渐增加。

初期双方的往来主要是土耳其官员访华时顺道访问广东，如1985年7月4—5日，土耳其共和国总理图尔古特·厄扎尔和夫人一行150多人由轻工业部部长杨波和夫人陪同访问广东省；1991年7月17日，土耳其议会副议长、文艺与出版委员会主席哈利·阿拉斯一行12人到江门访问，参观了江门市无线电三厂、五邑大学等单位。广东省官员主动出访土耳其的情况比较少见。

进入21世纪后，广东与土耳其经济关系日益密切，广东经济发展战略中“走出去”、投资国外的因素开始发挥重要影响，广东省政府也主动走向土耳其，希望在现代化过程中更加充分地利用包括土耳其在内的各种国际因素，加快自身的现代化进程。广东的飞速发展也引起土耳其方面的强烈兴趣，广东与土耳其的交往从以往的单向交往走向双向交往，从来往较少走向互动频繁。广东还与土耳其伊斯坦布尔省结成了友好省市的关系，广东省长卢瑞华、黄华华等广东党政领导人都曾出访土耳其，土耳其伊斯坦布尔省长等土耳其官员也回访了广东省。广东与土耳其的关系重点在于两地经济关系，从这个角度讲，影响比较大的两地交往体现在广东省长卢瑞华和广东省委书记张德江的访问土耳其之行上。

2000年5月上旬，广东省长卢瑞华率领广东省政府代表团、广东经贸代表团先后出访了印度、沙特阿拉伯和土耳其，土耳其是其中的最后一站。在访问土耳其伊斯坦布尔省期间，卢省长与伊省省长卡伊尔签订了《广东与伊斯坦布尔合作备忘录》。随团出访的22家广东大中型生产企业利用这次出访与相关国家签订协议，扩大贸易或设立工厂。如美的集团在三国共签订2000余万美元的合同，丝绸集团签订了900余万美元合同，金羚集团签订了800余万美元的供货合同。这次三国行共有18家企业签订了金额较大的贸易合同，每个公司都结交了几个乃至十几个新客户，为发展与三国的贸易关系奠定了初步基础。第二年6月，卢瑞华省长再次率领广东省政府代表团出访土耳其。6月18日，广东省政府暨经贸代表团在伊斯坦布尔市举行仪式，缔结广东省与伊斯坦布尔省建立友好省的协议，随后双方举行企业对口经贸洽谈，土耳其近100家工商企业参加了经贸洽谈。[1]

2006年6月2—14日，中共中央政治局委员、广东省委书

① 逸晴：《卢瑞华省长出访三国》，《大经贸》2001年第8期，第20页。

记张德江率领中共代表团访问土耳其、阿曼、沙特，顺访俄罗斯。为配合此次出访，广东组织了庞大的经贸代表团，在四国举办了四场经贸合作洽谈会，共签订对外贸易、境外投资合作、工程承包和招商引资项目总金额 41.59 亿美元。[①] “2006 年中国（广东）—土耳其经贸旅游合作洽谈会” 6 月 12 日在伊斯坦布尔举办，广州市委书记林树森、广东省常务副省长汤炳权等出席了开幕式，土耳其政府高层官员、工商企业界人士等共 700 多人与会。广东省委书记张德江在讲话中指出，广东与土耳其“在实现旅游市场互动、资源共享、信息互通等方面开展了卓有成效的合作，已互为客源市场和旅游目的地。”他说，广东十分重视发展与土耳其的经贸旅游合作，双方经贸旅游合作商机无限，前景广阔。伊斯坦布尔省省长居莱尔也指出：“土中关系源远流长，古老的丝绸之路是促进两国关系不断发展的一条坚实纽带。2000 年伊斯坦布尔省和广东省签署了经济合作协议，为两国经济贸易关系以及其他各个领域的全面合作提供了良好契机。”他认为，这次洽谈会是一个重要机遇，通过接触与交流，土中两国企业界人士可以互通有无、共求商机。双方旅游主管部门签署了广东省与土耳其旅游合作与交流协议、广东省与伊斯坦布尔省旅游合作与交流协议、广东旅游协会与土耳其旅游协会合作协议。洽谈会期间共签订 4 亿多美元的合作项目。开幕式上现场签约的投资贸易及旅游合作项目共 20 项，总金额

① 向全、王瑜：《广东加快“走出去”步伐——力促外贸进出口平衡》，《国际商报》2007 年 8 月 20 日。

2.1435亿美元。[1] 当年10月，国务院常务会议讨论通过了《关于鼓励和规范我国企业对外投资合作的意见》，鼓励有条件的企业参与国际经济技术合作。广东与土耳其等国经贸关系的发展刚好适合了中国经济形势的需要，进一步推进了广东省“走出去”战略的步伐。

除广东省领导之外，省政府职能部门及对外友协也与土耳其时有往来，对密切两地关系发挥了重要作用。2013年11月14—16日，广东省外经贸厅在土耳其伊斯坦布尔国际会展中心举办了“2013粤港时尚生活展·伊斯坦布尔”展览会，共设160个展位，粤港两地各有80个展位。珠海、汕头、佛山、东莞、中山、肇庆、阳江等地市共66家企业参展。展品涉及消费类电子、纺织服装、家居产品、器皿及餐厨用品、玩具等行业，总组团规模超过120人，是广东省外经贸厅在东欧地区举办的年度最大规模自办展。展会吸引了3049名买家入场洽谈采购，扩大了广东产品在土耳其的影响。2012年4月，广东省外办副主任、省对外友好协会副会长王世彤率领广东省友好工作组一行六人访问土耳其，先后拜会了土中友协主席凯末尔·巴伊塔什、土耳其伊斯坦布尔省副省长卡齐姆·泰金，与土中友协签署了建立友好合作关系备忘录。2013年9月，广东省外办副巡视员、省友协常务理事郑永驹率广东省友好代表团一行五人对土耳其进行了友好访问。代表团拜会了土中友协，为落实上年

---

① 《中国广东—土耳其经贸旅游合作洽谈会开幕》，新华网：http://news.xinhuanet.com/newscenter/2006-06/13/content_4688693.htm.

双方签署的《建立友好合作关系备忘录》进行了广泛探讨。

二、广东各市与土耳其的交往

广东省内不少城市与土耳其保持着密切联系，其中以广州、深圳、东莞、惠州最为突出。

广东城市中以广州与土耳其关系最为密切，因为广州与伊斯坦布尔是国际友好城市。2012 年 7 月 17 日，“新广州 · 新商机——土耳其伊斯坦布尔 · 中国广州经贸日”大型经贸活动在土耳其伊斯坦布尔举行。广州有关部门负责人、广州经贸代表团成员以及来自土耳其政府、企业等各界人士共 500 多人参加了当天活动。广州市委领导在致辞中指出，土耳其已成为广州新兴的贸易伙伴，2011 年，广州对土耳其出口额达 4.9 亿美元，同比增长 80.5%，商品范围覆盖轻工产品、汽车汽配、计算机及通信设备、摩托车、纺织制品等。两地深化合作前景非常广阔。土耳其经济部副部长杰马利廷 · 达姆拉吉在致辞中代表土耳其经济部对广州市代表团和广州经贸代表团的到来表示欢迎。他说，广州是中国经济最发达的珠江三角洲地区的核心城市，也是生活着最多土耳其公民的中国城市，土耳其与广州之间存在巨大的经贸合作潜力，这也是土耳其在广州设立总领事馆并设置两名商务参赞的原因。他希望进一步深化双方的经贸往来与合作，希望广州的企业家到土耳其投资兴业，分享土耳其的发展商机。随后，双方的企业代表举行了广州—伊斯坦布尔经贸项目和机构合作协议文本交换仪式。广州市贸促会组织广州8个行业商协会，与土耳其的相关协会签订多项合作协议，组织合作项目97个，其中贸易项目78个，签约合作项目19个，意向合作金额达4.5亿美元。广州市贸促会还与土耳其出口商总会联合成立了广州—伊斯坦布尔企业家理事会，并在土耳其出口商总会设立广州市贸促会驻土耳其联络处。这些协议为广州和伊斯坦布尔双边关系持续发展奠定了基础。[①]

地处改革开放第一线的深圳市也引起土耳其的关注，深圳市对于扩大与土耳其的经济关系同样十分热心。2009年6月27—28日，土耳其共和国总统阿卜杜拉·居尔将参观深圳作为自己访华之行的重要一站。随同来访的有土耳其副总理兼国务部长、大国民议会议员及企业家等约210人。深圳市委书记刘玉浦向居尔总统简要介绍了深圳与土耳其的交流、合作情况。他指出，在深圳投资的土耳其企业已有10家，当年1—5月深圳与土耳其的贸易额达2.4亿美元。居尔对深圳为土耳其企业家创造的良好投资环境表示感谢。他说，在深圳访问期间，他与在深圳投资的土耳其企业家进行了交谈，他们一致表示在深圳工作和生活非常开心，并对继续在深圳投资发展表现出积极态度。在深圳期间，居尔一行还参观考察了华为技术有限公司。[②]2013年6月14—17日，许勤市长率领的深圳市代表团访

① 毕征等：《共享发展新商机　共谱丝路新篇章》，《广州日报》2012年7月19日。

② 《土耳其居尔总统访问深圳》，《新快报》2009年6月29日。《土耳其拟与广东开通航线》，《深圳商报》2009年6月29日。

问土耳其最重要的两座城市——首都安卡拉和伊斯坦布尔，拜访两市政要，走访深圳企业，开展经贸推介，寻求交流合作，帮助深圳企业开拓土耳其这一潜力巨大的新兴市场。安卡拉市市长麦里赫·戈克切克表示，将派代表团出席当年深圳举行的中国国际高新技术成果交易会，更好地推动双方在高科技方面的合作交流，吸引更多深圳高新技术企业在安卡拉拓展业务。17日，代表团出席了在伊斯坦布尔举行的深圳（中国）—土耳其投资合作推介会。会上还举行了深圳市投资推广署与土耳其对外经济关系委员会及土耳其相关企业、深圳华大基因与三所土耳其大学的基因研究合作等多个投资合作项目的签约仪式。

制造业发达的东莞市也将目光转向土耳其。2014年11月27日，市委书记徐建华率东莞代表团赴土耳其访问，并在伊斯坦布尔亚洲万豪酒店举办“东莞—伊斯坦布尔投资贸易旅游合作交流会”。土中经济商业促进友好协会秘书长齐兹洛克、伊斯坦布尔副省长古尔特金以及土耳其共和国总理府投资支持及促进局、伊斯坦布尔发展局、土耳其旅游协会、土耳其汽车零部件制造商协会等当地政要、龙头企业高层约150人参加了会议。28家东莞企业与100多位土耳其各行业的企业家进行洽谈。东莞大朗的春夏实业有限公司在此次交流活动上签订了高达3亿元的合作项目。土耳其ITG邮轮公司负责人极力向康辉、国旅两家旅游公司推荐自己的小型游轮观光线路，希望东莞游客尝试以乘坐游轮的方式观赏土耳其的美丽风景；土耳其CRN贸易公司拜访了现场几乎所有的东莞制造企业，希望以贸易或代理的方式将东莞的优质产品推广到土耳其及其他国家；东莞阿肯电器有限公司总经理卡拉古斯说，鉴于东莞良好的投资环境，公司决定在东莞大朗进一步加大投资，并极力推荐在场的土耳其商人多到东莞走一走。参会的东莞企业纷纷表示效果远超预期，许多企业表示会加大对土耳其等国家的市场拓展力度。①

惠州是少数与土耳其建立稳定关系的广东城市之一。2013年9月30日，惠州市委书记陈奕威、副市长王胜率领的惠州访问团出访土耳其马尼萨省。马尼萨省政府为到访的惠州市代表团举行了隆重的欢迎仪式，盛装的儿童跳起了传统的马尼萨舞蹈。双方在马尼萨工业园签署了《发展友好交流与合作关系备忘录》，并参观了马尼萨工业园。马尼萨省面积为13810平方公里，以纺织、食品、皮革为主要支柱产业，属于爱琴海地区第二大工业和商业中心，曾被英国《金融时报》选为“全球最适合投资城市”。惠州与马尼萨省友好交流与合作关系的建立，对推动两地关系的发展有重要帮助。②

三、伊斯坦布尔——广东的友好伙伴

在广东与土耳其的关系中，一个极为重要的因素就是伊斯坦布尔。伊斯坦布尔既是广东省的友好省，又是广州市的友好

① 《东莞代表团达成17.2亿元各类投资贸易合作项目》，东莞时间网—东莞日报：http://www.dg.gov.cn/cndg/s332/201412/824968.htm.

② 《惠州产品“走出去”再结累累硕果》，《南方日报》2013年10月10日。

城市。2001年6月18日，广东省长卢瑞华和伊斯坦布尔省长卡祁亚在伊斯坦布尔签署结好协议书，结成友好伙伴。2012年7月18日，广州市长陈建华与伊斯坦布尔市长卡迪尔·托普巴什在伊斯坦布尔又签署了两市结为友好城市的协议。可以说，伊斯坦布尔与广东有着特别友好的关系。

伊斯坦布尔省是土耳其最重要的省份之一，位于土耳其西北部马尔马拉地区，北临黑海，南濒马尔马拉海，面积5220平方公里，人口1437万（2015年1月，其中市区920万），下辖13个市、县和20个区。伊斯坦布尔市是伊斯坦布尔省的首府，也是土耳其最大的城市和全国的经济、贸易、金融、新闻、文化、交通中心。地跨欧亚两洲，位于博斯普鲁斯海峡两岸，扼黑海出入门户，为欧亚交通要冲，战略地位十分重要。伊斯坦布尔同样具有重要的经济地位，土耳其全国50%的进出口贸易通过该市进行，其生产总值约占全国的51.5%，主要工业包括纺织、食品、电子、水泥、烟草、皮革、金属、电器、运输工具、船舶修理、船舶维修、建筑等。

作为一座融合了东西方文化的历史文化名城，伊斯坦布尔曾先后成为罗马帝国、拜占庭帝国和奥斯曼帝国的首都。直到1923年，土耳其共和国决定迁都到安卡拉。正因为伊斯坦布尔荟萃了历史上不同文化的精华，旅游资源十分丰富，拥有40多座博物馆、20多座教堂、450多座清真寺，美不胜收、独具特色的名胜古迹吸引着世界各国的旅游者。每年近4000万到访游客基本上都要游览伊斯坦布尔，该市旅游收入占土耳其全国旅游收入的70%以上。

图 5-1　伊斯坦布尔蓝色清真寺穹顶

自从结成友好伙伴之后，广东省与伊斯坦布尔省官员互动频繁。2001年7月，钟启权副省长访问伊斯坦布尔省并出席土中贸易促进会商务论坛。2004年12月14—17日，土耳其伊斯坦布尔省长穆阿迈尔·居莱尔率代表团来粤访问。16日，广东省长黄华华在广州会见居莱尔一行。2006年6月，广东省委书记张德江访问土耳其时也与居莱尔省长举行了会晤。两个友好省份的友好往来在2008年10月20日黄华华省长率团访问伊斯坦布尔时达到高潮。居莱尔省长在省政府大楼前举行隆重仪式欢迎黄华华一行，并与黄华华省长一起检阅警察仪仗队。在与居莱尔省长会谈时，黄华华向居莱尔省长等土方官员介绍了广东经济社会发展情况及粤土交往情况。黄华华指出，广东与伊斯坦布尔缔结友好省关系以来，双方在各个领域开展了富有成效的合作，尤其是高层往来频密，经贸合作保持旺盛的增长势头。希望双方进一步拓展合作领域，深化合作内容，不断为两省和中国与土耳其之间的友好关系赋予新的活力。居莱尔省长对广东发展取得的成就表示赞叹，对伊斯坦布尔与广东的合作感到满意，他非常赞同黄华华省长提出的建议，并表示将大力支持伊斯坦布尔扩大与广东在各个领域的交流合作。

广州与伊斯坦布尔市结成友好城市，既是两地官员来往频繁的结果，又进一步密切了两市的关系。广州市和伊斯坦布尔市都是世界城市和地方政府联合组织（UCLG）的活跃成员，两市市长在该组织中的角色和互动直接促成两市结为友好关系。2007 年 10 月，在韩国济州举行的 UCLG 第二届世界大会上，广州市长张广宁与伊斯坦布尔市长托普巴什等成功当选 UCLG 联合主席。次年 11 月，在伊斯坦布尔举行的 UCLG 世界理事会上，张广宁市长与托普巴什市长亲切会面。2009 年 11 月 12—14 日，广州市成功举办“2009 年世界城市和地方政府联合组织世界理事会会议暨广州国际友城市长大会”。这期间，张广宁市长与 UCLG 联合主席、托普巴什市长亲切会面，双方表达了进一步加强两市友好关系的意愿。2010 年 11 月 16—20 日，UCLG 第三届世界大会在墨西哥城召开。会议期间，托普巴什市长当选 UCLG 主席，广州市长万庆良等共同当选 UCLG 联合主席。2011 年 1 月 25 日，在西班牙巴塞罗那召开的 UCLG 第一次主席团会议上，广州市代表、广州市外事办副主任王福春主动联系伊斯坦布尔市长，表达了建立友城关系的愿望，得到了托普巴什市长的积极明确回应。2012 年 1 月 8 日，中国人民对外友好协会批复广州市人民政府，同意广州市与伊斯坦布尔市正式建立友好城市关系。7月18—20日，广州市委书记、UCLG联合主席万庆良率代表团一行访问伊斯坦布尔，双方共同签署了《中华人民共和国广州市与土耳其共和国伊斯坦布尔市建立友好城市关系协议书》。11月15—17日，UCLG主席、伊斯坦布尔市长卡迪尔·托普巴什率代表团一行八人应邀来穗出席首届广州国际城市创新奖及广州国际城市创新大会暨世界大都市协会董事年会。访问期间，托普巴什主席与市委书记万庆良、市长陈建华、中国人民友好协会会长李小林分别举行会晤并接受了媒体专访。

广东省、广州市与伊斯坦布尔的友好关系推动了广东与土耳其关系的发展，进一步扩大了广东的国际影响力。2012年11月，托普巴什市长谈到了他对广州的印象，他在三年前曾来过广州，他表示，三年间广州的巨大变化令人欣喜而惊叹。他说："在成为行政长官之前，我是一名建筑工程师。以建筑工程师的眼光看广州的城市建设，我只能说，广州之美令人惊叹。"[①]2014年2月，已任职三年的土耳其驻广州首任总领事布拉克·阿里·卡拉江认为，广州与伊斯坦布尔友好关系的发展存在着巨大的潜力和空间，而这一潜力和空间并非仅仅只存在于广州与伊斯坦布尔之间，而是整个广东与土耳其之间。同年10月，新任土耳其驻广州总领事巴图·凯斯曼也表示，广州人特别热情、友好，广州充满活力，"无论对中国还是对世界而言，广州都是非常重要的贸易中心，在商务、食品、文化、教育、旅游上为

① 谭秋明等：《广州之美令人惊叹》，《广州日报》2012年11月18日。

到访的人提供多元选择。”[①]

四、粤土官方其他联系与合作

除上述粤土之间的官方联系外，粤土官方还存在其他方面的联系与合作：广东在治安、消防方面为土方提供帮助，土方在粤设立领事馆以便利粤土联系以及粤土城区之间的合作等。这些方面同样也反映出粤土两地合作的深度与广度。

粤土在治安、消防方面曾遇到需要双方合作的情况。1994年8月24日晚，停泊在广州新港三号码头的土耳其籍货轮“卡亚卡拉湾”号发生一宗吵架、斗殴并将人刺死的案件。凶手卡迪乘船上混乱之机上岸逃跑。应船长的请求，广州港公安局根据《中土领事条约》的有关规定，马上开展侦查。第二天抓获案犯卡迪，并将其移交土方处理。土方对广东警方办案速度之快和质量之高表示佩服，并对广东警方尊重该国的宗教信仰和民族风俗的做法表示衷心感谢，称赞中国警察是一支非常好的、训练有素的队伍。公安部对此事也给予了高度评价，认为这是办理涉外案件的成功范例。[②]在消防方面，2005年5月5日中午，土耳其籍货船“威乐”轮（VILLA）在广州港坭洲头六号锚地附近失火，大火威胁着船上24名土耳其籍船员的生命安全。接

① 《土耳其总领事巴图·凯斯曼：海上新丝路传递思想与合作》，《南方日报》2014年10月28日。

② 广东省地方史志编纂委员会编：《广东省志：公安志》，广东人民出版社2001年版，第281页。

到火警的消息后，交通部南海救助局广州基地值班船“南海救168”和“南海救608”紧急赶赴现场，及时将“威乐”轮火灾扑灭，船上船员全数安全获救。在这两起事件中，广东警方和消防队员表现出很高的素质，赢得土耳其方面的赞赏。[①]

为了便利粤土双方的往来及更好地服务两地民众，2012年2月起土耳其驻广州总领事馆开始处理领区事务。这是继北京大使馆和上海领事馆之后，土耳其政府派驻中国的第三家外交机构。广东是中国第一经济大省，与土耳其交往密切。土耳其驻广州总领馆将直接提供广东、广西、福建及海南四个地区的领事职能，包括签证办理及商贸信息服务的职能。土耳其首任驻穗总领事布拉克·阿里·卡拉江表示，土耳其政府重视与中国尤其是广东省的交流合作。广东在土中贸易中占重要地位，土耳其驻穗领馆的设立反映出土方对广东的重视。

粤土联系的日益紧密还表现在粤土城区政府机构的联系与合作上。在与土耳其城区的交流合作中，广州市越秀区最为积极、主动。2009年11月11日，土耳其安卡拉市羌卡亚区联合会秘书长萨费特一行到越秀区访问，就经济、商贸、教育等方面进行交流。当时正是2009年世界城市和地方政府联合组织（UCLG）世界理事会会议暨广州国际友城大会召开的时候，越秀区为借鉴国际经验做好东濠涌的改造工程，特意向土耳其代表请教伊斯坦布尔在城市河涌改造及城市污水处理方面取得的

① 广东年鉴编纂委员会：《广东年鉴（2006）》，广东年鉴社2006年版，第263页。

经验。2010 年 2 月，越秀区常务副区长冯军率领越秀区政府代表团访问土耳其安卡拉羌卡亚区，双方签署《进一步加强友好交流关系意向书》，同意在城区建设、商贸方面进行更加深入的友好交流与合作。2013 年 7 月 10 日，越秀区王焕清区长与土耳其科尼亚市玫俩穆区赛德尔区长在科尼亚市签署了两区《加强合作交流备忘录》，越秀区与玫俩穆区正式确立国际友好交流关系。为庆祝两区结好，玫俩穆区将当地新落成的城市公园命名为越秀公园。签约仪式后，两区领导一起主持了科尼亚市越秀公园的剪彩仪式。在 2013 年正月十五举办的“第三届广府庙会”上，远道而来的玫俩穆区传统民族艺术团队向广州民众展示了神秘的土耳其旋转舞和雄壮的马赫特朗军乐。[①]

第二节　广东与土耳其的经贸关系

一、粤土双边贸易

广东与土耳其的贸易关系发展较快，在中土贸易总额中占

① 《广州越秀区“牵手”土耳其孔亚市玫俩穆区　加强合作交流》，国际在线：http://gb.cri.cn/42071/2013/07/11/6651s4178550.htm. “孔亚”为科尼亚的不标准译法。

有比较大的比重。据中共广东省委书记张德江在2006年中国广东—土耳其经贸旅游合作洽谈会上提供的资料，2005年，广东省与土耳其进出口贸易额达9.7亿美元，比上年增长33.4%，占中土贸易总额的19.9%。[①]而到2013年广东与土耳其进出口贸易总额达34.93亿美元，比上年同期增长13.54%。据土耳其驻广州总领事巴图·凯斯曼2014年10月提供的资料，广东对土耳其的出口额已经接近40亿美元，而土耳其对广东的出口额也占土耳其对中国总出口额的15%。[②]2016年10月31日，广东省副省长李春生在出席土耳其驻广州总领馆举办的土耳其共和国国庆酒会时表示，2015年广东与土耳其进出口贸易额已经达到40亿美元。[③]这些数字表明土耳其和广东之间的经贸联系非常紧密。

广东不少城市重视发展与土耳其的经贸关系，与土耳其有贸易往来。尽管土耳其在各市总的外贸总额中所占比重不大，但能看出该地有与土耳其发展关系的愿望，两地贸易有一定的发展潜力。如2003年清远市对土耳其的出口金额为111.10万美元，占当年该市出口总额（30807.24万美元）的0.36%。[④]2005年10月13—16日，第七届中国（东莞）国际电脑资讯产品博

① 王垂林：《广东企业家踏上欧亚大通道》，《南方日报》2006年6月13日。

② 《土耳其总领事巴图·凯斯曼：海上新丝路传递思想与合作》，《南方日报》2014年10月28日。

③ 《去年我省与土耳其进出口贸易额达40亿美元》，《南方日报》2016年11月1日。

④ 《清远市志》编纂委员会编：《清远市志：1988—2003》，广东人民出版社2012年版，第450页。

览会在东莞国际会展中心举行。展会吸引了150多家企业参展，土耳其代表与其他30多个国家的厂商入场参观。2006年6月初，由8家进出口企业负责人组成的肇庆经贸代表团参加广东省外经贸厅组织的中东系列经贸洽谈会活动，他们在阿联酋和土耳其共签订2700万美元的经贸合同；肇庆食品进出口公司还与土耳其客商签订进口15万吨橄榄油的意向性协议；活动中结识各类新客商230人，带回大量订单和不少商机，进一步拓展了该市在中东地区的市场。在2007年11月1—3日举行的2007中国·揭阳（国际）五金不锈钢制品博览会上，土耳其厂商及美国、法国、印度、越南等10多个国家和地区的100多名外商与国内20多个省、市的4000多名客商参会，现场成交及协议成交总额达25亿元人民币。2010年，江门市新会区对土耳其的出口增长速度为57.1%，远远超过新会对其主要市场香港、美国、欧盟和东南亚的出口（分别增长22.8%、32.1%、23.8%和54.6%）。

在广东城市中，与土耳其贸易关系最密切的是广州、东莞和云浮市。

从20世纪80年代末起，广州开发区就与土耳其有经贸往来。1989年该区对土耳其出口额为0.85万美元，占当年广州开发区出口总额（4023.13万美元）的0.02%。1999年该区对土耳其出口额增长到56.65万美元，占当年广州开发区出口总额（65082.86万美元）的0.08%。10年的时间，出口额增长了65.65倍，所占比重增长了3倍。2000年开发区对土耳其出口额为289.13万美元，占当年广州开发区出口总额（89753.61万美元）的0.32%。一年时间出口额比上年增长了4.1倍，所占比重增长了3倍。[①]广州市的其他辖区也在努力扩大对土耳其贸易，2012年7月17—19日，广州从化市组织经贸代表团参加广州在伊斯坦布尔四季酒店举行的“新广州·新商机——土耳其伊斯坦布尔·中国广州经贸日”活动。从化有10家企业与土耳其企业签署意向合同，总交易金额约4100万美元。据广州市委领导2012年7月17日访问土耳其时提供的数字，2011年广州对土耳其出口额达4.9亿美元，同比增长80.5%。[②]

东莞市制造业极为发达，与国际市场联系密切，近年来该市加强了与土耳其的经济联系。2013年东莞与土耳其进出口贸易总额为2.28亿美元，比上年增加18%。其中，对土耳其出口1.91亿美元，同比增长18.6%。主要出口商品包括：自动数据处理设备及其部件；服装及衣着附件；家具及其零件；自动数据处理设备的零件；静止式变流器等。从土耳其进口0.37亿美元，同比增加5.7%，主要进口商品有：纺织纱线、织物及制品；牛皮革及马皮革；钢材；废纸；建筑及采矿用机械及零件。

---

① 广州经济技术开发区志编纂委员会编：《广州经济技术开发区志：1984—1990》，广东人民出版社1993年版，表13-10“1986—1990年广州开发区外商投资企业出口国家和地区分布表”。广州经济技术开发区志编纂委员会编：《广州经济技术开发区志：1991—2000》，广东人民出版社2004年版，表13-2-4“广州开发区1999年出口国别（地区）一览表”、表13-2-5“2000年广州开发区出口国别（地区）一览表”。

② 毕征等：《共享发展新商机　共谱丝路新篇章》，《广州日报》2012年7月19日。

2014 年 11 月东莞代表团在伊斯坦布尔举办的投资贸易旅游合作交流会上，东莞厂商与土耳其企业家现场达成各类投资贸易合作项目金额约 16.8 亿美元。①

在广东各市中，云浮市是与土耳其贸易联系最紧密的城市。主要原因在于石材业是云浮市的支柱产业之一，而土耳其恰恰是世界上最重要的石材来源国之一。

1994 年地级云浮市设立后，当地政府就开始升级改造石材业，石料来源从周边省区逐步扩大到全国各地乃至土耳其等国家，先进的加工设备也源源不断运入云浮，云浮石材行业实力明显提升。1995 年全市石材厂家发展到 4000 家，年产各类板材 1500 万平方米。2000 年 10 月 23—29 日，云浮市举行首届中国（云浮）国际石材科技展览会、首届中国（云浮）国际石材科技网上交易会，吸引了土耳其、意大利、美国等 11 个国家以及港澳台地区等 150 多家商户参展。此后，云浮与土耳其石材厂家的贸易稳定增长。在 2006 年 6 月举行的伊斯坦布尔经贸旅游洽谈会上，云浮市签订项目 5 个，贸易金额达到 6300 万美元，分别占广东全省在土耳其洽谈会上现场签约项目与总金额的 25% 和 29%，成为全省代表团中签约项目最多的单位之一。云浮的签约项目主要是石材，其中三家石材企业从土耳其进口 5200 万美元的石材，一家石材企业出口 500 万美元的石材。②

① 《徐建华率代表团赴土耳其访问　寻更紧密全方位合作》，2014 年 11 月 28 日，东莞时间网：http://www.dg.gov.cn/business/htmlfiles/cndg/s35955/201411/824487.htm.

② 云浮年鉴编纂委员会编：《云浮年鉴（2007）》，岭南美术出版社 2007 年版，第 42 页。

云浮市对石材原料的大量需求引起土耳其方面的重视。2011 年 3 月 5 日，土耳其商人及企业家联合会（TUSKON）一行 19 人到云浮市进行商务考察，受到云浮常务副市长郭汉毅的热情接待。双方就如何加强合作，促进两地企业投资贸易互动交换意见。联合会成员参观考察了云浮市石材博览中心、云浮石材展馆（初成国际石材城）等，并应邀成为第八届（云浮）国际石材科技展览会协办单位。土耳其石材厂家积极参与了 2012 年 10 月 18—20 日举行的第九届中国（云浮）国际石材科技展览会暨第三届中国（云浮）石文化节，并与云浮市有关企业签订多项合同。第十一届中国（云浮）国际石材科技展览会暨第五届中国（云浮）石文化节于 2014 年 10 月举办，土耳其商人及企业家联合会是五个协办单位之一。2014 年 2 月 14 日，土耳其驻广州总领事布拉克·阿里·卡拉江在会见广东省建筑装饰材料行业协会兰芳会长一行时表示，土耳其官方数据显示，2012 年土耳其石材出口至中国的贸易总额超 8 亿美元，2013 年又实现新的增长。[①] 这些石材有相当大的份额输送到云浮。因此，当年 10 月 29 日，新任土耳其驻广州总领事巴图·凯斯曼说，土耳其和广东在原石尤其是大理石行业的合作前景非常广阔。“云浮是广东重要的石料加工中心，而土耳其已经成为云浮国际石材展上最大的海外参与者，今年的展会就吸引了数十家土耳其大理石公司参展。”凯斯曼说：“相信我们在原石行业的

① 万欣：《拜访土耳其驻广州总领事馆》，广东建筑装饰材料网：2014 年 2 月 18 日，http://www.gdcma.com/show.php?id=1306.

合作，将成为进一步促进双方在各领域交流合作的一块基石。”①

在粤土经济联系不断推进的过程中，有一些企业与土耳其企业结成了稳定的贸易伙伴，显示出两地贸易联系的深度。2010 年 5 月，土耳其知名的 ER 航运公司与广东中远船务签订了两艘 5.7 万吨散货船（N341、N342）的建造合同。ER 集团主要从事煤炭贸易与金属矿开采，而 ER 航运公司主要围绕母公司能源、金属开采业务做配套服务，从事船舶经营、管理以及租赁业务。该公司与中远船务具有 17 年的合作历史，其船队中的两艘船为中远船务建造。2011 年 9 月，在经济形势不稳、市场恶劣的情况下，出于对未来市场向好的判断和对中远船务的信任，ER 航运公司追加了一艘 35000 吨散货船（N470）的建造合同。经过 14 个月的建造，N341 顺利完工。2012 年 9 月 29 日上午，中远船务正式将 N341 交付 ER 航运公司。按照希腊的传统习俗，船只交付使用需请船东身边最重要的女士举行命名仪式。在命名仪式上，N341 轮教母 Mrs. Tulay Ergenc 宣布将这艘散货船命名为“ER MADEN”轮，而后行掷瓶礼，砍断绳索。顿时，礼炮齐鸣，彩絮漫天，船上的气球升空，和平鸽展翅腾飞。截至 2012 年 9 月，ER 航运公司与广东中远船务已连续有五个合作项目。2014 年 3 月 3 日，广东中远船务为 ER 集团建造的第五艘散货船 N470 也顺利交付。②

① 《土耳其总领事巴图·凯斯曼：海上新丝路传递思想与合作》，《南方日报》2014 年 10 月 28 日。

② 潘少婷：《“莞产”5.7 万吨散货船交货》，《东莞日报》2012 年 9 月 30 日。

二、粤土相互投资与其他经济合作

广东与土耳其之间的相互投资、工程承包不如贸易发展快，但两地都有在投资和工程方面的合作愿望，也取得一些实效。

近十年来，土耳其是广东企业重要的投资目的地。从21世纪初开始，广东的知名企业如华为、中兴等就进入土耳其，业务增长十分迅速。华为已经成为当地员工规模、销售收入最大的信息技术企业，2013年销售收入估计达到8亿美元。按照该公司计划，此后5年内销售收入要达到13亿—15亿美元。中兴通讯与土耳其电信等运营商展开了深度合作，在土耳其的销售收入已快速增长到13亿美元。2014年10月底，土耳其驻广州总领事巴图·凯斯曼透露，华为在伊斯坦布尔设立了华为第二大海外研发中心，拥有850多名雇员。“目前华为在土耳其的市场发展良好，并且通过土耳其，华为能够将它的产品推向中东、中亚乃至欧洲。”[①] 他的前任土耳其驻广州的总领事布拉克·阿里·卡拉江2014年2月指出：“为了在土耳其投资，许多中大型的广东企业希望跟随华为的脚步来考察土耳其的市场、有资质的劳动力以及土耳其非常良好的商业环境，我们已经看到了这一趋势。”[②]

---

① 《土耳其总领事巴图·凯斯曼：海上新丝路传递思想与合作》，《南方日报》2014年10月28日。

② 龙迎春、陈小雁：《广州人买土耳其毯一掷百万　被大赞“很有信誉”》，《广州日报》2015年1月29日。

广东省各级政府很注重帮助企业向海外发展，从化市就是一个典型的例子。2012 年 7 月，从化市贸促会组织坤江汽配等 10 多家优质外向型企业，参加在伊斯坦布尔举行的“新广州·新商机”经贸周活动。从化有 4 家企业与土耳其企业签订了意向合同，总成交额 2000 多万美元。广州新动力塑胶有限公司与 ISTANBUL MEFRUSAT SAN.VETIC.A.S 公司合作，在土耳其投资 1000 万美元，实现从化企业“走出去”在土耳其投资零的突破。广州吉声琴业有限公司签订销售额 380 万美元的乐器销售合同。广州浩俊动漫科技有限公司签订 300 万美元的动漫作品和出版动漫书刊合同。广州坤江汽车配件工业制造有限公司签订 400 万美元的汽车配件销售合同。广州吉声琴业有限公司董事长、广州新动力塑胶有限公司总经理、广州三奇石矿有限公司董事长等三名从化企业家当选为中国（广州）—土耳其（伊斯坦布尔）企业家理事会理事。[①]

土耳其企业在广东投资时间较早，在广东吸引的外资中比例较小，但近年发展较快。从广东统计部门的数据来看，1979—2013 年，广东省协议利用土耳其资金总共 2374 万美元。从 1979 年到 2000 年 20 多年的时间里，协议投资额只有 961 万美元，但 2012 年、2013 两年的协议投资金额就超过 1000 万美元。显然，土耳其投资广东也有加速的趋势。

---

① 陶达嫔:《广州赴欧 10 天揽 10 亿大单》,《南方日报》2012 年 8 月 2 日。《从化企业首次“进军”土耳其》,《南方日报》2012 年 7 月 19 日。

表 5-1 广东省协议利用土耳其资金

（单位：万美元）

1979—2013 年	2000 年	2005 年	2010 年	2012 年	2013 年	2014 年
2374	–	105	291	325	692	735

资料来源：广东省统计局编：《广东统计年鉴》，中国统计出版社 2014、2015 年版。

广东主要城市都有土耳其人投资的公司，只是数量不大。截至 2014 年 9 月，东莞吸收土耳其投资企业 3 家，合同吸收外资 744 万美元，实际吸收外资 372 万美元。主要涉及电缆及其配件制造、汽车电子设备系统制造、显示器及相关电子产品制造等行业。[①] 截至 2009 年 6 月，在深圳投资的土耳其企业有 10 家。[②] 到 2014 年年底，广州有 7 家土耳其餐厅，为广州民众带来土耳其饮食文化。广东土耳其商人协会共有 80 多名会员，这些人都是在广东投资、经商的土耳其客商。[③]

除了相互投资，广东与土耳其还在工程承包等方面进行合作。如在“2006 中国广东—土耳其经贸旅游合作洽谈会”上，双方签订的合同中就包括投资 2000 万美元，工程承包额为 4000 万美元。一些技术先进的企业在承建工程方面具有优越条件，如中国能源建设集团广东省电力设计研究院有限公司（简称“广东院”）以海外工程总承包带动中国技术、标准、装备出口而

① 《徐建华率代表团赴土耳其访问　寻更紧密全方位合作》，2014 年 11 月 28 日，东莞时间网：http://www.dg.gov.cn/business/htmlfiles/cndg/s35955/201411/824487.htm.

② 《土耳其拟与广东开通航线》，《深圳商报》2009 年 6 月 29 日。

③ 《平欣光副主席会见广东土耳其商人协会会长》，2014 年 12 月 11 日，广州市政协网：http://www.gzzx.gov.cn/zxxw/zxyw/201412/70431.html.

著名，曾被李克强总理称赞为给中国装备、中国标准在世界上亮出了名片。2010年，广东院明确提出"致力开拓总承包和国际业务"的经营战略，与全球近40个国家和地区建立了业务往来。从2013年2月起，广东院开始跟踪土耳其KONYA ILGIN 1×500MW CFB超临界燃煤电厂项目。经过与业主深入交流和多轮竞标谈判，广东院凭借雄厚的技术实力及良好的总承包项目管理能力，最终在竞标中胜出签约。2015年2月9日，广东院与土耳其吉奈尔集团正式签订KONYA ILGIN 1×500MW CFB超临界燃煤电厂EPC总承包项目合同。该电厂为中国承包商在海外承接的首个500MW超临界循环流化床燃煤机组项目，由土耳其最大的能源与化工投资集团吉奈尔集团投资建设，广东院作为独立EPC总包方，协助业主完成在中国的融资，预计项目于2020年竣工投产。该项目的中标标志着广东院进军欧亚大陆市场开局良好。①

在技术合作方面，值得一提的是广州美亚皮革企业集团公司与土耳其智汉皮革集团公司的合作。2012年6月4日，广州美亚与土耳其三大皮革集团公司之一的土耳其智汉在广州万豪广场举行合作签约仪式。智汉皮革每年将提供至少200种的创新品种，双方合作开拓推广及销售，两大集团将在鞋类及箱包领域共同努力和成长。

① 马焰、金永善：《广东院：总承包"走出去"亮出中国名片》，《中国能源报》2015年1月19日。《中国能建广东院签订土耳其500MW超临界燃煤电厂总承包合》，2015年2月12日，中国能源网：http://www.china5e.com/news/news-897707-1.html.

三、粤土推进经贸合作的主要方式

从粤土两地经贸关系来看，广东省主要领导出访土耳其时伴随的经贸洽谈会效果最为突出。以2006年6月广东省委书记张德江访问土耳其为例，同时举行的“2006中国广东—土耳其经贸旅游合作洽谈会”签订经济合作项目金额5.02亿美元，[①]超过2005年广东与土耳其进出口贸易金额的一半。但这种情况不可能经常出现，粤土经济合作主要依赖双方经常性的合作方式。粤土合作的常规方式主要有下列几种：

第一种方式：广东企业赴土考察了解土耳其的市场需求和供应情况。不少广东企业希望能“走出去”，开拓土耳其市场，第一步首先是要了解土耳其的市场情况。在广东商会和土耳其驻广州总领事馆的组织、支持下，组团前往土耳其参观考察当地市场成为广东企业与土耳其企业进行经贸合作的前奏。2012年5月28日至6月4日，广东商会考察团一行14人赴土耳其考察，他们先与中国缝制机械协会组成的团队一起参观了当地两家有代表性的制衣厂，了解当地制衣企业的生产流程、设备使用情况以及用工情况。随后，前往土耳其四大缝制设备经销商之一的YUKI公司参观拜访。考察团一行接着参观了土耳其国际服装、绣花机械及零配件交易会，最后考察了伊斯坦布尔

① 广东年鉴编纂委员会编：《广东年鉴（2007）》，广东年鉴社2007年版，第289页。

著名的家纺及缝制设备专业市场——IMC，对土耳其的服装、制衣业有了全面的把握，为进一步的合作准备了条件。[①]2014年5月7—14日，在土耳其驻广州总领事馆支持下，广东建筑装饰材料土耳其推介会暨商务考察交流活动正式开始。考察团参观了土耳其规模最大的第37届土耳其国际建筑建材展，考察了土耳其最大的商业地产开发商爱琴海集团旗下在建项目和有代表性的建材市场，参加了土耳其相关工商协会举办的商务活动，与当地建材商、地产商、经销商、采购商等进行专项对接，推介广东优质建材产品。在与伊斯坦布尔工商联总会进行的土中企业家交流对接会议上，考察团现场收获多项业务订单。[②]

第二种方式：以广交会为媒介，将土耳其企业吸引到广东来。广交会是中国最知名的对外经济合作平台，也是广东企业与外国企业进行经济合作最便利的渠道。随着土中贸易的不断升温，许多土耳其企业都有进入中国市场的意向。参加广交会是了解中国市场的一个便捷途径。在2010年举行的第108届广交会上，已经第五次参加广交会的土耳其SIMFER公司总经理Topcuhasanoglu表示："金融危机以后，亚洲特别是中国经济已成为世界经济的一颗明珠，中国市场庞大，我们认为参加广交

① 《广东商会组团考察土耳其市场》，2012年6月15日，中国缝制网：http://www.cnsewing.cn/news.php?id=1576.

② 《广东建筑装饰材料土耳其推介会　搭建"全球化"平台》，经济网：http://www.ceweekly.cn/2014/0527/83637.shtml.

会能有效帮助公司开拓亚洲市场。”[①]广交会在土耳其家喻户晓，成为最受当地客商欢迎的展会之一。2013 年 4 月，土耳其最大的电视台土耳其广播电视公司（TRT）专门派出三名记者采访第 113 届广交会。电视台总监里扎·塞兹金（Riza Sezgin）先生对广交会的规模、组织赞赏有加，他说：“我们到过世界那么多展会，觉得广交会的服务和组织是最专业最周到的。”他称自己看到广交会展馆的第一眼就被它的气势恢宏所震撼，“看到这样富有魅力的展会，旅途的奔波劳累和天公不作美的遗憾都是浮云了。”[②]安卡拉商会、伊斯坦布尔商会、土耳其—中国工商业协会均为广交会的合作伙伴。2013 年 10 月 15 日，在第 114 届广交会的交流会上，土耳其驻穗总领事馆商务专员哈森·科谢代表土耳其政府发言时说：“我在广州任职的这段时间里，看到每一届广交会都有将近 50 个土耳其企业参展，有超过 7000 名土耳其商人前来参观。我不得不说，土耳其龙头企业的参展，特别是第一期的电子及电器企业，印证了土耳其对广交会的重视，兑现了中土双方深度合作的承诺。”在该届广交会上，土耳其荣获“官方合作伙伴国”的称号。[③]中国外贸中心广交会副总裁马春志 2014 年 1 月 20 日在土耳其伊斯坦布尔举行的第 115

---

① 黄颖川：《土耳其企业探路中国市场提速》，中国进出口商品交易会网：http://www.cantonfair.org.cn/html/cantonfair/cn/info/2012-10/14132.shtml.

② 杨凌：《土耳其兴起“广交会热”》，中国进出口商品交易会网：http://www.cantonfair.org.cn/html/cantonfair/cn/info/2013-04/27028.shtml.

③ 吴哲、黄颖川、雷辉：《高效透明营商环境让外企放心进驻——“广交世界 共赢发展”交流会上外商代表分享在中国、广东的成功投资经验》，《南方日报》2013 年 10 月 16 日。

届广交会推介会上讲，自2007年第101届广交会增加进口展馆以来，国外客商参与程度大幅提高，土耳其参加广交会人数、参加进口展馆企业均排在境外客商前四位。[①]

第三种方式：通过交流会或展览会的方式交流信息、达成合作意向。前两种方式要么是广东商人去土耳其，要么是土耳其厂商来广东，与这种单向的交流不同，第三种合作方式比较灵活，可以是到对方国家办展览，也可以是对方到自己国家来参加展览会，或者是双方合作在一个国家共同举办交流会。如2014年9月12—15日，广东省商务厅与香港贸发局在伊斯坦布尔会议及展览中心合办第二届“粤港时尚生活展·伊斯坦布尔”。粤港两地180家企业展出了电子、时装、钟表等各式时尚产品，吸引了3000多名买家进场参观及采购。展览期间，大会还安排了多场一对一商贸配对活动。2009年11月15日，土耳其首次派团赴深圳参加有“中国科技第一展”美誉的第11届中国国际高新技术成果交易会。代表团由来自土耳其17家知名公司的25名商业代表组成，他们就可再生能源、能源存储、信息技术等领域与中国的商业伙伴进行一对一的交流和洽谈。2014年11月19日，由广东省贸促会和土耳其—中国工商业协会共同主办的“广东—土耳其双边经贸交流会”在土耳其伊斯坦布尔举行。广东省贸促会和土耳其—中国工商业协会签署了合作

① 中国驻伊斯坦布尔总领事馆经济商务室：《第115届广交会推介会在土耳其伊斯坦布尔举行》，2014年1月27日，商务部：http://www.mofcom.gov.cn/article/i/jyjl/j/201401/20140100474382.shtml.

备忘录。来自广东和土耳其的50余名企业代表进行了面对面的交流，互相交换公司信息及商务需求，就可能的合作进行洽谈。其中，深圳东方普利物料有限公司与天威公司（Skywell）就进口当地石材达成了初步合作共识；广州达俊美公司也与MIKRO ELEKTRONIK ISLEME公司就电子设备出口至土耳其确定了合作意向。

第四种方式：引进新业务，简化通关手续，便利两地经贸合作。随着信息技术的发展，跨境电商以其市场全球化、交易便捷和成本低廉等优点受到越来越多客户的青睐，但通关效率慢、贸易成本高、结汇和退税难等问题成为难以克服的障碍。2013年，中国出台了一系列政策支持跨境电商发展。2013年9月24日，广州成为国家跨境电子商务综合服务试点城市。2014年4月，广州首单海港跨境电商B2B2C保税进口业务在南沙顺利通关，南沙海关及南沙检验检疫局在电子监管平台上点击确认放行并收取68元个人进口行邮税后，一辆装载58包土耳其进口无花果的小货车驶出了广州南沙保税港区的大门。此次业务试通标志着南沙跨境电商B2B2C保税进口业务的全面启动，也意味着海关、检验检疫、国税等监管部门协同联动的跨境电商B2B2C保税业务在南沙全流程贯通。海关新业务开通后，境内消费者只需在家点击鼠标即可通过跨境电商网站下单，再由境外供应商直接发货至试点园区，在海关、检验检疫等监管部门的监管下实现快速通关，配送到消费者手中。由于跨境电商B2B2C保税进口大大降低了电商企业进口货品的价格，比境内终端售价优惠30%以上。如土耳其进口无花果产品市场零售价约为每公斤38元，而跨境电商平台上的售价仅为每公斤20元。[①]再加上可以追溯商品来源、确保产品质量，通关业务的创新势必为包括土耳其在内的各国商品进入广东提供便利。

第五种方式：妥善解决贸易纠纷，推动两地贸易正常发展。国家之间的经济关系不可能一帆风顺，各国有不同的利益，在经济交往中一定会出现矛盾和利益冲突。只要双方能从两国关系的大局出发，贸易纠纷总是可以大事化小、小事化了。以中土陶瓷贸易为例，2006年、2007年中国日用陶瓷出口土耳其的数量幅增较大，影响到土耳其陶瓷企业的利益。2007年9月，土方向中国政府提出“特殊保障调查申请”。在中国商务部的推动和协调下，中国陶瓷工业协会经国内相关陶瓷企业的授权，与土方业界反复磋商和谈判，2008年6月25日双方达成共识，签订了稳定对土耳其出口市场的行业自律协议，成功化解了特殊保障调查的威胁。在对土耳其陶瓷出口方面，广东企业占有重要地位，对土耳其出口量较大的企业绝大多数是广东企业，几次对土耳其陶瓷出口会议也都在广东举行：对土耳其出口日用陶瓷首届工作会议于2008年1月9日在深圳实华酒店召开；第二届会议2011年2月25日在潮州市召开；2015年5月13日中国陶瓷工业协会对土耳其日用陶瓷出口工作会议仍然是在深圳召开。每次会议都要总结上年对土耳其出口工作，通报当

① 佳明：《广州跨境电商试点取得突破性进展》，《现代物流报》2014年4月25日。

年对土耳其出口日用陶瓷数量的安排，介绍新增企业对土耳其出口日用陶瓷的申请程序及分配原则等。当然，自律并不意味着要一味牺牲自身利益，需要时也应拿起法律武器维护本国利益。从2012年到2014年，中国对土耳其日用陶瓷出口量从2.08万吨增长到4.59万吨，出口额从7720万美元增长到1.68亿美元。由于增幅较大，引起土方陶瓷企业的不满。2015年4月25日，土耳其政府根据这些企业的要求对进口日用瓷进行保障措施立案调查。中国陶瓷工业协会积极与土耳其进口商协商，按照涉案企业要求，准备聘请律师，做好抗辩工作。[①]

第三节　粤土民众往来与文化交流

一、民众往来

过去，前往土耳其旅游、经商的广东人比较少，这种情况在进入21世纪后有所变化。一方面，随着两地经济往来日益增多，前往土耳其参加商务活动的人也在增加。另一个更重要的

① 《对土耳其日用瓷出口工作紧急磋商会议材料》，2015年5月6日，深圳市陶瓷行业协会：http://www.szcia.cn/_d276789451.htm.

原因是，广东赴土耳其旅游的人数在快速增长。2001 年 12 月，土耳其列入中国公民旅游目的地。第二年 5 月，广东发出了第一个赴土耳其旅行团。此后，受各种因素的刺激，广东赴土耳其观光的游客大幅度增加。

首要因素是随着经济发展和生活水平的提高，广东民众有出国观光的强烈需求。广东地处中国经济发展的最前沿，珠三角地区又是中国经济发展最活跃的地区之一。近年来，广东省出境游的组团人数一直占全国组团出境人数的约 1/3，而在广东口岸出境的人数超过全国口岸出境总人数的一半。通过不同的渠道，人们了解了土耳其富有独特魅力的风光，他们愿意走出国门，实地观赏土耳其的人文、自然景观。

土耳其政府在吸引广东游客方面也花费了不少心思。广东游客常常将土耳其游与埃及游连在一起，2007 年 11 月 23 日，土耳其驻华大使馆文化新闻处与埃及大使馆旅游处携手合作，在广州、珠海、深圳、东莞、佛山、中山等城市举办土耳其、埃及旅游联合推介会。在推介会的广告上，埃及的法老和土耳其的特洛伊木马并列站在一起，注视着来往的市民。人们在推介会上既可以看到两国秀美风光的图片，又能欣赏原汁原味的阿拉伯、土耳其风情表演，还能就两国著名景区和旅行事宜与工作人员直接交流，土、埃两国驻华使馆主管旅游的参赞也参与了旅游推介活动。这体现了广东在两国对华旅游营销战略中的地位。

中土两国都尽力为两国民众的往来提供方便，简化手续，也便于广东民众赴土耳其观光。2011 年 1 月 31 日，为适应广东与土耳其之间客货运输的需要，广州至伊斯坦布尔直航航班正式开航。航班于每周一、三、五执行飞行计划。广州也是土耳其航空继北京、上海开通直航航线后第三个中国直航城市。2015 年，土耳其航空公司和中国航空公司每天都有直航广州到伊斯坦布尔的航班，而航行两地但须经停第三地的航班每天有近 30 个，反映了两地交通的日益便利。2013 年 5 月 15 日，土耳其推出方便中国公民赴土耳其旅游的新规，只要持有申根国家或是经济合作与发展组织国家（OECD）签证，就可办理赴土耳其停留 30 天、单次入境的电子签证。2015 年 2 月，又大幅放宽了相关政策，任何持中国护照的公民无须先决条件都可以在线提交赴土耳其签证申请。

在土耳其实行签证新规之前，广东赴土耳其游客数量就在大幅增长。据土耳其首任驻广州总领事布拉克·阿里·卡拉江在 2014 年 2 月讲："在过去几年中，土耳其和广州见证了相互交流的迅猛发展，尤其是在商贸和旅游领域。广州的土耳其领事馆的签证部门大约在两年前开始运作，至今已经签发了超过 3 万份签证。"[①] 签证政策放宽后，赴土耳其游客数量出现了爆发式增长，2015 年 2 月和 3 月，赴土耳其的中国游客数量分别增长 74% 和 42%。据国内一家大型旅游机构欧洲部负责人透露，2015 年上半年前往土耳其的游客比去年同期增加了 30% 以

① 龙迎春、陈小雁：《广州人买土耳其毯一掷百万　被大赞"很有信誉"》，《广州日报》2015 年 1 月 29 日。

上。[①]2015 年 7 月 10 日，广之旅中山分公司相关负责人表示，仅当年 7 月该公司就有 6 个“土耳其 8 日游”团队、3 个“土耳其 12 日游”团队要出发。[②]

土耳其来华经商者有很多人要与广东发生联系。据广东土耳其商人协会项目部负责人萨立 2014 年 8 月透露，每年到中国来的土耳其人有 3 万左右，这些人大部分要去广州、深圳、北京、上海等地从事贸易活动，其中去广、深两地的人数最多。2013 年全年有超过 10 万土耳其人来中国，萨立所说的 3 万人应该是来华从事商务活动的土耳其商人。除此之外，应该有不少观光客来到广东或经由广东去北方或香港。广东旅游部门也在做吸引土耳其游客的工作。为了巩固和开拓海上丝绸之路国家旅游客源市场，提升广东旅游的国际知名度和影响力，广东省旅游局在 2014 年 10 月宣布，将在土耳其等“海丝”国家设立广东驻海外旅游合作推广中心，借助各推广中心在当地的资源，加大广东旅游宣传促销力度。这些措施付诸实施并产生效果后，来粤旅游的土耳其人应该会有快速增长。

广东与土耳其之间的民众往来还有一个重要内容，就是广东人与土耳其人在中国大地的交往。

广东民众对土耳其事务有浓厚的兴趣，并积极参与其中。2010 年 5 月 1 日上海世博会开幕，开馆仅 2 天，土耳其馆的参

---

① 储静伟、陈逸欣：《土耳其爆发反华游行，中国多家旅行社：赴土旅游暂未受影响》，2015 年 7 月 6 日，澎湃：http://www.thepaper.cn/newsDetail_forward_1349231.

② 刘贤沛：《中山赴土耳其旅行暂未叫停》，《南方都市报》2015 年 7 月 10 日。

观者就达到了近10万名，其中不少人是远道而来的广东游客。因为听说“8”是中国人的幸运数字，馆方决定据此给游客发大奖。5月28日，广东姑娘稽夏平成为该馆第888888位游客，获得土耳其航空公司提供的前往伊斯坦布尔的双人往返机票。[①]

广东民间商业团体与土耳其驻广州总领事馆经常往来，广东政府机构与广东土耳其商人协会也时有联系，这种礼尚往来加深了两地民众的友谊和联系。2014年2月14日正是中国传统节日正月十五元宵节和西方情人节，广东省建筑装饰材料行业协会兰芳会长一行趁着双节专程拜访土耳其驻广州总领事馆，送上精美礼品和节日问候，并与土耳其驻广州总领事布拉克·阿里·卡拉江进行友好会晤。兰芳会长告知卡拉江总领事广东建材企业组团赴土耳其进行商务考察的计划，卡拉江总领事当即表示真诚欢迎，并愿为考察活动简化签证手续，设立绿色通道。2008年成立的广东土耳其商人协会，在代表土耳其商人与广东有关部门的沟通中发挥了显著作用。2014年12月11日，广东土耳其商人协会穆拉会长一行拜访广州市政协平欣光副主席。穆拉会长代表土耳其商人反映在穗经商遇到的困难，如土耳其有优势的产品，水果、干果等难以进入中国市场，外国人在华工作签证难以申请，因广州没有土耳其国际学校和幼儿园，土耳其商人子女教育遇到困难等。平副主席对穆拉会长的问题逐

① 钟子娟、郁文艳：《土耳其馆第888888位游客获土航大奖　广东情侣成幸运游客　得到往返伊斯坦布尔双人机票》，《新闻晨报》2010年5月29日。

一作出回应，并提出了自己的建议。[①]2015 年 5 月 14 日，中国国际贸易促进委员会广州市委员会主任王旭东会见了来访的广东土耳其商人协会会长穆拉·奇力一行，双方表达了加强交流、合作的愿望。广东方面也会主动拜访土耳其商人协会。2014 年 6 月 24 日上午，广州市海珠区贸促会会长唐志荣率中洲中心的市场管理方、广州大通永利市场管理有限公司总经理王芬女士等拜访了驻海珠区的广东土耳其商人协会副会长汪亮先生和秘书长哈坎先生，对土耳其商人到海珠区投资表示欢迎，并要求王芬总经理加强与土耳其商人协会的合作，整合中洲中心的项目资源，为土耳其企业的发展提供优质的办公场所。[②]

二、文化交流

广东与土耳其以往只有零星的文化交流。如 1973 年 12 月 25 日，土耳其音乐家苏娜·康、古兰·乌乌拉塔来广州访问演出。1981 年 2 月 2—15 日，广州举行了《土耳其摄影展览》。1992 年 4 月 5 日，广东南海县平洲中心小学学生黄日威、罗广彬、梁泳聪、梁启耀、游轶仪五人入选中国儿童民间艺术团，前往土耳其参加国际儿童艺术节，进行醒狮武术表演等。1989 年在两地文化交流中算是比较热闹的一年，当年广东有两项涉

① 《平欣光副主席会见广东土耳其商人协会会长》，广州市政协网：http://www.gzzx.gov.cn/zxxw/zxyw/201412/70431.html.

② 《唐志荣主任拜访驻我区的广东土耳其商人协会》，海珠区公众信息网：http://www.haizhu.gov.cn/site/main/news/dep/qmc/201406/t20140625_260499.html.

及两地文化交流的活动。一是当年5月6—15日中国深圳·珠海国际艺术节在深圳、珠海两地隆重举行，这也是到当时为止在中国举行的规模最大的国际艺术节，来自美国、土耳其、英国、印度、扎伊尔（今刚果）、新西兰、苏联、意大利、法国和中国的300多名艺术家表演了精彩的节目。三位土耳其歌唱家的演唱十分精彩，年仅19岁的哈特杰·茜贝尔·詹的东方舞给人的印象更加深刻。演员在表演这种被称为肚皮舞的宫廷舞蹈时，前身后背只挂了几片绸带，腰部、臀部和上身随着音乐的节奏前后左右有节律地舞动，人体美与艺术美融为一体，令人叹为观止。[①] 二是1989年5月10日土耳其社会民主人民党主席埃尔达尔·伊诺努一行11人到广州怀圣光塔寺参观访问，受到广州伊斯兰协会会长、怀圣寺伊玛目杨汉光阿訇等人的接待。杨汉光伊玛目向客人们介绍了广州穆斯林的历史与现状等情况。伊诺努主席为看到伊斯兰教传入中国最早的怀圣清真寺感到高兴并在留言簿上题词，祝中、土两国人民友谊吉庆。

2010年中土正式确定在各自国家内互办对方国家的文化年，此后广东与土耳其的文化交流进入一个新阶段。文化交流的规模远远大于过去，进行交流的频率也要密集得多。

广东有关机构积极参与了土耳其“中国文化年”活动。2012年5月，广东佛山舞狮队在土耳其的伊斯坦布尔、安塔利亚、伊兹密尔和萨姆松等大城市进行巡游演出活动。2012年6月，广州市杂技艺术剧院有限责任公司一行20人，赴土耳其参

① 卢祖品:《深圳珠海国际艺术节散记》,《瞭望》1989第24期，第31—32页。

加“中国文化年”活动及第五届大安卡拉市艺术节。在参与“中国文化年”的广东文艺团体中，土耳其观众反响最强烈的是深圳交响乐团的精彩演出。2012 年 7 月 6—13 日，该团在伊斯坦布尔、伊兹密尔、博德鲁姆和安卡拉四个城市奔波2000多公里，为当地民众精心准备了四场交响音乐会。音乐会节目既有《火把节》《瑶族舞曲》《良宵》《二泉映月》等中国民族乐曲，也有威尔第、罗西尼、瓦格纳等欧洲著名作曲家最具代表性的歌剧序曲，中西合璧，相得益彰。交响乐团的每一场演出都受到观众的热烈欢迎，在安卡拉音乐会临近尾声时，乐团两次返场加演曲目，观众依然起立鼓掌，不愿离去，乐团不得不将压轴曲目《康康舞曲》重新演奏一遍。全程参与乐团巡演活动的土耳其文化旅游部文化交流处处长萨义德说：“深圳交响乐团用一丝不苟的演奏和全心投入的热情，让我们感觉到了友谊的热力！”伊兹密尔文化艺术基金会主席菲丽兹对记者表示，这些源于东方的声音实在是太美了，像柔风细雨一样洒进了人们的心。①

“中国文化年”加快了广东与土耳其文化交流的脚步。2015 年 7 月 23 日，“乐在其中——许鸿飞雕塑土耳其展”在伊斯坦布尔奥塔科伊海峡广场隆重开幕。许鸿飞是广州雕塑院院长、著名雕塑家。在启动仪式上，第一批亮相的是《拨浪鼓》《童趣》《三个女人》《快乐时光》等 6 件经典“肥女”作品，第二批 15 件重量级“肥女”作品在 8 月正式登陆。当晚在 MACKA 艺术家公园还举行了许鸿飞雕塑作品捐赠仪式和中土文艺表演晚会。

① 王俊、冯明:《深圳音乐连起文化“丝路”》,《深圳特区报》2012 年 7 月 15 日。

这次由广州市对外文化交流协会等部门与土耳其联合举办的活动对促进广东与土耳其的艺术交流有重要意义。

图 5–2　伊斯坦布尔大巴扎

广东与土耳其的民众往来与文化交流密切了两地的关系，拉近了两地民众的心理距离。2015 年年初，《广州日报》记者赴土耳其采访，他们来到伊斯坦布尔著名的大巴扎时，格外热情的店主纷纷用“你好”打招呼。地毯商穆斯塔夫·巴沙热情邀请记者进店参观他的精美织毯，还说自己有几个关系稳定的广州大客户：“广州人很有信誉，要的货量也很稳定，他们跟我订购的都是中高端的土耳其地毯，价格从几十万到几百万不等。”[①]

① 龙迎春、陈小雁：《广州人买土耳其毯一掷百万　被大赞“很有信誉”》，《广州日报》2015 年 1 月 29 日。

— 结束语 —

土耳其在新丝绸之路上的角色

2013 年 9 月和 10 月，中国国家主席习近平在出访中亚、东南亚国家期间先后提出共建“丝绸之路经济带”和“21 世纪海上丝绸之路”的重大倡议，受到国际社会的关注。“一带一路”成为中国政府与土耳其政府发展双边合作、促进政治互信与经济融合的基本国际战略。

一、土耳其在“一带一路”中的地位

土耳其在“一带一路”中的重要性首先源自其在古代丝绸之路的独特地位。古代丝绸之路主要有两条：一是陆上丝绸之路，从长安（今西安）出发，经河西走廊、塔里木盆地、帕米尔高原、中亚地区、里海东南岸、小亚细亚，最终抵达君士坦丁堡（今伊斯坦布尔）；二是海上丝绸之路，从中国东南沿海港口出发，经马六甲海峡、孟加拉湾、阿拉伯海，沿红海向北进入地中海，最后到达君士坦丁堡。两条丝绸之路殊途同归，最后汇聚到君士坦丁堡。君士坦丁堡因而成为中世纪最繁荣的工商业中心和贸易中心，成为东西方商品的集散地和交汇处，马克思称之为“联系东西方贸易的一座金桥”。丝绸之路东方始于中国，西方终于土耳其，这种历史地位使土耳其在“一带一路”中具有独特的优势。

作为一个地跨欧亚两洲的国家，土耳其本身的地理属性赋予其重要的国际地位。土耳其是亚、欧、非三大洲重要的中转地和交通枢纽，它既是欧洲国家，又是中东国家；既是黑海沿岸国家，又是地中海沿岸国家。博斯普鲁斯海峡和达达尼尔海峡是沟通欧亚两洲的交通要道，也是黑海沿岸国家走出外海的第一道闸门。随着国家之间交往的增多，海峡地区的地理位置尤具战略意义。土耳其是连接欧洲、中亚以及中东地区的能源走廊和中介，每年向世界市场输送 2.5 亿—3 亿吨石油。历史上的丝绸之路交汇于土耳其，这里仍然是今天的“一带一路”必经之地，有了土耳其的参与，丝绸之路经济带才能形成完整的整体，海上丝绸之路才能顺利延伸到欧洲地区。

土耳其本身的综合国力和国际影响力也凸显了它在“一带一路”中的重要性。土耳其是世界第16大经济体，在欧洲排名第6，并且是“二十国集团”的一员。在伊斯兰国家中，土耳其最早走上现代化改革的道路，并成为其他伊斯兰国家学习的楷模。进入21世纪后，土耳其经济发展势头良好，和中国一样同属于世界上经济发展速度较快的国家，2013年人均GDP就超过了1万美元。由于历史上的密切联系和地理的邻近，土耳其对中东国家和非洲国家具有重要的影响力。而在中亚、独联体国家中，土耳其以突厥语言为纽带与阿塞拜疆、哈萨克斯坦、土库曼斯坦、乌兹别克斯坦、吉尔吉斯斯坦已召开多次突厥语国家首脑会议，成为突厥语国家中无可争议的领头羊。土耳其还拥有与欧盟国家联系密切的优势，与欧盟签有关税同盟协议，并且是欧盟的候选国。土耳其已成为进入欧洲大陆的跳板与捷径。土耳其还与15个国家签署了自由贸易协定，是5个区域合作与贸易优惠安排的成员，这为在土耳其境内生产的产品进入周边市场提供了便利条件。

二、土耳其对“一带一路”的态度

“一带一路”的倡议受到土耳其政府和民间的关注，不论是政府官员还是学术界，都对这一重大倡议持欢迎态度。

土耳其政治领袖都对“一带一路”表达过看法。2015 年 7 月 30 日，土耳其总统埃尔多安访华并与国家主席习近平共同出席在北京举行的中国—土耳其经贸论坛。埃尔多安在致辞中表示，土耳其支持中方倡议的“一带一路”和“丝路基金”，愿积极参与相关合作。土耳其政府欢迎中国企业加大对土耳其投资，并愿为此营造有利环境。2014 年 12 月 12 日，中土智库在伊斯坦布尔联合举办了“共建‘一带一路’：历史启示与时代机遇”国际研讨会。土耳其总理达武特奥卢在致会议的贺信中说，感谢习近平主席 2013 年提出共建“一带一路”的倡议，这一倡议与土耳其有共同的期许，土耳其愿承担振兴丝绸之路的历史使命。他还说，伊斯坦布尔是古丝绸之路的重要组成部分，目前土耳其与“一带一路”沿线国家有非常紧密的合作，“一带一路”将为各国带来新的合作机遇。①

土耳其学术界同样认为“一带一路”对相关国家是难得的历史机遇。土耳其战略研究中心主席乌苏尔认为，“一带一路”是新的发展模式，它将为沿线国家带来巨大的机遇，刺激区域发展，创造繁荣的经济带。“一带一路”的项目是开放的、包容的，共建“一带一路”具有巨大的潜力。土耳其政治经济社会研究基金会主任杜兰指出，丝绸之路曾连接欧亚大陆，是文化交流、贸易的重要通道，推动了各国经济、社会、文明的发展。

---

① 张玉雷：《“一带一路”的历史启示与时代机遇》，《中国经济时报》2014 年 12 月 17 日。

在当前多极化的社会中，新丝绸之路将扮演越来越重要的角色。共建“一带一路”的倡议与土耳其的外交战略高度一致。[①]土耳其经济政策研究基金会主席居文·萨克表示，推进和落实“一带一路”建设，不仅有利于丝路沿线国家的铁路等基础设施的完善，还将有助于缩小土耳其国内“西富东贫”的贫富差距。[②]土耳其战略研究中心研究员居拉伊则认为，在中国“一带一路”战略构想的推动下，中土两国经贸和投资将继续稳步发展，“一带一路”战略不仅惠及土耳其，而且将通过土耳其这个中心架起连接亚洲和欧洲的桥梁。[③]

土耳其在言论上支持“一带一路”，在实际行动中也积极参与促进“一带一路”建设的计划。土耳其是亚洲基础设施投资银行的创始会员国，2013年成为上海合作组织的对话伙伴国，并正在寻求成为上海合作组织的正式成员国。土耳其驻华大使馆商务参赞莎拉·凯凯琪在2015年6月18日“高级外交官共话‘一带一路’”主旨论坛上说，“土耳其政府热烈欢迎中国的‘一带一路’项目，紧密地跟随中国‘一带一路’的计划，并积极地融入未来的合作当中。”[④]土耳其商界对于中土丝绸之路的合

① 张玉雷：《“一带一路”的历史启示与时代机遇》，《中国经济时报》2014年12月17日。

② 《国际舆论积极评价中国经济发展亮点》，光明网：http://guancha.gmw.cn/2015-09/16/content_17066259_2.htm.

③ 《土耳其专家：“一带一路”助力中土经贸与投资建设》，国际在线：http://gb.cri.cn/42071/2015/04/10/2225s4928961.htm.

④ 余鹏飞：《土耳其驻华大使馆商务参赞：扮演重要角色紧随中国“一带一路”》，环球网：http://world.huanqiu.com/exclusive/2015-06/6725442.html.

作同样持积极态度。西安作为古丝绸之路的起点，拟在西安大唐西市修建丝绸之路风情街区，其中土耳其段交由土中友好协会会长巴伊塔什先生负责。巴伊塔什非常高兴地接受了这一任务，并表示一定将最有土耳其特色的产品和美食带入西安，使中国人民更方便地体验土耳其浓郁的地中海风情。

土耳其对“一带一路”态度积极，原因主要在于这一倡议切合了土耳其的需要。土耳其方面早就有重振丝路的想法。2009年，土耳其时任总统居尔访华时就曾对时任中国国家主席胡锦涛表示，“希望通过两国政府的共同努力，重新振兴古丝绸之路”。2012年，土耳其总理埃尔多安访华时，也就振兴古丝绸之路与中国领导人进行了讨论。埃尔多安访华期间表示，土耳其和中国位于亚洲的最西端和最东端，两国人民千年之前便有友好往来，古代“丝绸之路”从西安直达伊斯坦布尔，今天土耳其正努力将“丝绸之路”建设为钢铁“丝绸之路”。2013年8月，土耳其总统居尔在出席第三届“突厥语国家理事会”峰会时指出，土耳其位于将欧洲经高加索和中亚把中国及南亚次大陆国家连接起来的战略通道上。[①]这种独有的地理位置以及与中国、中亚的历史联系是土方力图充分利用的有利因素。土耳其能源、铁路等领域的建设亟待发展，通过与中国的合作可以满足土耳其多方面的需求，加快其经济发展速度。

---

① 李振环：《“一带一路”土耳其板块已见雏形》，《光明日报》2015年4月19日。高泽华：《中国驻土耳其大使：两国可探索打造“四大走廊”》，人民网：http://finance.people.com.cn/n/2014/0918/c387602-25687428.html.

土耳其也有与复兴丝绸之路相关的具体计划。根据其与丝绸之路对接的“中间走廊计划”，土耳其将力促建设一条连接土耳其到中国的铁路，该铁路从中国直通中亚各国，跨越里海、阿塞拜疆和格鲁吉亚，再到土耳其。这条亚欧通道比现有的北部交通走廊短1500公里，既可节约成本，又能保障安全。

土方对推动土中两国在“一带一路”建设中互利合作态度殷切。2015年10月27日，土耳其经济部长泽依贝科齐在土耳其《世界报》发表题为《21世纪新丝绸之路的建设者——土耳其和中国》的署名文章，高度评价中土两国经贸合作关系，并具体谈及土方对新丝路建设的设想。他指出，他在当年7月随同埃尔多安总统访华期间，与中国商务部签订了《相互鼓励和投资保护协定》《土中经贸合作中长期发展规划》等协议，同时，“为了更好响应习近平主席提出的‘一带一路’倡议，考虑到土耳其的地理位置和实际需求，我们提议将土耳其纳入‘一带一路’中线建设计划中。”他还多次向中国商务部高虎城部长提出，鉴于中国在建设特别经济区方面有丰富经验，让中国企业在土耳其建立自由贸易区，既能起到实验“温床”的效果，让中国企业能够更好地评估土耳其的相关政策和投资环境，又能为两国共同到第三国进行投资贸易活动提供基础。[①] 在2016年11月25日土耳其举办的“创业者是未来的力量”论坛上，

① 中国驻伊斯坦布尔总领事馆经济商务室：《土耳其经济部长署名文章积极评价中土经贸关系》，中国—土耳其经贸合作网：http://www.ctc.mofcom.gov.cn/article/ctcsbdt/201511/103174_1.html.

土耳其能源部长阿尔巴伊拉克在主旨演讲中鼓励土耳其民众积极创业并关注中国“一带一路”建设。他指出，中国作为世界第二大经济体、第一大货物贸易国，以日益发展的高铁技术重振丝绸之路，这将在欧亚大陆上开启新的机遇之窗。[①]很明显，充分利用新丝路建设的历史机遇已成为土方高层的共识。

中土两国在“一带一路”建设中的合作已从设想走向实践。2015年7月29日，中国国务院总理李克强在会见来华进行国事访问的土耳其总统埃尔多安时表示，中方愿将“一带一路”倡议同土方“中间走廊”计划相衔接，加强铁路等基础设施建设、通信等产业的合作，及航空、航天、金融等新兴领域的合作。埃尔多安表示，土方发展对华关系愿望强烈、目标明确，愿进一步提升双边贸易投资合作水平。欢迎中方扩大对土耳其基础设施建设、能源、信息通信、金融、航空、工程承包等领域投资与合作。[②]2013年10月，连接亚欧大陆的马尔马拉海底隧道开通，标志着连接东西方的陆上丝绸之路得到延伸，从北京经由伊斯坦布尔的古代丝绸之路一直延伸到欧洲大陆及英伦三岛。土耳其驻华大使埃尔索伊2016年7月接受记者采访时表示，为振兴古老丝绸之路，土耳其已开始在交通、运输、能源和贸易领域开展具体的项目。中国和土耳其已签署“对接‘丝

① 中国驻伊斯坦布尔总领事馆经济商务室：《土耳其能源部长：“一带一路”开启机遇之窗》，中国—土耳其经贸合作网：http://www.ctc.mofcom.gov.cn/article/ctcsbdt/201611/228407_1.html.

② 《李克强会见土耳其总统埃尔多安》，人民网：http://politics.people.com.cn/n/2015/ 0729/c1024-27381830.html.

绸之路经济带’和‘21世纪海上丝绸之路’与‘中间走廊计划’的谅解备忘录”。中国也成为土耳其在亚洲最大、世界第二大的贸易伙伴。[①]

三、中土携手并进　共谱丝路新曲

中国和土耳其都有围绕“一带一路”进一步加强合作的愿望，两国在政治、经济、文化等方面的合作正在稳步推进中。但不能否认的是，两国之间也存在一些可能影响两国关系健康发展的障碍。这些障碍有的来自外部因素的干扰，有些是两国之间的问题。以前者而论，土耳其购买中国“红旗-9”防空导弹系统中标又毁约的曲折经历是典型的例子。2013年9月，中国精密机械进出口总公司以34亿美元的标价成功中标，将为土耳其建设首个远程防空和反导弹系统。但在欧美以这些防御武器难以与北约防御系统兼容为借口的压力下，2015年11月土方又撤销向中国采购“红旗-9”的合约，转而自行研制。以后者而言，土耳其方面关注的是土中贸易不平衡问题，中国方面关注的是土耳其与“东突”的关系问题。

中国对土耳其出口额远远大于土耳其对华出口额，这一问题一直是土方关注的重点问题。前述土耳其经济部长泽依贝科齐评述中土与丝路建设的文章也专门讨论了这一问题。他说：

① 刘剪西:《接受本报专访　直面热点话题　土耳其大使详谈反恐与政变》,《环球时报》2016年7月22日。

“我们很高兴看到土耳其与中国的经贸关系几十年来不断发展，但也不得不面对外贸和投资不平衡，没有遵循符合两国利益发展轨迹的现实。”他认为，考虑到中国作为世界第一大出口国和亚洲制造中心的贸易潜力，土中双边贸易中土方进口远远大于出口这种状况虽然可以理解，但不可持续。“土耳其在中国 1.96 万亿美元的进口总额里仅占到 0.2%，但中国在土耳其的进口总额里却占了 10%。”他相信这些不平衡的数据能够通过土方增加对华出口以及中方加大对土耳其投资等方式得以消除。[①] 中国政府在这一问题上也一直努力配合土方的要求，积极鼓励中资企业赴土耳其投资及购买土耳其的产品。如 2015 年 11 月在汪洋副总理访问土耳其前夕，中国商务部组织了 36 家中国企业访问伊斯坦布尔，并与土方合作伙伴签署了近 3 亿美元的采购协议。土耳其主流财经报纸《世界报》以《中国企业来土签署 3 亿美元采购协议》为题做了专门报道，并刊登了对中国驻伊斯坦布尔总领事钱波的专访。[②] 随着两国经济的发展，经过两国的友好协商，这一问题会逐渐解决或淡化。

土耳其与“东突”问题则是中国政府和民众在涉及中土关系时关注的一个重点。土耳其人与中国新疆维吾尔人等少数民

① 中国驻伊斯坦布尔总领事馆经济商务室：《土耳其经济部长署名文章积极评价中土经贸关系》，中国—土耳其经贸合作网：http://www.ctc.mofcom.gov.cn/article/ctcsbdt/201511/103174_1.html.

② 中国驻伊斯坦布尔总领事馆经济商务室：《土耳其〈世界报〉报道中国贸易促进团访土及对总领事专访》，中国—土耳其经贸合作网：http://www.ctc.mofcom.gov.cn/article/ctcsbdt/201611/227615_1.html.

族存在文化和血缘的联系，均属于突厥语民族。奥斯曼帝国在20世纪初曾鼓吹过“泛突厥主义”，支持中国新疆的分离主义势力。时至今日，土耳其人中仍有相当一部分人对“东突”分离势力抱有同情心理，在土耳其的“东突”组织数量远远超过其他国家。从国际政治的现实出发，土耳其政府对“东突”分子的活动进行了限制，承认新疆是中国不可分割的一部分。2002年4月，朱镕基总理访问土耳其时向土方表示，中方注意到土耳其政府近年来一再强调新疆是中国领土的一部分，并采取了一些具体措施限制在土耳其“东突”分子的反华分裂活动，中方对此表示赞赏。他指出，希望中土双方更密切地合作，共同防止“东突”恐怖分子给双边关系造成损害。土耳其总理埃杰维特也承诺，对于在土耳其“东突”分子的活动，土方将加强限制，土耳其政府不会支持“东突”组织的恐怖主义活动。①

由于土耳其存在同情“东突”势力的社会氛围，新疆分离主义问题偶尔会给两国关系投下阴影。2009年乌鲁木齐发生“7·5事件”后，土耳其总理埃尔多安在没有搞清事实真相的情况下，仅仅出于“突厥民族情结”便指责中国政府搞“种族屠杀”和“同化维族”，伊斯坦布尔、安卡拉等地出现针对中国政府的大规模游行示威活动。2015年7月，由于境外媒体发表有关“中国少数民族待遇问题”的不实报道，土耳其境内又发生多起针对中国政府的抗议活动，一些中国游客遭到袭击。7月5日，中国驻土耳其使馆网站发布安全提示，提醒在土耳其

① 《朱镕基总理与埃杰维特总理会谈》，《人民日报》2002年4月17日。

中国游客注意安全。这些事件虽然没有对两国关系造成重大损害，但在短期内仍会对中土关系产生不利影响，尤其是破坏了中国民众对土耳其的印象。2012 年 3 月，环球网曾就中国人对土耳其的亲善度做过一次网络调查。结果表明，对土耳其持负面态度的中国人占到受调查者总数的 67.5%。其中有近 30% 的人对土耳其不友善的原因主要是土耳其政府和非政府组织总是或明或暗地支持新疆分离主义势力。[①] 而土耳其媒体对中国社会缺乏了解，不能如实报道中国的情况，也会误导土耳其民众。零点集团国际事业关系部 2015 年“一带一路沿线国家对华态度研究”显示，尽管多数研究机构的报告积极评价“一带一路”的倡议，认为“一带一路”倡议可以与土耳其的“中间走廊”计划完美对接，对中土双方而言是一个合作机遇，有利于土耳其巩固港口中心地位，给中土两国带来大量投资合作机会。但土耳其民众对中国在国际事务上的信赖度偏低。仅 14.7% 土耳其民众认为，在与本国的关系中中国是三个最值得信赖的国家之一。[②]

中土之间对发展两国关系不利的事件或印象大多由误会或者不实的传闻引起。据土耳其驻华大使穆拉特·埃森利讲，“7·5 事件”发生后，土耳其媒体错误听信了外国通讯社发布的新闻，以为新闻照片中受暴徒攻击的人是维吾尔人，其实这些人是新

① ［土耳其］R. 库塔·卡拉卡：《土耳其与中国间的认知分析》，《阿拉伯世界研究》2014 年第 2 期，第 106 页。

② 零点集团国际事业关系部：《2015 年土耳其涉华民情、舆情研究综述》，2016 年 7 月 9 日，界面网：http://www.jiemian.com/article/735703.html.

疆汉族民众，而土耳其人无法从外表分辨汉族人和维吾尔人。[1]一个月后，土方主动派出总理特别代表、国务部长恰拉扬来华"修补关系"。恰拉扬对中国政府就"7·5事件"采取的措施表示理解，并感谢中方邀请土耳其记者和驻华大使赴新疆参观访问。2015年7月的事件是因为土耳其媒体报道称新疆禁止穆斯林在斋月期间封斋并履行宗教仪式，这种不实的报道激发了土耳其激进分子的愤怒。当然，这些事件不表明土耳其政府或民众支持"东突"分离主义势力，参与事件的只是土耳其的少数人，他们参与的目的是抗议维吾尔人受到传闻中的"不公平"对待，而不是支持"东突"分子从中国分离出去。在中国驻土耳其使馆发布安全提示后的几天，笔者正好从安纳托利亚返回伊斯坦布尔，这里的土耳其人如同其他地方的土耳其人一样态度热情，酒店的工作人员还特意告诉我们，闹事的是个别无所事事的年轻人，土耳其欢迎中国客人。

不管怎样，"东突"问题是一个影响中土关系发展的重大问题，需要两国认真对待。在发展中土关系的基本原则上，中土双方没有不一致之处。2000年4月，土耳其总统苏莱曼·德米雷尔在欢迎江泽民主席的讲话中重申了土耳其的立场："我们不干涉你们的内部事务，我们与维吾尔人有着语言、宗教和种族方面的联系，希望他们在中国和平幸福地生活。维吾尔人是我们两国之间的一座友谊桥梁。"只要土耳其方面坚守承诺，对涉

---

① 张旭：《中土建交四十周年专访土耳其驻华大使　中国经济进步　世界都将获益》，《小康》2011年6月1日，第46—47页。

及中土关系的重大问题谨言慎行，中国方面在维护包括少数民族在内的各族人民合法权益的同时，做好信息的公开、沟通工作，维吾尔人就可以成为发展中土关系的友谊之桥。前述零点集团国际事业关系部的研究报告针对土耳其涉华舆情提出了改进的建议，认为，“今后一段时期，中国在土耳其推进‘一带一路’的侧重点应是‘民心互通’，在对土传播策略中，进一步加强民间外交、增进中国与土耳其的民间交流。”通过改进对外传播方式等渠道，加强中土民众相互了解，消弭误解，促进共识。中土之间有很多例子表明加强沟通的重要性。土耳其外交部长首席顾问阿里夫·埃尔多安在没来中国之前对中国的印象是：中国经济发展很快，但在新疆人们生活封闭，当地的维族人受到政府的“压制”，人们没有宗教信仰的自由，封斋等伊斯兰的宗教习俗更是受到政府的“禁止”。他参与“丝路名人中国行”活动后，走访新疆各地，了解维吾尔民众的教育及宗教生活后，他的观点完全改变了。他自己讲：“在中国的短短三四天里，我对中国的印象被完全颠覆了。我亲眼看到的不是压制，而是帮助；不是混乱，而是自由；不是仇视，而是友爱。”[①] 正因为认识到文化交往在两国关系中的重要性，在 2016 年 11 月的中土政府间合作委员会首次会议上，中土双方承诺认真落实“中土文化合作协定 2017 年至 2020 年执行计划”，鼓励两国艺术团体、文化官员和专家交流互访，同意 2018 年在华举办“土耳其旅游

① 《土耳其外长首席顾问：我对中国的印象彻底发生了改变》，国际在线：http://news.cri.cn/20160927/d3e3b0a3-8dc0-724d-a40f-cadf7090347c.html.

年”活动，厚植两国民心相知的根基，使中土友好世代传承。

正如中国人关心海外华夏儿女的处境一样，土耳其人关心维吾尔人的境况也是人之常情。这种感情恰恰可以成为发展中土关系的有利条件。土耳其商人对投资新疆兴趣浓厚。新疆维吾尔自治区商务厅副厅长李建杰2014年9月介绍，在过去十年，新疆同土耳其的贸易总额从几十万美元增加到上千万美元，增长了20多倍。土耳其在新疆投资的项目累计已达10个，协议投资额731万美元。[①]而在土耳其少数民族侨胞正在扮演中土交流的使者的角色。2011年，新疆塔吉克族侨胞赛乃西·司马义成立了土耳其中国丝绸之路经济贸易文化艺术合作协会，致力于中土两国在文化、经济、教育等领域的交流合作。2012年，他作为中国全国政协会议的40位特邀侨胞之一列席了当年的两会。[②]中国赴土耳其旅行团多数都由当地少数民族侨胞担任导游。新疆维吾尔自治区有关部门也努力促进在土耳其侨胞与祖国的联系。2011年11月，在伊斯坦布尔举行的“文化中国·魅力新疆”演出团受到在土耳其维吾尔、哈萨克、汉族等各族侨胞的热烈欢迎，侨胞们纷纷表示，演出精彩难忘，使大家真切感受到祖国和家乡的深情关爱，愿继续为增进中土友好、维护

---

① 《新疆与土耳其贸易额10年增长20多倍》，2014年9月3日，天山网：http://www.xjce.cn/index.php/Article/show/articleid/11024.shtml.

② 《全国政协侨联界委员与海外列席嘉宾联组讨论》，中国新闻网：http://www.chinanews.com/zgqj/2012/03-06/3720921.shtml.《最后一次小组讨论　海外列席侨胞依依惜别》，2012年3月12日，人民网：http://lianghui.people.com.cn/2012cppcc/GB/17361871.html.

民族团结作出自己应有的贡献。2013 年 4 月，四川雅安发生地震后，土耳其维吾尔工商业者协会通过该会代表，向雅安灾区捐款 3 万元人民币。协会积极推动土耳其与中国的经贸往来。2016 年 11 月 11 日，中国驻伊斯坦布尔总领事钱波在会见协会会长萨比尔时，充分肯定工商业者协会多年来为团结在土耳其的维吾尔族商人，促进中土特别是新疆同土耳其之间的经贸往来发挥的积极作用。萨比尔会长表示，协会将继续积极配合总领馆开展相关工作，进一步推动土中特别是土耳其同新疆的经贸人文交流，协助维护好广大旅土同胞的合法权益。[①]

四、推进粤土合作　实现互利共赢

在中土两国关系中，粤土之间的联系占有重要地位。在两国贸易中，广东与土耳其的贸易额基本占 15%—20%；而在投资及其他方面，广东与土耳其方面都重视对方的经济辐射力，因而都有加强双方联系的强烈意愿。

在“一带一路”建设中，广东与土耳其的合作因两地经济结构的互补性而将有广阔的空间。与广东相比，土耳其称得上地大物博，其土地面积是广东的四倍多，矿产资源极为丰富；但从人口和经济实力来说，广东则力压土耳其。以 2014 年数据

① 中国驻伊斯坦布尔总领事馆：《驻伊斯坦布尔总领事钱波会见土耳其维吾尔工商业者协会会长萨比尔》，2016 年 11 月 13 日，中国领事服务网：http://cs.mfa.gov.cn/gyls/lsgz/lqbb/t1415016.shtml.

计算，广东人口比土耳其人口多3000万，国内生产总值总量比土耳其多3000多亿美元。但两地也有相似之处，2014年，广东人均国内生产总值为10330美元，土耳其人均国内生产总值为10303美元，几乎完全相同。这表明两地经济处在同样的水平。两地经济结构也显示了同样的趋向：两地产业结构中占比例最大的都是第三产业，最小的都是第一产业，而第二产业处在中间状态。不同的是，广东的第二产业所占比例比土耳其大许多，而土耳其的第三产业比例则比广东大得多，第一产业所占比例略大于广东（见表6–1）。

表6–1　2014年广东与土耳其经济指标比较

指　标		广　东	土耳其
产业结构（%）	第一产业	4.7	8.0
	第二产业	46.2	27.1
	第三产业	49.1	64.9
国内生产总值（亿）		67792.24 元人民币 11036.59 美元	7987.81 美元
人均国内生产总值		63452 元人民币 10330 美元	10303 美元

资料来源：世界银行：http://data.worldbank.org.cn/topic. 广东统计信息网：http://www.gdstats.gov.cn/tjzl/tjgb/201403/t20140305_139764.html.

广东与土耳其经济结构的异同显示出两地经济的互补性，这也是两地积极发展经济关系的基础。土耳其价廉质优的石材成为广东稳定的进口原材料，土耳其的橄榄油、皮革、纺织纱线等源源不断输往广东，服务质量上乘、味道独特的土耳其餐馆也进入广东主要城市的街头。而广东企业的通信设备、电子产品、轮船等则以前所未有的速度走进土耳其人的工作与生活领域。尤其是随着“一带一路”倡议的实施，中国企业在土耳其市场更加积极主动，在中土合作方面投入了更多资源。2016年12月6日，土耳其本地通信集成商Netaş公司正式宣布，来自中国广东的中兴通讯将以1.013亿美元收购其48.04%的股权，交易完成后，中兴通讯将成为Netaş的最大股东。中兴通讯和Netaş共同表示，双方的合作特别是在研发和创新领域的交流沟通，将提升双方在土耳其及地区主要市场的服务能力与竞争力。[①]这一收购个案也许是粤土合作规模扩大的一个信号。

由于广东是古代海上丝绸之路的东方起点，而土耳其是海陆两条丝路的西方终点，粤土两地官方都有重振历史辉煌、拓展两地合作的强烈愿望。2015年年初，伊斯坦布尔市长卡迪尔·托普巴什表示，伊斯坦布尔和广州都是丝绸之路的象征，在人类文明发展史上都发挥了重要的作用。两城更是文化的桥梁，尤其是在丝绸之路上的每一个角落中承载着历史。他认为，这“两座城市及两国之间的交流互动会急速地提升文化和经济。毫无疑问，这些领域的合作会对两国的政治和战略关系都有着显著的贡献”。土耳其驻广州总领事巴图·凯斯曼也指出：“我认为21世纪海上丝绸之路不仅仅是货物的运输，其实还包括思

① 中国驻伊斯坦布尔总领事馆经济商务室：《中兴通讯1亿美元收购土耳其通信集成商Netaş》，中国—土耳其经贸合作网：http://www.ctc.mofcom.gov.cn/article/ctcsbdt/201612/228540_1.html.

想、文化和合作精神的传递。”他表示，为迎接2023年土耳其建国百年，土耳其政府已经制定了一系列战略目标，包括2023年前信息技术业创造的经济收入要占土耳其国内生产总值总量的8%，科研投入占到国内生产总值总量的3%。“土耳其政府目前高度重视进一步促进粤企在土耳其的投资，尤其是研发领域，因为这将促进我国上述目标的实现。”[①]广东省政府也持同样的态度，在2016年10月31日土耳其驻广州总领馆举办的国庆招待会上，广东省副省长李春生表示，广东高度重视加强与土耳其的友好交流与合作，双方在经贸投资、科技教育、文化旅游等方面开展了卓有成效的合作。目前，广东正在积极推动中国（广东）自由贸易试验区建设，全面参与“一带一路”建设，土耳其独特的地理位置使其成为“一带一路”的重要节点国家。广东高度重视发展同土耳其的务实合作，愿将“一带一路”倡议同土耳其“中间走廊”计划对接，扎实推进与土耳其在经贸、基础设施等领域的合作，实现共同合作、共同发展、共同繁荣。[②]粤土官方的支持为粤土在“一带一路”建设中的合作提供了坚实的保证。

此外，广东与土耳其强大的经济辐射力也是促进两地合作的重要诱因。在经济全球化、网络化的时代，通过加强与广东这个重要经济中心的联系，土耳其企业可能找到更多的机会。

---

① 《土耳其总领事巴图·凯斯曼：海上新丝路传递思想与合作》，《南方日报》2014年10月28日。

② 《去年我省与土耳其进出口贸易额达40亿美元》，《南方日报》2016年11月1日。

如在 2015 年 4 月的第 117 届广交会上，交流会才进入第二天，土耳其厨具用品企业“Luxell”接待的采购商就超过 200 人，其中非洲的客户尤其多。该企业工作人员认为，“这是我们参展近 20 年来效果最好的一次。”[①] 由此可见，中国广交会也可成为土耳其产品走向世界的桥梁。而土耳其与中亚、中东、非洲以及欧洲的密切联系，也使得广东企业有可能透过在土耳其的投资将自身产品的销售市场扩展到这些地区。广东著名企业华为公司在土耳其有大量投资，是土耳其最大的信息技术企业。土耳其 4.5G 网络 60% 的基础设施由华为提供，新款 P9 手机在土耳其广受欢迎。为了加强华为手机的市场竞争力，2016 年 10 月华为土耳其公司新推出手机售后维修上门服务。华为承诺，客户仅需电话预约，即有专人上门完成送修到交付的全过程，全程不会超过五天且完全免费。这一措施得到当地消费者广泛好评。华为的目的也是将土耳其作为全球服务试点，希望通过提升售后服务进一步扩大市场份额。[②] 土耳其驻广州总领事巴图·凯斯曼曾谈到土耳其对于华为扩大全球市场的重要性，他认为，“目前华为在土耳其的市场发展良好，并且通过土耳其，华为能够将它的产品推向中东、中亚乃至欧洲。”[③]

---

① 肖文舸、方灿：《“新兴市场让我们收获了高增速”——与海上丝路沿线国家贸易合作升温，给广东企业带来新机遇》，《南方日报》2015 年 4 月 17 日。

② 中国驻伊斯坦布尔总领事馆经济商务室：《华为手机在土创新售后服务获好评》，中国—土耳其经贸合作网：http://www.ctc.mofcom.gov.cn/article/ctcsbdt/201610/227197_1.html.

③ 《土耳其总领事巴图·凯斯曼：海上新丝路传递思想与合作》，《南方日报》2014 年 10 月 28 日。

从各方面因素来看，在中土关系日益密切的大环境下，广东与土耳其有更多的合作机会。

土耳其与中国相隔遥远，相互之间的了解仍停留在表层。包括广东厂商在内的中国商人在赴土耳其投资、贸易时，既要看到“一带一路”带来的与土方合作的宝贵机遇，也要防范不安全的因素。前文已具体讨论了中国商人在土耳其需要注意的风险，而在2016年7月未遂军事政变后不安全因素主要包括两个方面：政策风险和安全风险。

未遂军事政变被平定后，土耳其政府开始在众多领域进行深度调整。政局的变化是否会给外商带来不利影响，尚无法确定。但从正义与发展党政府一贯的政策倾向来看，鼓励引进外资、保护外商合法利益的政策应该不会改变。2016年7月27日，政变刚刚过去不到两周，伊斯坦布尔副省长伊斯玛依在与中资企业代表座谈时就明确表示，土耳其经济基础及增长势头稳定，对外经贸政策及经济改革方向未有动摇，各行业、经济部门已全面恢复正常运转，实行紧急状态是为净化国内安全环境，不会对外商经营投资造成不利影响。土耳其政府高度重视与中国的合作，希望在土中资企业安心工作，并欢迎鼓励更多中国企业来土耳其投资兴业，土方将提供更加良好的服务。[①]2016年11月，即政变过去四个月后，土耳其副总理努曼·库尔图穆什

① 中国驻伊斯坦布尔总领事馆经济商务室：《土耳其政府：请中国企业安心来土投资》，中国—土耳其经贸合作网：http://www.ctc.mofcom.gov.cn/article/ctcsbdt/201607/ 225943_1.html.

表示，土耳其政府正在立法，给予满足一定条件的外国投资者临时国民身份。只要外国投资者在一定年限内持有一定数额的固定资产、银行存款、国债等当地资产，并雇用一定数量的当地员工，就可拥有土耳其临时国民身份。目前，相关法律框架已完成，正在细化之中。这一措施可以解决以往中国商人担心的签证问题。

政策风险无需过分担心，但安全风险则必须予以高度重视。由于土耳其政府与库尔德人的分歧未能妥善解决，再加上“伊斯兰国”（ISIS）恐怖分子有意将战火引向邻近的土耳其，近一年多土耳其发生了多起恐怖事件。2015 年 10 月 10 日，“伊斯兰国”恐怖分子在安卡拉火车站附近发动两起自杀式爆炸袭击，导致 102 人丧生、200 多人受伤。2016 年 2 月 17 日，安卡拉市中心发生汽车炸弹爆炸袭击，导致 29 人死亡、60 余人受伤。同库尔德工人党有关联的组织“库尔德自由之鹰”宣称实施袭击。不到一个月，3 月 13 日，“库尔德自由之鹰”在安卡拉市中心红新月广场制造汽车爆炸事件，造成 37 人死亡、100 余人受伤。6 月 28 日，伊斯坦布尔阿塔图尔克国际机场遭到“伊斯兰国”恐怖分子制造的爆炸和武装袭击，至少 47 人在袭击中丧生，另有 200 余人受伤。未遂政变之后，恐怖事件仍时有发生。8 月 20 日，土耳其靠近叙利亚边境的加济安泰普市一个婚礼现场遭到炸弹爆炸袭击，至少 57 人在袭击中丧生、逾百人受伤。土耳其政府指认“伊斯兰国”实施该次袭击。12 月 10 日，“库尔德自由之鹰”组织在伊斯坦布尔制造连环炸弹袭击，导致

38 人死亡、150 余人受伤。在刚刚进入 2017 年后几个小时，1 月 1 日凌晨，一名枪手闯入伊斯坦布尔市中心一家名为“雷纳”的夜总会，向正在庆祝新年的数百人开枪扫射，然后趁乱逃离。据土官方消息，袭击造成 39 人死亡、69 人受伤，其中 4 人伤势严重。从 2015 年夏季以来的土耳其新一轮恐袭高潮，已导致至少 400 多人丧生。[①] 土耳其政府一方面加强国内的安全措施，防范可能的袭击；一方面直接出手，派兵到境外打击伊斯兰国势力。尽管叙利亚的局势有逐渐稳定的趋势，“伊斯兰国”发动的恐怖袭击有可能是阶段性的问题，但是土耳其的库尔德人问题现在还看不出缓解的迹象，这一问题有可能长期化。在恐怖袭击的威胁确定解除前，广东厂商及其他中国商人在做出与土耳其相关的经济决策时，有必要将安全问题纳入考虑范围。当然，这些问题并不影响中土关系的大局。

总而言之，“一带一路”满足了中土两国的现实需要，符合两国的社会、经济发展方向。在两国政府和人民的努力下，中土两国携手合作，推陈出新，在丝绸之路的历史基础上，必定可以谱写出适合时代要求的新海丝路上的崭新篇章。

① 《联合国安理会谴责伊斯坦布尔一夜总会遭受的恐怖袭击》，新华网：http://news.xinhuanet.com/world/2017-01/02/c_1120229546.htm.

参考文献

一、著作

陈德成主编:《中东政治现代化:理论与历史经验的探索》,社会科学文献出版社 2000 年版。

哈全安:《中东史:610—2000(上)》,天津人民出版社 2010 年版。

哈全安、周术情:《土耳其共和国政治民主化进程研究》,上海三联书店 2010 年版。

黄维民:《中东国家通史:土耳其卷》,商务印书馆 2002 年版。

彭树智主编:《中东史》,人民出版社 2010 年版。

彭树智主编:《二十世纪中东史》,高等教育出版社 1992 年版。

彭树智:《现代民族主义运动史》,西北大学出版社 1987 年版。

彭树智:《东方民族主义思潮》,人民出版社 2013 年版。

商务部投资促进事务局编:《投资土耳其》(中国对外投资促进国别 / 地区系列报告),2010 年。

商务部国际贸易经济合作研究院、商务部投资促进事务局、中国驻土耳其大使馆经济商务参赞处合编:《对外投资合作国别(地区)指南:土耳其》,2013 年。

沈爱凤:《从青金石之路到丝绸之路——西亚、中亚与亚欧草原古代艺术溯源》，山东美术出版社 2009 年版。

沈福伟：《中国与西亚非洲文化交流志》，上海人民出版社 1998 年版。

王彤主编：《当代中东政治制度》，中国社会科学出版社 2005 年版。

杨兆钧：《土耳其现代史》，云南大学出版社 1990 年版。

[波斯]阿里·阿克巴尔：《中国纪行》，张至善编，张至善、张铁伟、岳家明译，三联书店 1988 年版。

[美]西·内·费希尔：《中东史（上册）》姚梓良译，商务印书馆 1979 年版。

[英]杜德内：《土耳其地理》，北京大学地质地理系经济地理专业译，商务印书馆 1975 年版。

[英]伯纳德·刘易斯：《现代土耳其的兴起》，范中廉译，商务印书馆 1982 年版。

[英]伯纳德·路易斯:《中东：自基督教兴起至二十世纪末》，郑之书译，中国友谊出版公司 2000 年版。

[美]菲利普·李·拉尔夫等：《世界文明史（上卷）》，赵丰等译，商务印书馆 1998 年版。

[澳大利亚] LonelyPlanet 公司编著：《土耳其》，三联书店 2007 年版。

[古希腊]希罗多德：《历史：希腊波斯战争史（上册）》，王以铸译，商务印书馆 1997 年版。

[美]希提：《阿拉伯通史（上册）》，马坚译，商务印书馆

1979 年版。

Douglas A. Howard. *The History of Turkey*, Westport: Greenwood Press, 2001.

Feto's Coup Attempt: A Timeline, Istanbul, Anadolu Agency Publications, October 5, 2016.

二、年鉴

国家统计局贸易外经统计司编:《中国对外经济统计年鉴》,中国统计出版社 2003—2005 年版。

国家统计局贸易外经统计司编:《中国贸易外经统计年鉴》,中国统计出版社 2006—2015 年版。

广东年鉴编纂委员会:《广东年鉴》,广东年鉴社 2006—2007 年版。

广东省统计局:《广东统计年鉴》,中国统计出版社 2014—2015 年版。

广东省地方史志编纂委员会编:《广东省志:公安志》,广东人民出版社 2001 年版。

广州经济技术开发区志编纂委员会办公室:《广州经济技术开发区志 1984—1990》,广东人民出版社 1993 年版。

广州经济技术开发区志编纂委员会编:《广州经济技术开发区志 1991—2000》广东人民出版社 2004 年版。

《清远市志》编纂委员会编:《清远市志 1988—2003》,广东人民出版社2012年版。

云浮年鉴编纂委员会：《云浮年鉴（2007）》，岭南美术出版社2007年版。

三、期刊论文

安维华：《土耳其结构性经济调整的成就与问题》，《西亚非洲》1997年第4期。

陈德成：《土耳其与美国、欧盟、希腊关系刍议》，《西亚非洲》1998年第6期。

丁工：《中土关系四十年：回顾与展望》，《阿拉伯世界研究》2011年第3期。

丁工：《土耳其与欧盟关系的发展探析》，《亚非纵横》2014年第3期。

董漫远：《中国与土耳其关系的历史与未来》，《阿拉伯世界研究》2010年第4期。

杜天佳：《土耳其国有企业改革及经验》，《国企》2014年第11期。

哈全安：《土耳其共和国政党政治的演变》，《南开学报》2010年第5期。

黄陵渝：《土耳其犹太人与犹太教》，《西亚非洲》2004年第4期。

黄维民：《中土关系的历史考察及评析》，《西亚非洲》

2003年第5期。

黄晨:《推进历史建筑保护与合作 共同开创丝绸之路新未来——访土耳其驻华大使穆拉特·萨利姆·埃森利先生》,《中华建设》2013年第12期。

胡向春:《土耳其政变前后的美土军事关系》,《现代军事》2016第9期。

金德平、于放:《考说在中国发现的罗马金币——兼谈中国钱币博物馆17枚馆藏罗马金币》,《中国钱币》2005年第1期。

康青:《互动互文的青花——透过元青花看土耳其伊兹尼克与景德镇青花瓷的文化互涉》,《中国陶瓷》2013年第12期。

李秉忠:《欧盟的扩大与土耳其入盟问题》,《南京大学学报》2007年第4期。

李德华:《新疆籍华人华侨的特点》,《新疆社科论坛》2013年第2期。

李满田、高哈吉:《土耳其的欧盟之路》,《欧洲研究》2004年第1期。

李艳枝:《法图拉·葛兰伊斯兰思想解析》,《世界宗教研究》2010年第3期。

李艳枝:《土耳其正义与发展党三连胜原因探析》,《国际资料信息》2011年第10期。

李艳枝:《试析土耳其文官政治与军人政治的博弈——基于正义与发展党的执政实践》,《西亚非洲》2012年第2期。

李艳枝:《土耳其经济模式变革与伊斯兰复兴运动》,《国际资料信息》2012 年第 7 期。

李艳枝:《试论土耳其的宪法更新与民主化进程》,《国际研究参考》2013 年第 8 期。

刘阳:《丝路著新语　文化展风姿——2013 中国 · 土耳其伊斯兰文化展演随记》,《中国宗教》2013 年第 10 期。

卢祖品:《深圳珠海国际艺术节散记》,《瞭望》1989 第 24 期。

马文宽:《中国瓷器与土耳其陶器的相互影响》,《故宫博物院院刊》2004 年第 5 期。

苗福光:《土耳其汉学研究与孔子学院发展现状》,《阿拉伯世界研究》2014 年第 2 期。

田文林:《土耳其经济私有化的后果及教训启示》,《经济导刊》2014 年第 3 期。

王林聪:《土耳其大选与埃尔多安的"新时代"》,《当代世界》2014 年第 10 期。

王林聪:《论正义与发展党执政下的土耳其"民主模式"》,《西亚非洲》2009 年第 8 期。

魏敏:《土耳其旅游业浅析》,《西亚非洲》2012 年第 3 期。

吴海勇:《国共合作决策关键期土耳其革命对中共的影响》,《上海党史与党建》2013 年第 7 期。

肖宪:《构建中国与土耳其新型战略合作关系》,《西亚非洲》2011 年第 9 期。

徐鹍:《土耳其总统和他的中国小孙女》,《湘潮》2015 年第2期。

许建英:《近代土耳其对中国新疆的渗透及影响》,《西域研究》2010年第4期。

严天钦、石坚:《世界民族问题研究》,《西南民族大学学报》2013年第9期。

逸晴:《卢瑞华省长出访三国》,《大经贸》2001年第8期。

昝涛:《中土关系及土耳其对中国崛起的看法》,《阿拉伯世界研究》2010年第4期。

张铁伟:《中国和土耳其友好关系小史》,《西亚非洲》1987年第6期。

张绪山:《唐代拜占庭帝国遣使中国考略》,《世界历史》2010年第1期。

张旭:《中土建交四十周年专访土耳其驻华大使 中国经济进步,世界都将获益》,《小康》2011年第6期。

赵婷:《战后以来土耳其共和人民党执政参政状况与发展中的制约因素》,《当代世界社会主义问题》2013年第3期。

赵玫玫:《土耳其王宫藏着上万件中国古瓷》,《决策与信息》2008年第2期。

郑东超:《土耳其申请加入欧盟视角下的库尔德问题》,《西亚非洲》2011年第9期。

郑东超:《"7·15军事政变"后土耳其的外交政策选择》,《当代世界》2016第8期。

周刚:《拥抱欧盟——土耳其的动机与机遇》,《改革与开放》

2011年第16期。

朱传忠:《土耳其正义与发展党修宪政治研究》,《阿拉伯世界研究》2015年第2期。

朱传忠:《土耳其现任总理埃尔多安》,《国际资料信息》2012年第12期。

朱慧玲:《新疆籍华侨华人在西亚》,《八桂侨史》1999年第4期。

[俄] C. 阿夫达舍娃:《土耳其的经济自由化模式》,徐永平编译,《国外社会科学》1994年第8期。

[美]丹尼·罗德里克:《土耳其政变失败将强化极权主义》,《南风窗》2016年第16期。

[土耳其] R. 库塔·卡拉卡:《土耳其与中国间的认知分析》,《阿拉伯世界研究》2014年第2期。

[土耳其]翟百驰(Nihat Zeybekci):《土耳其外商投资的成长与机遇》,《中国投资》2014年第10期。

四、报纸文章

毕征等:《共享发展新商机　共谱丝路新篇章》,《广州日报》2012年7月19日。

《从化企业首次“进军”土耳其》,《南方日报》2012年7月19日。

《对不起!就击落战机一事土耳其总统向俄写信道歉还愿

进行赔偿》，《新文化报》2016 年 6 月 29 日。

胡心媛:《探访丝路终点　土耳其会奖旅游吸引中国客》,《中国贸易报》2013 年 7 月 30 日。

《惠州产品“走出去”再结累累硕果》，《南方日报》2013 年 10 月 10 日。

佳明:《广州跨境电商试点取得突破性进展》,《现代物流报》2014 年 4 月 25 日。

[香港]《加入欧盟已成空　土耳其前路迷茫》，《东方日报》2016 年 11 月 28 日。

李振环:《“一带一路”土耳其板块已见雏形》,《光明日报》2015 年 4 月 19 日。

李玉东:《“丝路新语”让土耳其沉醉》，《光明日报》2011 年 12 月 15 日。

刘勇四:《接受本报专访　直面热点话题　土耳其大使详谈反恐与政变》,《环球时报》2016 年 7 月 22 日。

龙迎春、陈小雁:《广州人买土耳其毯一掷百万　被大赞“很有信誉”》，《广州日报》2015 年 1 月 29 日。

《乐在其中——许鸿飞雕塑世界巡展·土耳其站》，《中国文化报》2015 年 8 月 8 日。

刘友存:《土耳其: 全球钢铁业崛起的新势力》,《中国冶金报》2008 年 2 月 26 日。

马焰、金永善:《广东院: 总承包“走出去”亮出中国名片》，《中国能源报》2015 年 1 月 19 日。

《去年我省与土耳其进出口贸易额达40亿美元》，《南方日报》2016年11月1日。

谭秋明等：《广州之美令人惊叹》，《广州日报》2012年11月18日。

陶达嫔：《广州赴欧10天揽10亿大单》，《南方日报》2012年8月2日。

《土耳其关闭千所“污点”学校》，《天津日报》2016年7月25日。

《土耳其居尔总统访问深圳》，《新快报》2009年6月29日。

《土耳其入盟　法国朝野大舌战》，《人民日报》2004年12月21日。

《土耳其为何频发军事政变》，《钱江晚报》2016年7月17日。

《土耳其总领事巴图·凯斯曼：海上新丝路传递思想与合作》，《南方日报》2014年10月28日。

《土耳其中国文化年侧记》，《人民日报》2012年12月14日。

《土耳其122件国宝做客上博　尽显安纳托利亚文明》，《解放日报》2013年11月19日。

潘少婷：《“莞产”5.7万吨散货船交货》，《东莞日报》2012年9月30日。

彭雅惠：《土耳其，为“中国制造”欢呼》，《湖南日报》2016年1月14日。

王垂林：《广东企业家踏上欧亚大通道》，《南方日报》2006年6月13日。

王俊、冯明：《深圳音乐连起文化“丝路”——深交土耳其“中国文化年”巡演圆满收官》，《深圳特区报》2012年7月15日。

王蕾：《中企在土投资少但潜力大》，《第一财经日报》2015年6月8日。

吴哲、黄颖川、雷辉：《高效透明营商环境让外企放心进驻——“广交世界 共赢发展”交流会上外商代表分享在中国、广东的成功投资经验》，《南方日报》2013年10月16日。

《习近平和埃尔多安共同出席中土经贸论坛》，《人民日报》2015年7月31日。

向全、王瑜：《广东加快“走出去”步伐——力促外贸进出口平衡》，《国际商报》2007年8月20日。

项仙君、袁乙千：《我愿做中土文化交流的使者》，《南方日报》2014年8月7日。

肖振国：《2010年土耳其宪法修改及其意义》，《人民法院报》2010年12月10日。

肖文舸、方灿：《“新兴市场让我们收获了高增速——与海上丝路沿线国家贸易合作升温，给广东企业带来新机遇”》，《南方日报》2015年4月17日。

《疑似土耳其总理涉腐录音曝光》，《京华时报》2014年2月27日。

袁晞：《丝路吹来“中国风”——土耳其中国文化年侧记》，

《人民日报》2012年12月13日。

张璐诗：《李凡纳利：传统与现代夹缝中的土耳其》，《新京报》2010年6月23日。

张玉雷：《"一带一路"的历史启示与时代机遇》，《中国经济时报》2014年12月17日。

张小兰：《中国土耳其——跨越时空的和谐对话——土耳其中国文化年开幕活动见闻》，《中国文化报》2011年12月20日。

钟子娟、郁文艳：《土耳其馆第888888位游客获土航大奖 广东情侣成幸运游客 得到往返伊斯坦布尔双人机票》，《新闻晨报》2010年5月29日。

《朱镕基总理与埃杰维特总理会谈》，《人民日报》2002年4月17日。

Gretel Kauffman, Turkey coup crackdown widens as government detains journalists, *Christian Science Monitor*, October 31, 2016.

五、相关网站

世界银行：http://databank.shihang.org

土耳其商会中国办事处：http://www.tuskonchina.org

土耳其统计局：http://www.turkstat.gov.tr

土耳其—中国友好基金会：http://www.turkcindostlukvakfi.org.tr

土耳其驻华大使馆：http://beijing.emb.mfa.gov.tr

T 号外（土耳其第一中文门户）：http://bbs.goturkey.cn

维基百科：http://zh.wikipedia.org

中国人民共和国商务部：http://www.mofcom.gov.cn

中国—土耳其经贸合作网：http://www.ctc.mofcom.gov.cn

中国驻土耳其大使馆：http://tr.china-embassy.org/

中华人民共和国统计局：http://www.stats.gov.cn

中土文化旅游网：http://www.silktrek.com.cn